KB030930

취업준비생들이 꼭 알아야 할 자기소개서의 모든 것

친절한 자기소개서 작성법

취업준비생들이 꼭 알아야 할 자기소개서의 모든 것

친절한 자기소개서 작성법

양명주 지음

나비의 활주로

자기분석을 바탕으로 한 깊이 있는 자기소개서 작성법

시중에 이미 자기소개서 작성법을 소개하는 책들이 꽤 많이 출시되어 있기는 하지만 취업준비생들은 여전히 자기소개서를 어떻게 써야 할지 감을 못 잡고 있는 듯하다. 일방적으로 지식만을 전달하고, 그 지식을 어떻게 적용해야 하는지에 대한 구체적인 방법론을 전달하지 못하고 있기 때문이다. 예를 들어 기업분석, 직무분석을 꼭 하라고 하면서 구체적인 분석 방법에 대해서는 설명하지 않는 식이다. 또 주제를 명확히 드러내라고 하면서 구체적인 예시는 보여주지 않는 것이다.

필자는 다년간의 자기소개서 첨삭 경험을 통해 기존에 자기소개서 작성법을 소개하는 책들의 이러한 약점을 개선할 하나의 결론에 도달했다. 입사지원자들에게 도움을 주기 위해서는 '구체적인 방법론을 알려주고 예시를 들어 설명하는 워크북 형식'의 책이 필요한 것이다.

먼저 이 책에서는 자기소개서의 작성 단계를 자기분석, 기업분석, 직무분석 등의 항목으로 나누었다. 이러한 세분화는 각 단계를 좀 더 전문적으로 수행하는 데 도움을 줄 것이다. 또한 각 단원이 끝난 후에는 앞에서 설명한 내용을 구체적으로 실행해볼 수 있도록 워크시트를 마련했다. 실질적인 방법은 지식 전달만으로는 습득되지 않고 직접 수행해봐야 익힐 수 있기 때문이다. 아울러 생생한 예시를 제시함으로써 지식과 조언들이 실제로 어떻게 적용되는지 쉽게 이해할 수 있도록 설명했다. 장담하건대 이 책에서 제시하는 방법만 순서대로 잘 따라 해도 기업 인사담당자의 니즈에 맞는 멋진 자기소개서를 쓸 수 있을 것이다.

특별히 책의 맨 앞부분에서는 실제 대기업 서류전형에 합격한 자기소개서와 모범 사례를 실었다. 이 또한 독자 여러분이 실제 결과물을 통해 자기소개서 작성법을 체득할 수 있기를 바라는 필자의 마음이 반영된 것이다. 항목별로 작성된 필자의 코멘트는 잘된 부분과 보충해야 할 부분을 파악하는 데 도움이 될 것이다.

또 하나, 이 책에서 강조하는 것은 '자기 이해의 중요성'이다. 많은 취업준비생들이 취업이 되기만 하면 본인의 성격이나 적성, 기질 등을 얼마든지 바꿀 수 있을 것으로 생각한다. 그러나 25% 이상의 신입사원이 입사 후 1년 이내에 그만둔다는 통계자료를 봐도 자기 자신을 바꾼다는 게 얼마나 어려운 일인지 알 수 있다.

어렵게 들어간 회사에서 오랫동안 행복하게 일을 하기 위해서는 자기분석이 무엇보다 중요하다. 그래서 자신이 어떤 일을 할 때 빛이 나는지, 어떤 일을 할 때 즐거운지, 아무리 노력해도 성과가 안 나고 본인 스스로도 고통스러운 일은 무엇인지, 연봉이 많기만 하면 긴 업무 시간과 강도 높은 업무량도 버텨낼 수 있는지, 혼자 집중해서 할 수 있는 업무를 선호하는지, 사람들과 상호작용하는 일을 선호하는지 등의 구체적인 질문에 답할 수 있어야 한다. 이에 필자는 자기분석을 통해 스스로에 대해 진지하게 생각해볼 수 있는 계기를 마련해주고자 노력했다.

마지막으로 문서작성능력은 사회생활의 기본이 되는 역량이며, 그 역량을 훈련하는 첫걸음이 바로 자기소개서 작성이다. 또 변화가 일상화될 미래사회에서 원활하게 이직이나 전직을 하기 위해서도 자기소개서 작성 방법은 반드시 습득해야 할 평생의 기술이다. 이번 기회에 이 책에서 제시하는 방법들을 숙지하여 우수한 문서작성역량을 갖춘 사회인으로 거듭나길 기원한다.

끝으로 이 책의 출판을 도와주신 나비의활주로 나성원 대표님과 전문가로서 더욱 열심히 살아가도록 지지해주시고 지적 영감을 불어넣어주시는 김봉환 교수님, 최한나 교수님, 김봉철 교수님, 그리고 항상 응원을 아끼지 않는 선후배 동료 여러분께 감사의 마음을 전한다. 특히 글 쓰는 동안 전폭적인 지지와 격려를 보내준 인생의 동반자 김선용 님과 부모님께 이 책을 바친다.

양명주

PROLOGUE

약 6억 원짜리 사업계획서인 자기소개서 -자기소개서의 가치

자기소개서의 가치를 돈으로 환산한다면 얼마 정도가 될까? 간단할 것 같지만 대다수의 취업준비생들이 생각해본 적 없는 질문일 것이다. 우리는 가치가 높다고 생각되는 대상에는 공을 들이지만, 상대적으로 가치가 낮다고 판단되는 것에는 노력을 기울이지 않는다. 따라서 여러분이 생각하는 자기소개서의 가치가 곧 여러분이 투자할 노력과 시간을 의미하기 때문에 이 질문은 매우 중요하다.

대학교에서 취업 관련 강의나 컨설팅을 할 때 이 질문을 던져보면 대략 6만 원 내외라고 답하는 학생들이 많다. 금액 산정 근거를 물어보면 작성에 1~2일 정도가 걸리고 대략 10시간 정도를 투자하면 되므로 시간당 최저 임금을 기준으로 환산하면 이 금액이 나온다는 것이다. 그동안 많은 자기소개서를 봐온 나의 경험으로 볼 때에도 실제 취업준비생들이 생각하는 자기소개서의 가치는 딱 그 정도였다.

그렇다면 지금부터 생각을 한번 바꿔보자. 시기와 직무에 따라 약간의 차이는 있겠지만 현대자동차의 경우 대졸 신입사원에게 약 6천만 원 내외의 높은 연봉을 준다. 우리나라 대기업 평균 근속기간이 10년임을 감안할 때 현대자동차에 입사해 얻을 수 있는 잠재 소득은 임금 상승을 고려하지 않더라도 6억 원이 된다. 이런 상황에서 여러분이 현대자동차에 지원하는 자기소개서를 대충 써서 떨어진다면 그 6억 원은 그냥 사라져버리게 된다. 그러므로 나는 자기소개서의 가치를 6억 원이라고 말하고 싶다. 정신이 번쩍 들지 않는가?

이제 맑은 정신으로 여러분이 썼던 자기소개서를 다시 한 번 살펴보자. 과연 6억 원의 가치에 걸맞은 자기소개서인가? 그 가치에 합당한 노력과 열정과 시간을 들였는가? 이렇게 자기소개서를 대하는 마음가짐이 진지하게 바뀔 때 진정한 자기소개서 작성이 시작된다.

자기소개서는 단순히 취업준비생의 과거와 현재를 표현하는 A4 용지 두 장이 아니다. 자기소개서는 여러분이 생애 최초로 회사에 제출하는 공적 문서이며, '여러분이라는 인적 자원의 활용을 위한 사업제안서'다. 그리고 그 제안서에 담긴 사업의 향후 미래가치는 6억 원 정도이고 말이다. 이 정도 금액의 사업을 제안하는 사람이라면 보통 마침표 하나까지도 고민을 거듭하며 온 힘을 다해 쓰게 된다. 여러분은 '자신'에 대한 사업제안서를 어떻게 작성하였는가?

많은 취업준비생의 자기소개서 첨삭을 맡아온 나의 경험에 비추어보면 흔히 자기소개서를 하기 싫은 숙제쯤으로 생각하는 것 같다. 이렇게 생각하는 친구들은 보통 하루 정도 자기소개서를 써보다가 그 다음 날 컨설턴트를 찾아가 불쌍한 표정을 지으면서 은근슬쩍 대필을 부탁한다. 힘든 작성 과정은 생략하고 그럴듯한 결과물만 임기응변으로 얻어가면 그만이라고 생각하는 것이다. 그러나 안타깝게도 입사 후 자기소개서를 쓰는 과정과 비슷한 공적 문서의 작성은 회사생활 내내 계속된다. 회사 프로젝트의 제안서도 써야 하고, 담당 제품의 마케팅 전략도 수립해야 하는데 이는 상사에게 보고서의 형태로 제출되어야 한다. 따라서 공적 문서의 작성법을 자기소개서 작성 시 익히지 못하면 회사생활을 제대로 해내기가 어렵다.

안타깝게도 대부분의 청년들은 어렸을 때부터 학원 선생님이나 학교 선생님이 잘 편집해놓은 문서를 받아서 외우기만 하면 되는 시스템을 주로 경험했다. 그 자료가 자신의 맘에 들지 않는 경우에는 수업 만족도나 평가 점수를 낮게 주었을 수도 있을 것이다. 그러나 취업준비생들은 학생에서 직장인으로 거대한 신분의 변화를 앞두고 있다. 이 변화는 곧 타인이 만들어준 문서를 활용하는 사람에서 다른 사람이 볼 문서를 작성하는 사람으로 바뀐다는 뜻이며, 타인이 맞춰주던 자기중심적 세상에서 타인의 니즈를 맞춰줘야 살아남을 수 있는 냉정한 경쟁의 세계로 나아가는 것을 의미한다. 이러한 냉정한 직업사회에서 지원자의 역량을 가늠할 수 있는 첫 번째 척도가 바로 자기소개서다. 그런데 자신의 사업제안서인 자기소개서도 제대로 못 쓰는 사람이 회사 프로젝트의 제안서와 보고서를 잘 쓸 리가 없다.

자기소개서가 서류전형 단계에서만 쓰이는 것은 아니다. 바로 다음 단계인 면접에서도 활용되며, 더 나아가 채용이 확정된 후에 부서나 팀 배치를 할 때에도 그 근거가 된다. 회서의 핵심 부서에 배치를 받고 능력 있는 팀장 밑에서 일하는 것은 직장인의 운명을 좌우할 정도로 중요하다. 따라서 최대한 정성을 기울여서 자기소개서를 제대로 작성하는 방법을 익혀야 한다. 그게 바로 회사 내 의사소통의 첫걸음이자 성공적인 회사생활의 시작이다.

CONTENTS

PART 1

대기업 자기소개서
합격사례 및 모범사례

삼성전자 / 영업마케팅직 ☑
현대자동차 / 영업마케팅직 ☑
롯데면세점 / 바잉 MD ☑
우리은행 / 은행 텔러 ☐
아모레퍼시픽 / 마케팅직 ☐
CJ푸드빌 / 스토어 매니저 ☐
대한한공 / 일반직_일반관리직 ☐
이랜드 / 패션 플로어 매니저 ☐
LG상사 / 석유사업 부문 ☐
한화호텔&리조트 / 리조트 기획 부문 ☐

삼성전자 / 영업마케팅직

〈에세이 1〉

1 본인의 성장과정을 간략히 기술하되, 현재의 자신에게 가장 큰 영향을 끼친 사건을 반드시 포함시켜주시기 바랍니다.
2 삼성에 취업을 선택한 이유와 입사 후 회사에서 이루고 싶은 꿈을 각각 써주시기 바랍니다.
3 본인이 지원한 직무 분야에서 성공하기 위해 지금까지 어떤 노력을 기울여왔는지 설명해주시기 바랍니다.

〈에세이 2〉

1 최근 화제가 되고 있는 사회문제 중 스스로 중요하다고 생각되는 것을 한 가지 선택한 후 해당 이슈에 대한 본인의 견해를 설득력 있게 밝혀주시기 바랍니다.

〈에세이 1〉

Q 본인의 성장과정을 간략히 기술하되, 현재의 자신에게 가장 큰 영향을 끼친 사건을 반드시 포함시켜주시기 바랍니다.

>>> 과 연구실 실습기간 동안 동료들에게 믿음을 주는 것의 중요성을 깨닫게 해 준 선배님이 계셨습니다. 그 선배님은 어떤 일을 저에게 맡기고 잠시 뒤 돌아오셔서 일 처리 한 것을 보시더니 왜 그렇게 일을 했는지 논리적인 설명을 요구하셨습니다. 저는 일부는 대답했지만 일부는 말문이 막혀 제대로 답변을 하지 못했습니다. 이런 저를 보시더니, "자신이 한 일에 대해 왜 그렇게 했는지 확신을 가지고 설명할 수 없으면 동료들은 너에게 일을 믿고 맡길 수 없다. 직장에 들어가서도 자신이 한 일에 대한 이유와 근거를 항상 파악하고 있어야 한다"고 말씀해주셨습니다. 저는 이 일을 계기로 항상 어떤 일을 처리할 때에는 그 기준이 되는 사항들을 메모하거나 서류로 잘 작성해놓아서 누가 물어보든 논리적으로 답변할 수 있게 되

었고, 교수님과 선배님에게 일을 잘한다는 평가를 받을 수 있었습니다.

한번은 어려운 보고서를 과제로 내주시고 A학점을 정말 안 주시기로 유명한 교수님의 수업을 들은 적이 있습니다. 처음에 100페이지가 넘는 보고서를 작성해야 한다는 것을 알았을 때에는 정말 막막했습니다. 그러나 보고서가 잘 안 써질 때에도 포기하지 않고 계속 쓰면서 노력하다 보니 어느 순간 다 완성되어 있는 것을 확인할 수 있었습니다. 이를 통해 조바심 내지 않고 꾸준히 노력하다 보면 언젠가는 성과가 나타난다는 것을 깨달았고, 이러한 체험을 통해 "꾸준한 노력은 배신하지 않는다"는 것을 인생의 좌우명으로 삼게 되었습니다.

COMMENT 조직에서 원하는, '근거를 갖고 논리적으로 의사 결정을 하는 인재', '믿고 일을 맡길 수 있는 인재', '포기하지 않고 꾸준히 일할 줄 아는 인재' 등의 인재상을 잘 알고 맞춤형으로 작성한 자기소개서다. 또한 각 주제들과 딱 맞아떨어지는 에피소드를 선정하여 지원자가 실제로 해당 역량을 갖고 있음을 논리적으로 설득하고 있다. 마지막으로 자기소개서 글 자체에서도 이미 조직에서 원하는 문서작성역량을 갖추고 있음을 입증하고 있는 좋은 작성 사례라 할 수 있다.

Q 삼성에 취업을 선택한 이유와 입사 후 회사에서 이루고 싶은 꿈을 각각 써주시기 바랍니다.

>>> 저는 향후 헬스케어 및 의료기기 분야의 마케팅에 관심이 많습니다. 현재도 많은 업체들이 해당 업계에 진출해 있지만 저는 삼성이 만들면 분명히 다를 것이라고 확신하기 때문에, 삼성이 스마트폰 시장에 이어 의료기기 사업 분야에서도

글로벌 넘버원이 되는 데 일등 공신이 되고 싶은 소망이 있습니다. 현재까지와는 전혀 다른 신개념의 의료기기를 기획하고 마케팅하기 위해서는 경영학 지식뿐 아니라 의학 및 생명공학 지식을 두루 갖춘 통섭형 인재가 필요하다고 생각합니다. 저는 삼성전자의 이런 요구에 발맞추기 위해 복수전공, 인턴활동 등을 통해 꾸준히 준비해왔습니다.

현재로서는 지원 부서인 마케팅팀에 들어가 시장분석 및 소비자 성향을 파악하는 기초 작업부터 시작하여 향후 의료기기 관련 브랜드 네이밍 및 마케팅 전략의 수장으로 일하고 싶은 꿈이 있습니다. 또한 의료기기의 특성상 병원 관계자들과의 관계를 어떻게 지속적으로 발전시켜나갈 것인지에 대한 전략에도 관심이 있으며, 의료기기 제품 기획에 관여하고 싶기도 합니다. 이 부분은 일단 마케부에 들어간 후 상사 분과의 협의를 통해 장기적인 계획을 세우려고 합니다.

COMMENT 마케팅 분야로 입사한 후 조직에서의 경력 개발 루트를 이미 파악하고 쓴 글이기 때문에 지원한 직무와 조직에 대해 열심히 조사한 열정과 애정이 묻어난다. 또한 입사하면 어떤 상황이 펼쳐질지 이미 조사했을 뿐 아니라 역량과 마음가짐의 측면에서도 잘 준비된 인재라는 생각이 들게 한다. 마지막으로 조직에서는 자신이 하고 싶은 일만 할 수 있는 것이 아니기 때문에 '상사분과의 협의'를 통해 직무를 결정하겠다는 말이 참 조직 친화적인 직원으로 비춰지게 한다.

Q 본인이 지원한 직무 분야에서 성공하기 위해 지금까지 어떤 노력을 기울여왔는지 설명해주시기 바랍니다.

>>> 저는 전공인 생명공학 및 경영학을 충실히 공부하였습니다. 삼성전자는 이미 의료기기 및 헬스케어 관련 사업을 진행하고 있는 것으로 알고 있습니다. 이에 저의 전공인 생명공학 관련 지식은 의료기기 및 헬스케어의 영업마케팅부서에서 일하는 데 큰 이론적 기반이 되어줄 것입니다. 복수전공으로 이수한 경영학 과목, 그중에서도 재무와 마케팅 관련 과목들 또한 귀사에서 영업마케팅 관련 업무를 하는 데 큰 도움이 될 것이라 믿습니다.

저는 대학교 재학 중에 다국적 제약회사인 화이자에서 인턴생활을 하였습니다. 삼성전자에서 의료기기 관련 마케팅을 하기 위해서는 의약 관련 시장의 글로벌 트렌드를 살펴보아야 할 필요성을 느꼈기 때문입니다. 화이자에서 다양한 업무 경험을 하면서 많은 것을 배웠지만 특히 마케팅부서에서 실적 관리 등의 업무 시 컴퓨터 엑셀프로그램이 많이 쓰이기 때문에 전문적인 수준의 능력이 필요하다는 것을 깊이 깨달았습니다. 그래서 이후 컴퓨터활용능력 자격증을 취득하기도 했습니다.

또 프레젠테이션 능력을 향상시키기 위한 노력도 하였습니다. 인턴기간 동안 회사 내에서 너무나 많은 커뮤니케이션이 프레젠테이션으로 이루어진다는 것을 알게 되었습니다. 여러 선배분들의 프레젠테이션을 다양하게 들을 수 있었고, 저도 몇 번 실습해볼 수 있었습니다. 이러한 경험은 귀사에서 업무를 빨리 습득하고 최고의 직원으로 성장해나가는 데 좋은 밑거름이 될 것이라 생각합니다.

COMMENT 직무분석이 잘되어 있으며, 향후 의료기기 분야에 집중하겠다는 조직의 계획을 잘 알고 맞춤형으로 쓴 글이다. 또한 의료기기 구매는 의사의 추천이나 병원을 통해 이루어질 확률이 높기 때문에 잠재고객(potential customer)인 의사들에 대한 관심을 빼놓지 않은 점도 굉장히 잘 준비된 인재라는 인상을 준다. 인턴 등의 제반 경험이 지원하는 직무 및 회사의 방향과 정확히 일맥상통하는 경우라서 이미 자기소개서 작성 시점에서부터 뛰어난 역량을 발휘하고 있는 지원자라 하겠다. 엑셀 능력, 프레젠테이션 능력 등을 강점 콘셉트로 잡아 작성한 점도 신입사원에게 요구되는 역량분석을 매우 구체적으로 잘한 사례라고 할 수 있다.

〈에세이 2〉

Q 최근 화제가 되고 있는 사회문제 중 스스로 중요하다고 생각되는 것을 한 가지 선택한 후 해당 이슈에 대한 본인의 견해를 설득력 있게 밝혀주시기 바랍니다.

>>> 일본의 후쿠시마 원자력발전소 냉각수 유출사태를 보며 정보의 투명한 공개에 대해 깊이 생각해보게 되었습니다.

가장 가까이는 우리나라와 중국, 또한 태평양에 인접한 많은 나라와 연결되어 있는 후쿠시마 원자력 발전소에서 폭발이 일어나고 기준치의 수백 배가 넘는 오염수 수천 톤이 바다로 유출되었습니다. 상황이 이러함에도 일본 정부는 정확한 방사능 오염수치를 감추기에 급급했으며 정확한 정보를 공개하지 않아 현재 정확히 어떤 문제가 어느 정도의 수준으로 일어나고 있는지 파악하기도 어려워 해결책을 마련하기 힘든 상황이 되었습니다. 이에 인접 국가들은 그 오염

정도에 대한 정확한 정보를 알지 못한 채 수산물을 마음 놓고 먹을 수 없게 되었고, 우리나라의 경우 수산물업계 종사자들의 수입이 급감하는 사태가 일어났습니다. 만약 일본이 미리 정보를 공개하고 주변 국가들에게 함께 위기를 극복할 것을 요청했다면 문제가 이렇게까지 심각해지지는 않았을 거라고 생각됩니다.

일본의 이러한 상황은 신입사원이 될 저에게 투명한 정보 공개의 중요성에 대해 한번 생각해보게 하는 계기가 되었습니다. 사람은 완벽할 수 없기에 불지불식간에 누구나 실수를 할 수 있습니다. 따라서 조직에 속한 사원은 일을 할 때 항상 자신의 업무를 외부로 투명하게 공개하는 것이 중요하다고 생각합니다. 그래야만 회사 내에서 문제가 발생하는 것을 사전에 막을 수 있고, 또 이미 일어난 문제도 초기에 대응이 가능할 수 있을 것입니다. 꽁꽁 감춰둔 문제는 언젠가 더 큰 문제가 되어 돌아올 수 있습니다. 따라서 특히나 신입사원인 저는 뭐든지 단독으로 처리하지 않고 상사와 선배들에게 묻고 또 물어서 실수 없이 회사의 발전에 기여하고 싶습니다.

COMMENT 일본의 방사능 오염수 유출이라는 문제가 시사하는 바를 신입사원 지원자인 자신의 입장에 어떻게 적용할 수 있을지 잘 녹여서 쓴 글이다. 조직들이 이렇게 시사문제에 대한 의견을 물어보는 이유는 단순히 시사문제에 대한 관심이 얼마나 있고 그에 대한 생각이 어떤지를 판단하기 위해서가 아니다. 그 시사문제를 통해 얻은 깨달음을 조직에 어떻게 적용하여 성과를 창출하는 데 활용할지에 대한 생각을 물어보는 것임을 명심하기 바란다.

현대자동차 / 영업마케팅직

1 현대자동차의 지원 동기와 지원하신 부문/직무에 본인이 적합하다고 판단할 수 있는 이유 및 근거를 기재해주세요.(1,000자)
2 가장 열정·도전적으로 임했던 일과 그 일을 통해서 이룬 것에 대해 상세히 기재해주세요.(1,000자)
3 다른 사람들과 협업을 하며 보이는 자신의 강점 및 약점과, 약점을 보완하기 위해 노력했던(또는 노력 중인) 사례를 기재해주세요.(1,000자)
4 본인의 인생에 있어 중요한 의미를 지니는 사건과 그로 인해 바뀐 자신의 모습을 기재해주세요.(1,000자)

Q 현대자동차의 지원 동기와 지원하신 부문/직무에 본인이 적합하다고 판단할 수 있는 이유 및 근거를 기재해주세요.(1,000자)

>>> 저는 현대자동차에서 마케팅 업무를 수행하기 위한 전공 지식 및 어학(영어, 중국어) 능력과 현장 경험을 가지고 있습니다. 전공인 경영학을 공부하면서 마케팅 원론, 시장분석 및 전략 설정, 마케팅 전략, 재무·회계 등에 대한 기초 지식을 쌓을 수 있었습니다. 또한 미국 교환학생 경험을 통해 쌓은 영어 능력과 복수전공을 통해 얻은 중국어 능력은 글로벌 기업으로서 전 세계를 누비는 귀사의 직원으로 일하는 데 귀중한 자원이 될 것입니다.

특히 저는 철판을 가공하여 통신기구를 생산하는 ○○기업에서 산업기능요원으로 근무하면서 제조업의 현장이 어떻게 돌아가는지 체험했던 경험도 가지고 있습니다. 단순한 철판이 여러 가지 공정을 거쳐 훌륭한 제품으로 탄생하는 과정을 보며 제조업에서 일하고 싶다는 강한 의욕을 갖게 되었고 구체적으로 제조업의 꽃인 자동차 업계, 그중에서도 현대자동차에서 일하고 싶다는 꿈을 갖게 되었습니다. 저의 현대자동차에 대한 동경은 미국 체류기간 중에 도로를 누비는 많은 현대자동차들을 보면서 더욱 확실해졌기에 이번에 신입사원으로 지원하게 되었습니다. 저의 마케팅 및 경영학 관련 지식, 영어 및 중국어 역량, 제조업 현장 경험은 귀사의 마케팅 부원으로서 훌륭한 성과를 내는 데 꼭 필요한 역량이라고 생각됩니다.

COMMENT 마케팅 직무를 수행하는 데 필요한 본인의 강점을 '전공 지식', '제조업 현장 경험', '영어 및 중국어 능력'의 세 가지 콘셉트로 잘 제시한 글이다. 또한 상기 콘셉트는 부각이 잘되어 메시지 전달력이 높은 편이다. 뒷부분의 지원 동기 부분은 좀 더 구체적인 사례나 정보를 곁들여서 작성했다면 훨씬 더 열정적인 면이 부각되었을 것 같다. 마지막에 상기 세 가지 역량을 되짚어주면서 입사 시 기업에 줄 수 있는 이점(benefit)으로 마무리한 점은 훌륭하다.

Q 가장 열정·도전적으로 임했던 일과 그 일을 통해서 이룬 것에 대해 상세히 기재해주세요.(1,000자)

>>> 과감하게 도전하는 것이 저의 가장 큰 장점입니다. 한 가지 예로 미국 교환학생에 지원했던 사례가 있습니다. 당시 미국의 교환학생 선발과정은 경쟁률이 너무 높았고, 소요 비용 또한 높아서 좋은 여건은 아니었습니다. 하지만 현대자동차 입사를 고려해봤을 때 북미시장, 그중에서 미국에서의 체류 경험은 꼭 필요하다고 판단해 과감하게 도전하게 되었습니다.

여름방학의 모든 시간을 교환학생 지원 준비에 쏟아부은 결과 합격 소식을 들게 되었고, 비용은 우선 융자를 받은 후 출발 전 및 귀국 후 아르바이트를 하며 다 갚았습니다. 비록 과정이 쉽지만은 않았지만 미국 친구들과의 팀 프로젝트 진행 경험 등을 통해 자연스럽게 영어 커뮤니케이션 능력을 얻었고, 북미인들 특유의 성향을 파악할 수 있었습니다. 뿐만 아니라 현대자동차가 36만 1,000대

2013년 미국 자동차시장 판매 순위

Pos	Group	2013	/12	2012	Pos
1	General Motors	2,786,078	7%	2,595,717	1
2	Ford Motor Co	2,485,236	11%	2,243,009	2
3	Toyota	2,236,042	7%	2,082,504	3
4	Fiat Chrysler Group	1,800,368	9%	1,651,757	4
5	Honda	1,525,312	7%	1,422,785	5
6	Hyundai-kia	1,255,962	0%	1,260,606	6
7	Nissan	1,248,420	9%	1,141,656	7
8	Volkswagen Group	611,463	-1%	614,801	8
9	Subaru	424,683	26%	336,441	10
10	BMW Group	375,782	8%	347,583	9
11	Daimler AG	343,614	13%	305,072	11
12	Mazda	283,947	2%	277,046	12
13	Jaguar Land Rover	66,962	20%	55,675	15
14	Mitsubishi	62,447	8%	57,790	14
15	Volvo Cars NA	61,233	-10%	68,117	13

출처: http://auto.naver.com/magazine/magazine NewsRead.nhn?seq =55467

(2013년 상반기 판매실적 기준, M/S 4.6%)나 팔리는 북미시장의 전반적인 트렌드에 대한 감을 얻을 수 있었습니다. 또한 지금까지 이어지는 미국 친구들과의 친분은 무엇과도 바꿀 수 없는 저의 소중한 자산이 되었습니다. 이와 같이 과감한 도전을 통해 얻은 저의 성공 경험들은 현대자동차에 입사한 후에도 지속적인 도전을 하는 데 자신감을 불어넣어줄 것이라고 확신합니다.

COMMENT 구체적인 에피소드를 통해 지원자의 도전적인 성격을 잘 드러낸 글이다. 또한 후반부에서 북미시장과 관련해 구체적인 수치들을 살짝 언급한 점이 회사와 직무에 대해 조사한 노력을 짐작하게 해주며 신뢰도를 높였다.
상기 수치 언급이 과하지 않은 점도 칭찬해줄 만하다. 취업준비생이라면 이 자기소개서의 글을 통해 면접에서 북미시장 관련 추가 질문들이 나올 것을 미리 예측하고 대비해야 한다. 현대기아차의 미국시장 판매량이 5년 만에 줄어들었다는 점(125만 5,962대 판매, MS 8.1%, 2012년 대비 0.6% 하락)과 특히 일본 브랜드가 엔저 효과로 회복세를 보였다는 점 등은 미리 숙지하고 면접에 들어가야 한다. 이처럼 자기소개서에 알고 있는 회사 관련 정보를 전부 밝히기보다는 어느 정도 조사했다는 것만 보여주고 구체적인 정보는 면접에서 좀 더 드러내겠다고 밝히는 전략이 필요하다. 글이든 말이든 자신이 아는 것을 지나치게 과시하려는 사람은 매력이 떨어지기 때문이다.

Q 다른 사람들과 협업을 하며 보이는 자신의 강점 및 약점과, 약점을 보완하기 위해 노력했던(또는 노력 중인) 사례를 기재해주세요.(1,000자)

>>> 저의 가장 큰 장점은 매사에 열정적인 자세로 임한다는 것입니다. 산업기능요원으로 ○○회사의 공장라인에서 근무할 때의 일입니다. 생산 현장을 잘

아는 것이 나중에 취업 후 업무 파악을 하는 데에도 크게 도움이 될 것 같아서 열정적으로 일했습니다. 매일같이 남들보다 한 시간 먼저 출근하여 일터를 깨끗이 청소하고, 당일 출하계획표를 사전에 점검하며 작업할 제품들을 먼저 머릿속에 그려보았습니다. 또한 일과 후에는 작업 일지를 보면서 불량률 및 기계 이상 유무를 항상 스스로 체크한 후 남들보다 늦게 퇴근하였습니다. 저의 열정적이고 성실한 태도가 좋게 비춰졌는지, 6개월 후에는 약 8%의 급여 인상과 함께 품질관리부로 발령을 받았습니다. 이러한 저의 열정적인 자세는 현대자동차에 입사한 후에도 정해진 업무 그 이상을 자발적으로 해내는 사원이 되는 데 크게 기여할 것입니다.

넘치는 열정으로 인해 저는 항상 제가 할 수 있는 일보다 더 많은 양의 일을 계획해놓는 습관이 있었습니다. 이로 인해 실제로는 많은 일을 했음에도 불구하고 계획을 완수하지 못했다는 생각에 기운이 빠질 때도 종종 있었기 때문에 고쳐야 할 점이라고 생각했습니다. 마침 《아침을 여는 3분 성공체크》라는 책 내용 중 '계획은 성공을 하기 위한 노선도이지 짐이 되어서는 안 된다. 그러므로 이상의 80%만 계획하는 것이 좋다'는 문구를 보고 단기간에 성과를 내려는 욕심을 내려놓고 매일 80%의 계획을 꾸준히 완수하려는 마음가짐으로 생활하고 있습니다.

> **COMMENT** 작성된 지원자의 장점은 회사에서 신입사원에게 요구하는 인재상에 잘 부합하며, 구체적인 사례도 잘 선정되었다. 단점으로 제시된 '열정적이어서 일 욕심이 많다'는 항목의 경우 '지나치게 꼼꼼하다' 및 '성격이 급하다'는 단점 이후로 지원자들 사이에서 많이 유행하는 내용이다. 그러나 단점의 경우 '새로운' 것보다는 진부할수록 좋다. 진부할수록 기업에서는 그 단점을 가진 신입사원에 대한 대비책을 잘 세워두고 있어 더 너그러울 수 있기 때문이다. 전혀 예상 못한 단점의 경우 기업에서 새로운 대응책을 마련해야 되므로 당황스러울 수 있다. 다른 지원자와 동일한 내용의 단점을 쓰더라도 특별히 중간에 '참고 문헌'을 언급한 점은 글의 신뢰도를 훨씬 높여주는 노하우이므로 참고하길 바란다. 물론 기업에서 어느 정도 예상할 수 있으면서도 다른 지원자들이 작성하지 않은 단점을 찾아 적는 것이 최상의 작성법이라는 것은 여러분 모두 알고 있으리라 생각한다.

Q 본인의 인생에 있어 중요한 의미를 지니는 사건과 그로 인해 바뀐 자신의 모습을 기재해주세요.(1,000자)

>>> "일단 뭐든지 배워, 닥치는 대로!" 제가 산업기능요원으로 근무를 시작하던 날, 저의 상사께서 해주셨던 말씀입니다. 이 말이 아직까지도 제 마음에 강하게 남아 있는 것은 저의 삶에 대한 태도를 매우 잘 표현해주기 때문입니다. 저는 대학 입학 이후 줄곧 텔레마케팅, 길거리 판촉, 할인점 판매 등 다양한 종류의 아르바이트를 하며 고객과의 커뮤니케이션 방법, 사람을 상대할 때의 매너 등을 체험하며 배워왔습니다. 이렇게 배운 역량들이 최근 저에게 성취감을 가져다준 사례가 있었습니다.

전자제품 판매 행사장에서 아르바이트를 할 때였습니다. 그날도 다른 때처럼 고객분들에게 열심히 제품에 대한 설명을 해드렸는데 한 분이 알겠다며 일단 그냥 가셨습니다. 그런데 잠시 후 다시 오셔서 “다른 회사 매장도 둘러봤는데 이 직원이 너무 설명을 잘해서 이곳에서 사야겠다”고 말씀하신 것입니다. 이 일로 뿌듯함과 성취감을 느낀 동시에 매니저님에게 칭찬을 들었던 경험은 아직도 저에게 유쾌한 기억으로 남아 있습니다. 이외에도 저의 많은 성취 경험들은 현대자동차에 입사한 이후에도 고객들이 우리 차를 믿고 살 수 있도록 업무를 처리하는 데 긍정적으로 작용할 거라 믿습니다.

COMMENT 과거에 성공했던 경험을 가진 직원이 입사 후에도 성과가 높을 것이라는 인사팀의 의중에 부합되는 글이다.
잘 쓴 글이지만 에피소드의 콘셉트가 조금 평범한 경향이 있는 것도 사실이다. 평범한 에피소드의 경우 그 결과로 회사에 어떤 이점이 있을지에 대해 중점적으로 쓰면 더 효과적이다.

1 지원 동기: 지원 동기를 구체적으로 기술해주세요.(500자)
2 성장과정: 성장과정을 구체적으로 기술해주세요.(800자)
3 학업 이외에 관심과 열정을 가지고 했던 경험을 적어주세요.(800자)
4 직무 경험: 희망 직무 준비과정과 희망 직무에 대한 본인의 강점 및 약점을 기술해주세요.
5 입사 후 포부: 입사 후 10년 동안의 회사생활 시나리오와 그것을 추구하는 이유를 적어주세요.

Q 지원 동기: 지원 동기를 구체적으로 기술해주세요.(500자)

>>> 글로벌 1위를 향해

인턴으로 나이키스포츠 코리아에서 근무하며 시장조사와 트렌드 분석업무를 수행한 경험이 있습니다. 이때 주로 경쟁사 신제품의 가격대, SKU 수를 조사하고 그 당시 트렌드를 분석하여 보고서로 정리하는 일을 하였는데, 제가 선호하는 상품과 소비자가 선호하는 상품이 다를 수 있다는 것을 크게 깨달았습니다. 그리고 MD는 고정관념 대신 항상 철저한 마켓 분석을 통해 의사 결정을 해야 한다는 것을 알 수 있었습니다. 저는 OPIC AL 등급의 영어 능력과 인도네시아와 중국에서 각각 3년, 2년의 체류 경험이 있습니다. 이를 통해 갖게 된 글로벌 감각은 제가 롯데면세점의 MD로 훌륭하게 직무를 수행해내는 데 필요한 기반이 되리라 생각합니다. 인턴을 통해 얻은 현장 경험, 저의 전공인 경영학 및 마케팅 관련 지식, 영어 능력, 해외 체류 경험을 통해 얻은 글로벌 감각을 바탕으로 '2018년 면세점 업계 글로벌 1위'가 되고자 하는 귀사의 목표 달성에 크게 기여하고자 지원하게 되었습니다.

COMMENT 인턴 경험, 해외 체류 경험, 전공을 모두 지원 직무 및 기업과 잘 연결시켜 작성하였다. 직무분석 및 기업분석을 잘하여 유능한 지원자라는 인상을 주는 글이다.

Q 성장과정: 성장과정을 구체적으로 기술해주세요.(800자)

>>> 도전의 결실

유년 시절에 가족과 함께 인도네시아에서 3년을 지냈으며, 고등학교 때 중국에서 2년을 보낸 경험이 있습니다. 이렇듯 다양한 해외 체류 경험은 저에게 해외 적응능력, 언어 구사능력, 또 글로벌 매너에 대한 자신감을 심어주었습니다. 이러한 저의 역량은 2012년 인도네시아 국제공항 면세점 오픈 등 글로벌 기업으로 거듭나고 있는 롯데면세점에서 잘 활용될 수 있을 거라 생각합니다.

더불어 대학 때에는 단순한 회화를 넘어 글로벌 협상력을 기르기 위해 북경에서 열리는 모의 유엔에 참가했습니다. 이 행사에서 제 의결안의 지지를 얻기 위해 연설을 하고 이후 다른 나라 대표들을 치열하게 설득하고 협상했던 경험은 저에게 연설, 토론 및 협상 능력에 대한 자신감을 심어주었습니다. 또한 미국, 스웨덴, 중국, 나이지리아 등 다양한 국적의 친구들과 친분을 쌓을 수 있는 계기가 되었습니다. 이들과의 친분은 글로벌적인 업무 수행에도 도움이 되겠지만 제 인생에 있어서도 소중한 인연으로 남아 있습니다.

COMMENT 경험을 통해 습득한 자신의 강점을 회사의 현 상황과 잘 연결시켜 스마트하게 제시하였다. 이런 글은 기업에 대한 조사 및 자신에 대한 성찰이 없으면 불가능하므로 인사팀으로부터 높은 점수를 받을 것으로 예상된다. 특히 해외 진출을 활발히 하고 있는 지원 기업의 특성을 고려해 글로벌 역량이라는 콘셉트를 잘 잡았고, 선정한 에피소드도 작성자가 글로벌 능력을 가지고 있음을 잘 뒷받침해주고 있다.

Q 학업 이외에 관심과 열정을 가지고 했던 경험을 적어주세요.(800자)

>>> 최선을 다한다면 최고가 될 것이다

○○회사에서 주최한 브랜드 론칭 프로젝트에 참가한 경험이 있습니다. 프로젝트에서는 환경, 패션시장, 소비자 분석을 통해 메인 타깃층인 사회초년생들의 니즈(needs)와 원츠(wants)를 도출한 후 벤치마킹 브랜드와 비교하여 해당 브랜드를 어떻게 론칭 해나갈 것인지를 제시하는 과제가 주어졌습니다. 그러나 저는 다른 조와 차별화되는 전략을 제시하기 위해서 주어진 과제에 추가로 경쟁사 분석을 통한 해당 브랜드의 경쟁력 조사를 수행했습니다. 또한 브랜드 론칭을 위한 1년간의 타임스케줄을 짰는데, 월별 수행 과제와 각 시점에서의 세일즈 포인트(sales point), 적합한 마케팅 방법, 상품 출고일 등까지 아주 세세하게 계획했습니다. 그 결과 다른 조와 차별화되는 디테일하고 실현 가능한 내용에 현직 MD로 활동하셨던 심사위원분들이 많은 칭찬을 해주셨던 경험이 있습니다. 이에 스스로가 최선을 다해야 남들도 인정하는 최고가 될 수 있다는 사실을 새삼 깨달을 수 있었습니다.

COMMENT 이미 많은 관련 경험을 통해 단순한 신입 지원자가 아닌 준비된 노련한 지원자임을 거듭 보여주고 있는 글이다. 글의 내용 자체도 감성적인 내용을 지양하고 비즈니스적으로 군더더기 없이 작성하여 입사 후 직무수행능력이 충분히 있음을 잘 드러내고 있다. 단, 마지막 마무리에 회사에 줄 수 있는 이점에 대한 직접적인 언급이 없는 점이 조금 아쉽다.

Q 직무 경험: 희망 직무 준비과정과 희망 직무에 대한 본인의 강점 및 약점을 기술해주세요.

>>> 현장 경험이 답이다

바잉 MD의 관점을 체험해보고자 루이비통을 시장조사한 경험이 있습니다. 백화점 3사를 돌아다니며 연령대별 선호 제품과 매장 진열상품의 구성 등을 조사하였는데 같은 브랜드라도 매장의 위치, 고객의 특성에 따라 구비 상품의 구성, 진열, 물량 확보에 큰 차이가 나는 것을 확인할 수 있었던 좋은 경험이었습니다. 이후 조사 내용에 근거하여 상품 구성을 기획해보기도 하면서 바잉 MD는 브랜드에 대한 지식뿐 아니라 소비자의 니즈 파악과 예측, 협상력의 삼박자를 고루 갖추어야 함을 깨닫게 되었습니다.

MD는 회사의 거의 모든 부서와 협업을 하는 직무이기 때문에 조율을 잘해야 한다고 생각합니다. 저는 MD 전문학원에서 2개월 코스로 브랜드 론칭 프로그램의 프로젝트 팀장을 맡은 경험이 있습니다. 긴 시간 동안 팀원들과 함께 합숙을 하면서 시장조사를 하고 프로젝트를 끌고 나가는 일은 쉽지 않았지만, 팀원

간에 이견이 있을 때에는 팀장으로서 최선을 다해 조율자 역할을 하려고 노력했습니다. 상대방의 의견을 들어주고, 힘들어할 때에는 피자도 사주며 동기부여를 해준 반면, 약속한 업무를 잘하지 못한 팀원에게는 따끔하게 충고를 하기도 했던 경험은 저의 소중한 자산으로 남아 있습니다.

직무를 수행함에 있어서 저의 단점은 성격이 급하다는 것입니다. 급한 성격 탓에 제때 끝내지 못할 것을 우려해 저 자신을 재촉하는 편입니다. 급하게 일을 처리하다 실수하지 않기 위해 스케줄 정리를 하여 순차적으로 일을 진행하는 습관을 연습 중입니다.

COMMENT 직무와 관련한 다양한 현장 경험을 통해 지원자 자신이 회사가 원하는 '현장 경험이 많은 인재', '해당 직무에 소명의식이 있는 인재'임을 입증하고 있다. 현장 경험이 비교적 디테일한 편이라 설득력이 높게 느껴진다. 단점의 경우 '급한 성격'이라는 평범한 주제로 무난하게 잘 작성했다.

Q 입사 후 포부: 입사 후 10년 동안의 회사생활 시나리오와 그것을 추구하는 이유를 적어주세요.

>>> 작은 거인

롯데면세점에 꼭 필요한 MD가 되기 위해 입사 2~3년차까지는 부지런히 현장에서 뛰면서 실무능력을 쌓겠습니다. 동시에 MD라는 직무는 숫자와 돈의 흐름에 대한 개념이 있어야 더 잘 수행할 수 있다고 생각하기 때문에 회계 관련 자격증 공부를 할 계획입니다.

입사 3~7년차에는 전 세계를 무대로 직접 바잉 물건의 선택 권한을 갖는 핵심 실무진 바이어가 되어 있을 것입니다. 이 과정에서 전 세계의 많은 사업가들과 네트워크를 쌓아 글로벌적인 대인관계 역량을 쌓아나갈 것이며, 영어와 중국어로 보다 능숙하게 사업 협상을 할 수 있도록 언어 역량도 꾸준히 쌓아나갈 것입니다.

입사 8~12년차에는 국내 MD팀의 총괄 수장으로 전사적 경영전략을 제안하고 적용하는 팀장급의 인재로 활약하기 위해 최선을 다할 것입니다. 입사 13~15년차 이후에는 해외 면세점을 총괄하는 책임자의 위치에서 롯데면세점에 기여하는 인재가 되고 싶습니다. 앞서 말씀드린 저의 해외 거주 경험, 다양한 대외활동, 영어 및 중국어 구사능력들이 롯데면세점에서 이러한 저의 포부를 펼치는 데 밑거름이 되어줄 것이라 생각합니다.

COMMENT MD로 입사한 이후 구체적으로 어떤 경력 단계를 밟고 싶은지, 그 과정에서 어떻게 자기 계발을 할 것인지 매우 구체적으로 잘 쓴 항목이다. 특히 여성의 경우 입사 10년차 이후의 포부가 매우 중요한데, 그 이유는 아무래도 여성의 중도 퇴사 비율이 남성보다 높기 때문이다. 마무리를 본인의 강점 역량과 조직이 취할 수 있는 이점으로 연결하여 쓴 점이 특히 훌륭하다.

우리은행 / 은행 텔러

1 자유롭게 본인을 소개해주세요.(가족, 학창 시절, 성장 배경 등을 본인의 자서전 형식으로 작성)
2 과거 또는 현시대의 위인 중에서 귀하가 롤모델로 삼고 싶은 인물을 제시하고, 그 이유에 대하여 말씀해보세요.
3 단골가게가 있습니까? 그 가게의 단골손님이 된 이유가 무엇인지 말씀해주세요.
4 우리은행에 지원하려는 동기가 무엇이며, 본인의 미래 비전 달성이 우리은행에 어떠한 기여를 할 수 있을지 구체적으로 제시해주십시오.
5 우리은행 영업점과 다른 시중 은행 영업점을 직접 방문하고, 우리은행이 상대적으로 우수한 점과 개선해야 할 점을 비교 설명해주십시오.
6 귀하가 열정을 갖고 몰입했던 경험, 참신한 아이디어로 목표를 이루어낸 경험, 가장 힘들었던 경험 중 한 가지를 선택하여 말씀해주십시오.
7 학창 시절 또는 다양한 사회활동 중 리더십 또는 팔로우십을 발휘하여 조직에 기여한 사례를 구체적으로 말씀해주십시오.
8 최근 감명 깊게 읽은 인문학 서적 세 권의 제목(저자)을 기술하고 각각의 서적에 대하여 느낀 점을 말씀해주십시오.

Q 자유롭게 본인을 소개해주세요.(가족, 학창 시절, 성장 배경 등을 본인의 자서전 형식으로 작성)

>>> 집 밖에서 큰 자식

저는 열일곱 살부터 집에서 나왔습니다. 그 후 제 방은 창고가 되었습니다. 고등학교 1학년부터 기숙사 생활을 시작하였고, 타지에서 대학교를 다니면서 자취와 기숙사 생활을 하였습니다. 대학교 1학년부터 대학원 형들과 기숙사 생활을 하고, 또 총학생회에서 7학번 높은 선배들과 활동을 하면서 방청소, 설거지 등 궂은일을 하며 회식 때에는 고깃집에서 고기를 굽고 신나게 놀아야 하는 후배의 역할을 배웠습니다.

이후 군대에서 조교 생활을 통해 총 640명에 달하는 담당 소대원들의 개인적 고충과 건강, 생활, 교육 등을 담당하면서 6주 훈련을 이수시키며 리더의 자질을 갖추었습니다. 선배들과 함께한 해외 거주 1년을 포함해 근 10년간 타지 생활을 하는 동안 다양한 조직에서 저의 역할을 이해하는 능력과 역할을 이행하는 능력을 배웠고, 특히 조직의 갈등을 해결하는 방법을 체득하였습니다.

>>> 학창 시절 – 노력과 열정

중학교 때 저는 학교 수업이 끝나면 매일 운동장을 뛰고 하교하였습니다. 전교생과 친하게 지내는 것이 목표였을 정도로 활발한 성격 덕분에 매일 수업 분위기를 흐리는 학생으로 지목되어 운동장 열 바퀴를 도는 벌을 받았기 때문입니다. 그렇게 놀기 좋아하던 저를 변하게 한 친구가 있었습니다. 고등학교 때 당구 300을 치던 친구가 어느 날부터 책을 노려보며 공부하기 시작했던 것입니다. 호기심에 찾아가 나눈 대화에서 친구는 "커서 뭐 할래?"라고 말하며, 자신은 선생님이라는 꿈이 생겨 이제 시간이 아까워서 쉬는 시간에도 못 놀겠다고 하는 것이었습니다. 미래에 대해 한 번도 생각해보지 않았던 저의 모습이 정말 부끄럽고 창피했습니다.

그날 이후 항상 반 1등 옆에 앉아 공부 방법과 습관을 배우며 턱없는 성적으로 기숙사에 들어갔습니다. 기숙사에서 더 많은 친구를 사귀면서 그들을 통해 부족한 점을 배울 수 있었고, 남들보다 많이 부족했기에 하루 5시간을 자면서 밥 먹고 공부만 했습니다. 그 결과 280점이던 모의고사 점수가 350, 375, 390으로 점점 오르더니 수능에서 425점, 최고 점수를 받을 수 있었습니다. 미친 듯이 노력하여 느낀 성취감이었기에 후회하지 않았고, 이때 체득한 '노력과 열정'은 제 인생의 두 기둥이 되어 모든 일에 최선을 다하는 성격을 갖게 되었습니다.

>>> 희생과 인내의 본보기, 아버지

저희 집은 밤 10시면 불이 꺼집니다. 아버지께서 지친 몸을 이끌고 해가 뜨기 전에 일하러 나가셔야 하기 때문입니다. 고3 여름방학 때 일손이 부족한 아버지를 도우러 갔습니다. 가만히 있어도 숨쉬기 힘든 더위 속에서 10kg의 석고보드 네 개를 옮기면서 낑낑대는 저에게 힘들면 조금만 들고 가라시면서 아버지는 다섯 개를 들고 가시는데, 단 10kg도 더 못 드는 제가 부끄러웠습니다. 그날 저녁, 화물차에 한가득 건축 자재를 싣고 다니며 천 원이라도 더 깎으려는 아버지의 모습을 부끄러워했던 기억에 울컥 눈물이 났습니다. 그 이후 공부에 대한 스트레스, 육체적 고통 등 어떠한 일들도 아버지의 모습을 생각하며 이겨낼 수 있었습니다.

>>> 미래에 대한 고민

중국어과에서 중앙아시아학과로 전과했다는 이야기를 하면 다들 "왜 그랬어?"라는 질문을 합니다. 저는 새로운 것, 독특한 것을 좋아합니다. 매주 새로운 곳으로 여행을 가고 새로운 음식을 주시던 부모님 덕분에 '도전'과 '낯선'이라는 단어가 흥미를 유발합니다. 그런 저에게 남들에게 뜨고 있는 중국은 이미 포화 시장으로 보였고, 이에 비해 독립 20년이 채 안 된 미개척 지역인 중앙아시아에 관심을 갖게 되었습니다. 그래서 중앙아시아학과 교수님을 찾아가 저의 꿈인 중앙아시아 전문 금융인에 관해 이야기를 나누며 목표에 더욱 확신을 갖게 되었고, 결국 전과를 하였습니다. 이후 목표를 이루기 위한 기본요건인 카자흐어를 포함해 교환학생 동안 러시아어를 배우고, 교환학생 시절의 동문회 선배님께 부탁하여 카자흐스탄 신한은행에서 인턴생활을 하고 금융자격증을 취득하며 꿈을 키웠습니다.

학창 시절에 체득한 노력과 열정, 아버지를 보며 배운 인내, 군대 조교를 하며 배운 적극성과 리더십, 10년간 타지 생활을 하며 배운 단체 생활과 갈등해결능력 등 이러한 자질과 저의 꿈인 중앙아시아 금융인은 글로벌 리딩 은행이라는 우리은행 비전에 가장 적합한 인재라고 생각합니다.

COMMENT 감성적인 면을 적절하게 잘 녹여서 작성한 자기소개서다. 물론 글의 성향이 공문서라기보다는 다소 에세이 형식의 글쓰기 문장에 가깝지만, 그 내용면에 있어서 은행이 원하는 인재상을 따뜻하게 잘 그려내고 있다. 특히 군데군데 나오는 숫자는 지원자의 논리적인 모습을 부각시켜주며 숫자의 중요성을 잘 알고 있는 인재라는 인상을 준다. 이 글을 요약해보면 지원자의 특성은 독립적이면서 자신의 역할을 책임지고 하는 인재, 정해진 목표를 위해 최선의 노력을 다하는 인재, 아버지를 사랑하는 안정적인 마음의 소유자이면서 사회적으로 바람직한 효의 마음을 갖춘 인재, 소신 있게 틈새시장을 공략하여 본인 스스로를 마케팅 할 줄 아는 인재, 또한 본인의 판단을 믿고 과를 바꾼 실행력의 소유자 등으로 요약될 수 있다. 이 모든 특성들은 은행에서 선호하는 신입사원의 조건을 충족시킨다. 또 이 모든 역량들을 직접적으로 언급하기보다는 에피소드에 녹여서 간접적으로 표현했기 때문에 지원자가 좀 더 순수한 사람이라는 인상을 준다. 이렇게 이점을 직접 언급하지 않을 경우 사람이 진솔하고 순수해 보이는 장점이 있는 반면, 메시지 전달력이 떨어져서 인사담당자가 지원자의 진가를 못 보고 지나칠 수도 있다. 물론 열심히 제대로 읽은 인사담당자는 절대 떨어뜨리지 않을 자기소개서다.

Q 과거 또는 현시대의 위인 중에서 귀하가 롤모델로 삼고 싶은 인물을 제시하고, 그 이유에 대하여 말씀해보세요.

>>> 성공보다 노력

"재주가 남만 못하다고 스스로 한계를 짓지 말라. 나보다 어리석고 둔한 사람도 없겠지만, 결국에는 이룸이 있었다. 모든 것은 힘쓰는 데 달렸을 따름이다." 백곡 김득신이 스스로 지은 묘비 글입니다. 그는 열 살 때 글자를 배웠고, 스무 살 때 처음 스스로 작문을 하였습니다. 또한 책을 만 번씩 읽으며 공부하여 하인까지 그 책을 외울 정도였지만, 정작 본인은 책의 내용을 기억하지 못했을 정도로 아둔했습니다. 하지만 치열한 노력 끝에 59세에 과거급제 후 늦은 나이에 성균관에 입학했습니다.

어느 누구도 언제나 성공의 기쁨을 느낄 수 있는 것은 아닙니다. 때로는 실패와 좌절을 이겨내도 성공을 보장할 수 없습니다. 이러한 성과와 결과주의, 경쟁사회 속에서 가장 필요한 덕목은 자신을 믿으며 포기하지 않고 목표를 향해 노력하는 것이라고 생각합니다. 부족한 자신의 능력을 인정하고 노력을 통해 부족함을 채우며 항상 배우는 자세로 우리은행에서 업무의 전문성을 배우겠습니다.

COMMENT 끊임없이 영업 실적을 내야 하는 금융권에서 아주 좋아할 만한 롤모델과 내용으로 잘 작성했다.

Q 단골가게가 있습니까? 그 가게의 단골손님이 된 이유가 무엇인지 말씀해주세요.

>>> 어떻게 자르실까요?

저는 동네 미용실 단골입니다. "어떻게 자르실까요?"라는 질문만큼 추상적인 말도 없을 것입니다. 누구나 미용실에 가는 것만큼 사소하지만 걱정되고 신경이 쓰이는 일도 없을 것입니다. '저번 스타일이 잘 어울렸는데 똑같이 해주려나?' 하는 걱정이 들기 때문입니다. 그래서 비싼 곳에 가서 원하는 스타일을 말해보기도 했지만, 우연히 가게 된 동네 미용실이 가장 마음에 들었습니다. 금액은 중요하지 않았습니다. 여느 곳과 다른 점은 편안한 대화였습니다.

머리를 자르는 동안 "어디에 사세요? 어떤 공부 하세요?" 등 사소한 질문을 하시고 제 대답에 맞장구쳐주시는 모습에 마음이 편해지고 공감대가 형성되었습니다. 덕분에 원하는 스타일을 하나하나 요구할 수 있었고 원하는 헤어스타일로 자를 수 있었습니다. 개인 고객에 맞는 커스터 마이징과 방문하면서 생긴

미용실과 저와의 스토리 때문에 단골이 되었습니다. 우리은행의 행원이 된다면 고객과의 스토리를 만들기 위해 노력하며, 고객이 원하는 니즈를 파악하여 고객에게 맞는 서비스를 제공하겠습니다.

COMMENT 은행 고객을 단골로 만들 수 있는 역량이 있는지를 간접적으로 묻고 있는데 질문의 의도를 잘 파악하고 단골집의 장점을 지원자의 향후 업무 스타일에 잘 접목하여 작성하였다.

Q 우리은행에 지원하려는 동기가 무엇이며, 본인의 미래 비전 달성이 우리은행에 어떠한 기여를 할 수 있을지 구체적으로 제시해주십시오.

>>> 이제는 은혜를 갚을 때

대학에 추가 합격한 저는 합격 당일 큰 금액의 등록금을 손쉽게 입금할 만큼 가계 형편이 넉넉지 못했습니다. 그래서 대출을 받기 위해 아버지와 우리은행을 찾아갔는데, 그때 한 직원분께서 학자금 대출이라는 제도를 알려주어 극적으로 입학하였습니다. 그렇게 큰 도움을 얻은 이후 우리은행에 관심을 갖게 되었고, 비록 대출로 시작한 첫 통장이지만 이후 대학생활 동안 장학금, 용돈, 다양한 혜택 등이 담긴 행복한 계좌가 되었습니다. 우리은행에서 제가 느낀 행복과 소중한 추억들을 이제는 개인과 기업에게 전하고 싶습니다.

>>> 업무와 지역 전문성을 갖춘 중앙아시아 행원

우선 영업점에서 6년간 근무하면서 개인금융업무 부문의 전문성을 키우고 싶습니다. CFP 자격을 획득하여 가계의 상담사 역할을 하며 개인 고객들에게 행복을 전하고 우리은행이 가지고 있는 가계와 기업의 동반자 이미지 제고에 기여하겠습니다.

이후 중소기업 고객본부에서 중소기업을 위한 금융업무를 하고 싶습니다. 진정한 친구는 어려울 때 도와주는 친구입니다. 그 친구는 즉 자금이 절실히 필요한 중소기업입니다. 저는 중소기업의 동반자가 되어 기업의 성공을 돕고, 중소기업은 우리은행의 충성고객이 되는 윈윈 전략에 힘쓰겠습니다.

최종적으로 10년 뒤 차장으로서 중앙아시아 진출의 선두가 되어 글로벌 리딩뱅크 목표에 기여하고 싶습니다. 국내 은행들은 지속적으로 수익성이 하락하고 있으며, 예대마진 축소 등 경영 여건이 악화되고 있는 현재, 해외 진출이 불가피합니다. 또한 국내 은행들의 TNI(국제화지수)가 4%를 넘지 못한다는 것은 국내 시장에서 탈피하여 해외 진출이 불가피하다는 것을 반증하고 있습니다. 그러나 신흥국에 상업은행이 성공적으로 진출하기 위해서는 그 나라 문화와 관습을 이해하는 동시에 언어에 능통한 인재가 필요합니다. 지금의 경제침체가 끝나고 국내 은행들의 해외 진출이 활발해질 10년 뒤 그동안 우리은행에서 쌓아온 금융 전문성과 저의 중앙아시아 전문성이 융합되어 천연자원 보유국인 중앙아시아지역 1호 우리은행 지점 개설에 기여하겠습니다. 저는 개인금융, 기업금융, 국제금융의 세 부분에 있어 우리은행의 성장에 기여하겠습니다.

COMMENT 우리은행과의 특별한 인연을 감성적으로 풀어 쓴 첫 번째 단락은 읽는 이를 감성적으로 설득하고, 금융권에 대한 논리적 분석을 통해 비즈니스 관점에서 접근한 두 번째 단락은 이성적으로 설득시키고 있다. 지원자가 건실한 직원이 될 수 있는 따뜻한 마음과 이성적 냉철함을 가지고 있음을 글 자체가 증명하고 있다.

Q 우리은행 영업점과 다른 시중 은행 영업점을 직접 방문하고, 우리은행이 상대적으로 우수한 점과 개선해야 할 점을 비교 설명해주십시오.

>>> 빠른 업무 처리, 아쉬운 설명

서현역에 있는 우리은행 분당중앙금융센터에 방문하여 체크카드를 발급받았습니다. 서현역의 다른 은행에 비해 상대적으로 우수한 점은 동선과 업무 처리 시간이었습니다. 가장 많이 사용하는 ATM기를 통과해 안쪽으로 갈수록 사용 횟수가 적은 ATM기가 배치되어 있고, 개인금융과 기업금융이 Two Chairs 순으로 구분되어 많은 유동인구에 비해 복잡하지 않았습니다.

빠른 업무 처리 덕분에 금방 제 순서가 되었고, 체크카드를 재발급받으러 왔다는 용건을 말씀드리자 민망해 보였는지 "많이들 재발급 받으러 와요"라고 웃으며 응대해주셨습니다. 그리고 능숙하신 업무 처리로 금방 카드를 재발급받았습니다.

며칠 후 친구가 제 카드를 보며 "Duet Platinum 카드 만들었네? 연회비 있지 않아?"라고 하는 말에 찾아봤더니 연회비가 있었습니다. 저를 위해 혜택이 많은 카드를 발급해주신 것 같긴 했는데, 혜택과 연회비 설명을 안 해주셔서 조금 서운했습니다. 빠른 업무에 강점이 있다 보니 고객 한 명, 한 명에게 세밀히 설명을 해주지 못한 점이 아쉬웠습니다. 제가 행원이 된다면 고객에게 도움이 되는 정보를 하나도 놓치지 않겠습니다.

COMMENT 은행 지점의 단점 중에서 '정도가 심하지 않으면서도 중요한 사항'을 아주 스마트하게 잘 선정하였다. 자칫 회사의 전체 경영전략이나 큰 틀의 잘못을 지적하게 되면 채용에 관여하는 회사 임직원들은 본인들의 잘못을 지적당하는 것으로 느낄 수가 있기 때문에 단점으로 언급하기에는 무리가 있다. 따라서 이 자기소개서에서 선정된 단점, 즉 실무진에서 사소하게 놓쳤지만 고치면 소비자가 좋아할 만한 것을 찾아내 비난조가 아닌 부드러운 대안 마련으로 써내려가는 것이 매우 중요하다.

Q 귀하가 열정을 갖고 몰입했던 경험, 참신한 아이디어로 목표를 이루어낸 경험, 가장 힘들었던 경험 중 한 가지를 선택하여 말씀해주십시오.

>>> 240시간

2007년 대학교 1학년 8월, 폭염 아래 그늘 하나 없던 공사현장에서 일용직으로 일했습니다. 아르바이트는 처음이었던 저는 '일이 힘들면 얼마나 힘들겠어?'라는 생각과 단지 일당이 높다는 이유로 한 달간 일을 하기로 했습니다. 아, 일은 정말 힘들었습니다. 남들은 군대에서 정신을 차린다고 하는데 저는 공사장에서 정신을 차리다 못해 정신이 나갈 뻔했습니다.

새벽 6시까지 출근해서 40kg 시멘트 포대를 두 개씩 짊어지고 하수도 공사를 하는데, 날씨는 어찌나 덥던지 간식으로 사온 아이스크림이 5분도 안 돼 줄줄 흐를 정도였습니다. 그래도 장마보다는 더운 날이 나았습니다. 비가 오면 포장도 안 된 공사장이 진흙탕으로 변해 실려 있던 장비 무게에 리어카는 굴러가지도 않고, 발은 푹푹 빠져서 여간 힘든 게 아니었습니다. 하지만 육체보다 힘들었던 건 정신적 고통이었습니다. 공사현장 아저씨들 특유의 다혈질적인 성격 탓에 재촉과 무시가 심했습니다.

첫날, 인사는커녕 이름도 물어보시지 않고 "빠루 챙겨라! 쁘레카 챙겨라!" 처음 듣는 장비 심부름을 시키셨고, 모른다고 하면 그것도 모르냐고 인상을 쓰시며 구박했습니다. 하수도 공사이다 보니 미장 작업이 많았는데 시멘트를 잘못 섞기만 해도 불같이 화를 내셨고, 결국 다음 날 작업에서 제외시키려 하셨습니다. 하지만 저는 불쾌감보다 오기가 생겨 쉬는 시간마다 찾아가 이런저런 질문을 하였습니다. 처음에는 귀찮아하셨지만 굴하지 않고 막걸리도 사드리며 계속해서 질문하였더니 결국 저에게 노하우를 알려주셨습니다. 그리고 며칠만 오는 또래와 달리 기특하다면서 칭찬해주시고 어느새 가까워져서 목욕탕도 같이 갔습니다. 이후 한층 부드러운 분위기 속에서 일을 마쳤습니다. 가끔 공부하기 싫거나 힘든 일이 있을 때면 그 당시를 생각하며 힘을 내곤 합니다.

COMMENT 지원자의 의지력과 포기하지 않는 근성을 잘 보여주고 있다. 또한 주제를 뒷받침할 에피소드도 아주 잘 선정하였다. 전쟁터나 다름없는 지금의 금융권에서 절실히 필요한, '어려움을 근성과 노력으로 극복한 인재상'을 잘 보여주고 있다.

Q 학창 시절 또는 다양한 사회활동 중 리더십 또는 팔로우십을 발휘하여 조직에 기여한 사례를 구체적으로 말씀해주십시오.

>>> 비만과의 전투

훈련소 조교를 하며 담당했던 소대는 새로 생긴 '비전 소대'였습니다. 흔히 생각하는 '비전'이 아닌 '비만전투소대'의 약자로, 허리띠 두 개를 연결해 사용하는 과체중 훈련병들을 모아 체중 감량을 목표로 하는 소대였습니다. 일반인들과 다르게 만성적인 게으름, 과한 식탐과의 전투라는 난관이 있었습니다. 그대로 방치한 첫 주에는 활동량에 비해 식사량이 오히려 많아 더 살이 쪘고, 이런 문제를 해결하기 위해 가장 먼저 매주 조직의 비전을 상기시켜줬습니다. 그리고 적정한 목표 체중을 설정하고 체중계를 생활관에 배치해 상시 체중을 재면서 체중 감량이라는 목표를 스스로 각인시켰습니다.

그런 다음 목표를 긍정적으로 확신시켜주며 성공 시 포상을 해주었습니다. 즉, 제가 직접 몸무게 감량에 참여하고 목표 체중만큼 감량한 훈련병에게는 전화 포상을 해주었습니다. 또 일과 후 체력단련 시간에 별도로 소대원들과 뜀걸음, 윗몸일으키기 등을 하며 동질감을 느끼는 동시에 다른 소대와 다른 특수성을 느끼게 했습니다. 실제로 몸무게를 감량하자 스스로 성취감을 느끼며 지급되는 야식도 먹지 않았고, 체중 감량이라는 같은 목표를 이해하고 노력하여 70% 이상 목표 체중에 도달하였습니다.

COMMENT 리더가 되어 조직의 목표를 이루었던 사례를 잘 작성하였다. 금융권에서 실적 목표를 달성하기 위해 선호하는 리더십과 팔로우십을 갖춘 인재상을 잘 표현하고 있다.

Q 최근 감명 깊게 읽은 인문학 서적 세 권의 제목(저자)을 기술하고 각각의 서적에 대하여 느낀 점을 말씀해주십시오.

>>> 《생각에 관한 생각》 – 대니얼 카너먼

완벽하다고 생각했던 인간의 사고방식이 두 개의 사고 시스템 때문에 불완전하며, 스스로 속고 있다는 것을 알게 되었습니다. 꼭 눈으로 봐야 믿었던 성격 탓에 항상 눈으로 직접 보고 감각으로 느껴야만 했지만 그것이 항상 옳은 것은 아니라는 것을 깨달으며 상대방의 생각도 존중해야 함을 배웠습니다.

>>> 《미쳐야 미친다》 – 정민

'그것' 외에는 신경 쓰지 않고 오직 하나만 생각하고 행동하여 어떤 경지에 이른 학자들의 이야기를 보며 몰입에 대해 한번 생각해보게 하는 책이었습니다. 어떠한 일이든 점수, 등급, 평가, 경쟁 등을 생각하지 않고 '그것'에만 몰입한다면 즐거움을 느끼고 효율성도 높아질 것으로 생각되었으며, 몰입은 복잡한 현대인들에게 가장 필요한 소양이라고 느꼈습니다.

>>> 《인문의 숲에서 경영을 만나다 1》 - 정진홍

시리즈 중 첫 번째 책이 가장 감명 깊었습니다. 10가지의 주제와 인문학적 내용으로 다양한 리더의 자질을 설명하고 있습니다. 다양한 지식을 통해 많은 역사, 철학, 문학 안에 리더의 자질이 숨어 있고 이를 찾아내는 사람이 리더가 될 수 있다는 것을 느꼈습니다.

COMMENT 첫 번째 책을 읽은 소감에서 본인의 생각이 100% 옳지 않을 수 있다는 여유는 원만한 대인관계에서 제일 중요한 부분이다. 이를 통해 지원자의 대인관계가 원만할 것이라는 예측을 가능하게 한다. 또한 두 번째 책은 좋은 성과를 낼 수 있는 지원자의 모습을, 세 번째 책은 여러 가지 복잡한 문제들을 해결해야 하는 회사생활에서 발휘될 수 있는 지원자의 인문학적 소양을 엿볼 수 있게 한다. 선정한 책들은 모두 금융권에 적합한 메시지를 갖고 있는 것으로 지원자가 매우 스마트하고 전략적으로 업무를 수행할 것이라는 인상을 준다.

아모레퍼시픽 / 마케팅직

1 귀하가 회사를 선택하는 기준은 무엇이며, 왜 그 기준에 아모레퍼시픽이 적합한지 기술하시오.
2 아모레퍼시픽의 5대 가치 중에서 본인이 가장 가치 있게 생각하는 항목은 무엇이며, 그 가치가 왜 본인에게 소중한지 기술하시오.
3 지원한 직무를 수행함에 있어 귀하가 가지고 있는 강점에 대해 경험을 중심으로 기술하시오.
4 현재 귀하의 가장 부족한 역량은 무엇이며, 역량 개발을 위해 어떤 활동과 노력을 하고 있는지 기술하시오.
5 아모레퍼시픽을 통하여 귀하가 이루고자 하는 비전(꿈)은 무엇입니까?
* 각 항목당 공백 포함 글자 수 800자 이내

Q 귀하가 회사를 선택하는 기준은 무엇이며, 왜 그 기준에 아모레퍼시픽이 적합한지 기술하시오.

>>> 아모레퍼시픽 제품의 애용자로서 '헤라'가 백화점에서만 살 수 있는 고급 브랜드로 리포지셔닝 되는 과정을 지켜보았습니다. 또한 '라네즈'가 아시아 최고의 브랜드로 성장하는 과정을 지켜보았습니다. 새로운 브랜드를 만드는 것보다 기존 브랜드의 이미지를 바꾸는 일은 더욱 어려운데 아모레퍼시픽이 그것을 여러 번 해내는 것을 보면서 경외감마저 느끼게 되었습니다. 이렇게 화장품업계에서 역사를 써나가는 회사에서 일하면서 그 역사를 함께 쓸 수 있으면 좋겠다는 생각을 오래전부터 해왔습니다.

저는 항상 '외유내강'의 이미지를 선호하는데, 이렇듯 겉은 차분하고 아름다우면서도 그 안에 항상 도전과 역동이 있는 아모레퍼시픽에는 도전을 좋아하는 제가 할 수 있는 일이 정말 많을 것이라는 생각이 듭니다. 특히 마케팅 부서의 막내로 입사하여 상사분들의 의사 결정을 돕는 기초자료인 시장분석보고서를 만들며 아모레퍼시픽 브랜드가 세계 일류의 브랜드가 되는 데 기여하고 싶습니다.

저는 저에게 열정을 불러일으키며 제가 기여할 수 있는 부분이 많은 회사에 입사하길 희망하며, 아모레퍼시픽이야말로 바로 그 유일한 회사입니다.

COMMENT 지원하는 회사의 구체적인 성공 사례를 들며 회사에 대한 관심이 단시간의 것이 아님을 표현하고 있다. 자신이 할 수 있는 일이 많은 곳에 취업하고 싶다는 표현은 신입사원으로서 아주 건전한 마인드를 보여주기에 적합하다.

Q 아모레퍼시픽의 5대 가치 중에서 본인이 가장 가치 있게 생각하는 항목은 무엇이며, 그 가치가 왜 본인에게 소중한지 기술하시오.

>>> 저는 도전이 가장 가치 있는 일이라고 생각합니다. 이런 신념에 따라 그동안 많은 도전을 하며 살아왔는데, 가장 대표적인 예로 미국 NBC 방송국 재무파트에서 인턴생활을 했던 경험이 있습니다. 교환학생을 하기 위해 자신 있게 미국으로 떠났지만, 학업이 끝난 후 막상 그곳에서 인턴을 구하기는 쉽지가 않았습니다. 네이티브 스피커와 경쟁해야 한다는 사실이 가끔 저를 기운 빠지게 하였지만 포기하지 않는 정신으로 70통이 넘는 메일을 보내고, 100통이 넘는 전화통화를 한 끝에 제가 꿈에 그리던 NBC 방송국에서 인턴 면접 제의를 받았습니다. 회사의 입장에 서서 예상 질문 200개를 준비하여 일일이 답변 연습을 하였고, 그동안의 면접 경험을 총동원하여 인터뷰를 치른 결과는 합격이었습니다.

후에 인사담당자가 말하기를, 저의 열정과 철저한 준비가 다른 지원자보다 훨씬 돋보였다고 하였습니다. 근무기간 동안에는 예산, 급여, 지출 내역과 관련된 자료 정리 등의 기본 업무뿐 아니라 연중 큰 행사인 추수감사절 모금 방송에도 참여할 수 있는 기회를 얻었습니다. 맡은 일마다 성실히 임한 결과 마지막 업무 평가에서 A+를 받을 수 있었고, 그 결과 재무와 관련된 소중한 경험을 하였습니다. 그 외에도 하고자 하는 마음이 있다면 무엇이든 해낼 수 있다는 자신감을 얻은 것이 큰 수확이었다고 생각합니다.

도전은 자신이 생각했던 것 이상의 결과를 가져다줍니다. 그것이 저와 아모레퍼시픽이 도전을 멈추지 말아야 하는 이유라고 생각합니다. 아름다움은 가만히 있으면 지킬 수 없습니다. 항상 도전하고 역동해야 회사의 역사도, 개인의 인생도 아름다워진다고 생각합니다.

COMMENT 추상적인 '도전'이라는 주제어를 구체적인 사례를 통해 아주 설득력 있게 잘 풀어 썼다. 마지막에 아름다움은 가만히 있으면 지킬 수 없기 때문에 도전해야 한다는 말은 경영진 입장에서 아주 좋아할 만한 코멘트다.

Q 지원한 직무를 수행함에 있어 귀하가 가지고 있는 강점에 대해 경험을 중심으로 기술하시오.

>>> 제가 지원한 마케팅 직무를 수행하기 위해서는 우선 마케팅 관련 지식과 경험이 있어야 한다고 생각합니다. 저는 학교에서 경영학을 전공하며 마케팅

원리, 마케팅 관리, 브랜드 전략 수업을 통해 마케팅에 대한 기본 지식을 쌓았습니다. 마케팅 전략을 수립하는 여러 번의 조 발표를 통해 다른 조원과 일을 분담하고 의사소통하는 방법을 배울 수 있었습니다. 보다 실질적인 경험을 해보고자 상상마케팅스쿨에 지원하여 실무자들의 생생한 마케팅 사례들을 접하면서 마케팅 관련 역량을 발전시킬 수 있었습니다. 또한 브랜드 가치가 하락한 상품의 특별기획 에디션(special edition) 과제를 수행하면서 한 상품의 브랜드 가치를 강화시키는 일이 어렵지만 얼마나 중요한 일인지 실감할 수 있었습니다.

다음으로 회사 제품 및 그 제품들의 디지털 마케팅 매체에 대한 애정이 있어야 한다고 생각합니다. 작년쯤 페이스북에서 '아이오페' 관련 무료 샘플 증정 이벤트가 뜬 것을 보고 반가운 마음에 "좋아요"를 누르고 응모한 결과 무료 샘플을 받아볼 수 있어서 좋았던 기억이 있습니다. SNS는 이제 훌륭한 마케팅 툴이 되었지만, 이벤트 응모과정에서 많은 개인정보를 입력해야 하는 부분과 다른 페이스북 친구들에게도 모두 같은 정보가 전달된다고 생각했을 때 느껴지는 부담감은 충성도가 높지 않은 고객에게는 장벽으로 느껴질 수 있으므로 그 효과성에 대한 분석을 꼭 해보고 싶었습니다.

이렇듯 마케팅 이론에 대한 숙지 및 관련 경험을 가지고 있고, 귀사의 제품 및 제품의 디지털 홍보 채널에 오랫동안 애정을 가져왔던 저라면 귀사에서 마케팅 지원 직무를 신명나게 잘할 수 있을 것입니다.

COMMENT 본인이 가지고 있는 강점을 SEB(Subject, Evidence, Benefit: 101페이지 내용 참조) 규칙에 따라 잘 제시하였다. 제시된 강점 또한 지원 직무를 수행하는 데 꼭 필요한 강점으로 선정한 것을 볼 때 직무분석을 아주 잘한, 준비된 지원자라는 인상을 준다.

Q 현재 귀하의 가장 부족한 역량은 무엇이며, 역량 개발을 위해 어떤 활동과 노력을 하고 있는지 기술하시오.

>>> 성격이 조금 급한 편이라 성과가 빨리 나타나지 않으면 답답해하는 경향이 있습니다. 그러나 부모님께 인생은 마라톤이라는 조언을 듣고 나서 실제로 2년 전부터 마라톤을 시작했습니다. 초등학교 시절부터 단거리 선수로 활동했을 만큼 달리기에 자신이 있었기 때문에 마음먹고 참가한 첫 번째 하프 마라톤 대회에서 저는 초반부터 질주를 하였습니다. 그러나 완주를 하려면 인내심과 체력 분배가 필요하다는 것을 몰랐던 저는 처음부터 너무 빨리 달려 체력이 금방 소진되었습니다. 뒤에 달리던 사람들이 저를 앞질러 나갈 때마다 너무 힘들고 기운이 빠져 그만둘까 하는 생각을 수십 번 하게 되었습니다. 그렇지만 스스로 시작한 일을 그만두고 싶지 않아서 완주를 하기로 마음먹고 걷고 뛰기를 반복하여 결국 결승점에 도착할 수 있었습니다. 이러한 경험은 그 후에 여러 도전적인 과제를 만날 때마다 조바심 내지 않고 끝까지 마무리를 짓도록 해준 계기가 되었습니다.

한 제품의 탄생에서부터 마케팅을 진행하기까지의 모든 과정을 이겨내기 위해서는 단시간의 싸움이 아닌 긴 시간 꾸준히 노력하는 자세가 매우 중요할 것입니다. 마라톤을 통해 얻게 된 저의 인내심은 아모레퍼시픽에서 업무 수행 시 장점으로 작용할 것입니다.

COMMENT 회사에서 신입사원의 조기 퇴사 원인으로 흔히 언급되고 있는 것 중 하나가 빠른 인정을 바란다는 것이다. 지원자는 스스로의 이러한 단점을 잘 알고 그 극복 방법으로 마라톤까지 하였기에 인내심 측면에서 좋은 점수를 받는 동시에 체력적인 면에서도 덤으로 가산점을 받을 수 있을 것이다. 무난한 단점을 스마트하게, 아주 훌륭한 보완책을 가지고 작성한 사례다.

Q 아모레퍼시픽을 통하여 귀하가 이루고자 하는 비전(꿈)은 무엇입니까?

>>> 첫째, 마케팅 지원 부서의 신입사원으로서 관련 서적을 한 달에 네 권 이상 탐독하여 보다 전문적인 지식을 쌓아나갈 것입니다. 이를 바탕으로 브랜드 관리사 자격증에 도전하여 마케터로서 전문성을 갖추고 싶습니다. 본래의 업무인 디지털 채널의 마케팅 성과분석 및 마케팅 전략 수립 외에도 주말마다 백화점, 대형마트를 방문하여 타사 제품과의 비교를 통해 개선안을 찾고, 일주일 간격으로 프로모션 아이디어를 세 개 이상 제시할 수 있도록 할 것입니다.

둘째, 수년간 마케팅 업무를 전반적으로 충실히 파악한 후 마케팅 전략 수립 시 직접적으로 의사 결정을 할 수 있는 제품의 PM이 되고 싶습니다.

셋째, 시장상황과 고객의 니즈에 맞추어 새로운 제품의 기획 및 브랜드 네이밍 관련 업무를 수행하여 '설화수' 같은 제품을 만들고 싶습니다. 브랜딩한 새로운 제품을 가지고 고객들과 눈높이를 맞추어 지속적으로 소통하며 고객들에게 오랫동안 꾸준히 사랑받는 브랜드를 만들기 위한 전략을 세우고 실행하는 일에 최선을 다할 것입니다.

넷째, 최종적으로 글로벌 마케팅 커뮤니케이션도 수행하여 해외사업부를 총괄하는 수장이 되어 아시안 뷰티(asian beauty)를 넘어 글로벌 뷰티(global beauty)를 향해 나아가는 데 큰 밑거름이 되는 아모레퍼시픽 임원이 되고자 합니다.

COMMENT 비전을 구체적인 행동 목표로 아주 잘 표현하였다. 또한 실제 초보 마케터가 밟을 수 있는 경력 개발 루트를 아주 잘 조사하고 드러냄으로써 지원 직무에 대한 애착과 소명의식이 있음을 느끼게 해준다. 인사팀에서는 이런 지원자의 경우 쉽게 그만두지 않을 것이라고 판단한다.

CJ푸드빌 / 스토어 매니저

1 회사 및 직무에 지원한 동기와 지원한 직무를 잘 수행할 수 있는 이유를 본인의 경험, 준비와 노력을 바탕으로 기술해주십시오.
2 대학생활 중 가장 성취감이 컸던 경험과 목표 달성을 위한 본인의 노력에 대해 기술해주십시오.

Q 회사 및 직무에 지원한 동기와 지원한 직무를 잘 수행할 수 있는 이유를 본인의 경험, 준비와 노력을 바탕으로 기술해주십시오.

>>> 운명적인 일을 하고 싶습니다

스무 살 때부터 약 3년간 투썸플레이스에서 일을 해왔습니다. 20세가 넘은 성인으로서 등록금을 보태기 위해 시작한 일이었지만, 커피 한 잔을 드리면 환한 미소로 하루를 시작하는 고객들을 만나는 일에 저도 모르게 빠져들었습니다.

커피전문점 업계의 매력은 고객에게 받은 오더를 명확하게 전달하기 위한 팀원들과의 끊임없는 커뮤니케이션 과정, 식재료 및 위생 상태를 항상 청결하게 유지하는 책임감, 바쁜 출근시간이나 점심시간에 고객의 시간을 아껴드리기 위한 신속하고 프로페셔널한 커피 준비과정, 또한 힘들어도 고객에게 항상 친절하게 응대해드리는 마음 수양의 과정 등에 있다고 생각합니다. 저는 자기가 좋아하는 일을 하는 것도 중요하지만 그보다 자신에게 운명처럼 다가온 현재의 일을 충실히 하는 것이 더욱 중요하다고 생각합니다. 이제 현장에서의 풍부한 경험을 가지고 CJ푸드빌이 운영하는 점포의 매니저가 되는 꿈을 꾸어봅니다.

>>> 제가 일하는 곳에서는 제가 주인입니다

외식업계의 특성상 위생이 가장 중요하며, 이를 위해서는 종업원들의 책임의식이 필요합니다. 항상 손을 자주 씻고, 특히 돈 결제를 마친 후 음료를 준비하기 전 반드시 손을 씻는 일은 한 번도 거르지 않았던 저와의 약속이었습니다. 위생 수준을 높게 유지하기 위해 지켜야 하는 수칙들은 급할 경우 다소 번거롭고 신경을 더 써야 하는 부분이 분명히 있습니다. 그러나 이러한 수칙들이 무시된다면 고객 및 점포에게 더 큰 문제로 돌아올 수 있다는 것을 잘 알고 있기에 '내 점포는 내가 지킨다'는 마음가짐으로 기본 수칙들을 기쁘게 수행하였습니다.

또한 매장 전체의 퀄리티는 제가 맡은 일에서만 끝나지 않고 모든 구성원, 모든 팀이 유기적으로 함께 잘해내야만 지켜진다는 것을 잘 알고 있기에 제가 맡지 않은 일이라 해도 문제가 있어 보이거나 개선해나가야 할 일은 수시로 제가 처리하고 다른 팀과 공유하면서 해결해나갔습니다. 작게는 휴지를 줍는 일부터 저는 항상 주인의식을 가지고 일했고, 앞으로 CJ푸드빌에 입사해서도 주인으로서 일하겠습니다.

COMMENT 스토어 매니저에게 가장 중요한 것은 현장 경험이다. 실제로 이 지원자는 본인에게 현장 경험이 있다는 것을 전면에 아주 잘 내세웠고, 또한 현장에서 많이 일어나는 이슈들과 그에 따라 필요한 역량들을 아주 설득력 있게 잘 작성하였다. 등록금을 스스로 벌려고 했다는 점, 휴지를 알아서 잘 주웠다는 구체적인 행동 등은 지원자의 인성이 바르며 책임감이 강할 것이라는 짐작을 하게 한다.

Q 대학생활 중 가장 성취감이 컸던 경험과 목표 달성을 위한 본인의 노력에 대해 기술해주십시오.

>>> 님이라 불렀을 때 상대방은 나에게 꽃이 된다

팀 동료 간의 상호 존중 및 수평적 커뮤니케이션을 촉진하여 좋은 팀워크를 이끌어냈던 경험이 있습니다. 강의 중 일곱 명과 함께 팀 작업을 할 때였습니다. 교양 수업이라 그런지 2학년부터 4학년까지 다양한 학년들이 섞여 있었고, 한 조가 같은 결과물을 내기 위해서는 우선 세부적으로 각자 맡은 업무를 할당하는 과정이 꼭 필요했습니다. 원칙은 모든 조원이 평등하게 맡은 일을 배분하는 것이었습니다. 그런데 그 과정에서 4학년들은 취업 준비나 다른 과목 학점 등을 이유로 난색을 표명하였고, 4학년 선배들의 주장에 따라 상대적으로 많은 업무를 맡게 된 2·3학년생들도 당황하기는 마찬가지였습니다.

3학년으로서 이러한 갈등을 감지한 저는 일단 문제를 해결하려면 허심탄회한 대화가 필요하다고 판단하였고, 4학년은 후배들을 이름 또는 "야"라고 부르고 후배들은 4학년들을 "선배님"이라고 부르는 상황에서는 수평적인 커뮤니케이션이 어려울 것으로 판단했습니다. 이에 저는, CJ에서는 직원 간의 호칭을 "님"이라고 한다는 이야기를 해주며 일단 호칭부터 바꾼 다음 토의할 것을 제안하였습니다. 이후 토의는 훨씬 상호 존중적인 분위기로 바뀌었으며, 각자의 고충을 이해하면서 서로 동등하게 조별활동을 진행할 수 있었습니다. 이처럼 동료 간의 상호 존중 및 수평적 커뮤니케이션은 어려운 일도 얼마든지 가능하게 만들 수 있다는 깨달음을 바탕으로 CJ푸드빌에서도 최상의 팀워크를 만드는 데 공헌하고 싶습니다.

>>> 다독거려서 내 편 만들기

투썸플레이스에서 일하면서 문제의 아르바이트생을 모범 아르바이트생으로 변화시키는 데 도움을 준 적이 있습니다. 문제의 그 아르바이트생은 고객에게 불친절했을 뿐 아니라 매니저님이 무언가 지시를 하면 항상 못마땅한 표정으로 마지못해 일을 하곤 했습니다. 또한 지각도 잦았으며, 근무시간 중에도 고객의 오더를 신속히 처리하기보다는 동료 직원들과 잡담을 하느라 오더가 밀리곤 하였습니다.

그 친구가 왜 그러는지 궁금해진 저는 어느 날 대화시간을 만들었습니다. 그 친구는 가정 형편 때문에 아르바이트를 해야 되는 상황이 너무 힘들고 화가 나고, 부자인 친구들보다 공부에서 뒤처지는 것도 짜증이 난다고 하였습니다. 이에 저는 우선 그 친구의 이야기를 다 들어주고 상황을 이해해준 다음 몇 가지 조언을 해주었습니다. 그 후 그 아르바이트생의 태도는 몰라보게 달라졌으며, 여느 직원 못지않게 훌륭한 태도로 아르바이트를 마칠 수 있었습니다.

외식업계는 그 구조상 아르바이트생을 많이 쓸 수밖에 없다는 것을 잘 알고 있습니다. 단기로 일하는 분들이 그만두지 않고 일을 충실히 할 수 있으려면 상호 존중과 이해로 동기부여를 해주어야 한다고 생각합니다. 이에 저는 언제나 함께 일하는 동료들에게 관심을 기울이고 오랫동안 함께 일할 수 있도록 마음을 다독이는 일을 CJ푸드빌의 매장에서 실천에 옮길 것입니다.

COMMENT CJ의 기업문화에 대해 잘 파악하고 있으며, 또한 그 사실을 스마트하게 잘 드러내고 있다. 지원하는 기업의 문화를 미리 알고 있는 직원은 적응도 빠르고 경솔하게 그만두지 않을 것이라는 믿음을 준다. 식음료 현장에서는 대인관계능력이 매우 중요한데 사례와 함께 이 능력을 효과적으로 잘 표현하고 있다. 각 항목별로 어떤 내용의 이야기를 할지 먼저 앞부분에 두괄식으로 작성하여 읽는 사람이 편하게 읽을 수 있으며, 메시지 전달력이 높은 글이다.

1 많은 직장 중에서 항공사를 선택하게 된 이유와 특히 대한항공에 지원하게 된 동기 및 입사 후 포부에 대해 구체적으로 기술하시오.(600자 이내)
2 자신에게 주어진 일이나 과제를 수행하는 데 있어 고정관념을 깨고 창의적으로 문제를 해결했던 사례에 대해 구체적으로 기술하시오.(600자 이내)
3 본인이 경험한 최고의 서비스, 최악의 서비스에 대해 기술하고 그렇게 판단한 근거 및 사유에 대해 설명하시오.(600자 이내)
4 항공사 직원이 함양해야 할 국제적 감각이란 무엇이며, 이 역량을 배양하기 위해 본인은 어떠한 노력을 기울였는지 기술하시오.(600자 이내)
5 과거 타인과의 인간관계에서 가장 힘들었던 갈등상황과 이를 슬기롭게 극복할 수 있었던 본인의 전략 및 노하우에 대해 기술하시오.(600자 이내)

Q 많은 직장 중에서 항공사를 선택하게 된 이유와 특히 대한항공에 지원하게 된 동기 및 입사 후 포부에 대해 구체적으로 기술하시오.(600자 이내)

>>> 대한항공 덕분에 국제 미아가 될 뻔한 위기를 무사히 넘겼던 기억이 있습니다. 몇 해 전 여행사를 통해 앙코르와트를 갔을 때의 일입니다. 갑자기 귀국 비행기가 취소되었고, 다른 비행기를 미리 예약해두었다는 가이드의 말을 믿고 공항으로 가보니 예약이 안 되어 있었습니다. 이에 당황한 우리는 대한항공사 직원분께 절박한 심정으로 사정을 이야기하며 도움을 부탁했고, 그 직원분의 노력 끝에 귀국 비행기에 겨우 탈 수 있었습니다. 대한항공 덕분에 이러한 감동과 안도감을 느끼면서 역시 믿을 것은 국적기, 그리고 그중에서도 우리나라 국민을 가장 많이 글로벌로 무사히 인도해준 대한항공밖에 없다는 무의식적인 존경심과 믿음이 생겨났습니다. 그때부터 '대한항공이 잘되어야 우리나라 국민이

전 세계에서 마음 놓고 안전하게 활동할 수 있겠구나' 하는 믿음이 생겼고, 대한항공에서 꼭 일하고 싶은 소망이 생겼습니다. 이러한 믿음을 바탕으로 대한항공이 크게 발전하는 데 이바지하고 싶습니다.

구체적으로 여객사업부에 신입사원으로 들어가 공항서비스 전반에 관한 현장 경험을 익힌 후 재무 및 회계 쪽으로 전문 경험을 5년 이상 쌓고 싶습니다. 그 이후에는 이러한 경력을 바탕으로 대한항공의 경영전략을 수립하는 일에 저의 능력을 보태 공헌하고 싶습니다.

COMMENT 실제 에피소드에 근거해서 대한항공에 지원할 수밖에 없는 동기를 아주 설득력 있게 잘 설명하고 있다. 특히 에피소드를 시간 순으로 주저리주저리 쓰지 않고 핵심 포인트를 맨 첫 문장에 제시함으로써 가독성과 메시지 전달력을 높이고 있다. 좋은 에피소드라도 작성 방법에 따라 설득력에 차이가 많이 나므로 지원자들은 이 점을 유의하길 바란다.

Q 자신에게 주어진 일이나 과제를 수행하는 데 있어 고정관념을 깨고 창의적으로 문제를 해결했던 사례에 대해 구체적으로 기술하시오.(600자 이내)

>>> 대학교 경력개발센터에서 아르바이트를 할 때 정확한 고객의 니즈 파악 및 충족을 통해 문제를 해결했던 경험이 있습니다. 당시 학교에서는 취업 관련 특강과 더불어 교재를 무료로 제공해주었는데 늦게 오는 사람은 받을 수가 없었습니다. 그런데 한 학생이 자기는 왜 교재를 받을 수 없는 것이냐면서 강력하

게 항의하였고, 담당 직원 선생님과 10분 넘게 실랑이를 옥신각신 벌이는 사태가 일어났습니다. 이에 저는 '이 학생이 진짜 원하는 니즈는 뭘까?'에 대해 생각해본 끝에 '강의를 들을 때 교재를 함께 보면서 듣기를 원하는 것'이라는 판단이 섰습니다. 그래서 도서관 사이트에서 해당 책이 대여 가능하다는 사실을 확인한 후 학생에게 도서관에서 책을 빌려다 줄 테니 일단 그 교재로 강의를 들으면 되지 않겠느냐고 했더니 그제야 그게 자신이 원하는 것이었다면서 무사히 해결되었던 경험이 있습니다. 이에 저는 진정한 고객의 니즈가 무엇인지 파악하고 그것을 충족시키기 위해 창의적으로 문제를 해결하는 방법을 찾는 것이 중요하다는 사실을 깨달을 수 있었습니다. 이러한 저의 창의적인 문제해결능력은 많은 고객들을 응대해야 하는 대한항공에서 빛을 발할 수 있을 것입니다.

COMMENT 문제에 직면했을 때 상대방의 핵심 니즈에 포커스를 맞추고 그것을 충족시킬 수 있는 방법을 찾는 데 있어 모든 가능성을 열어놓은 점은 지원자의 매우 훌륭한 문제해결능력을 보여준다. 문제해결능력은 최근 전 업계와 거의 모든 회사에서 신입사원에게 가장 요구되는 역량이다.

Q 본인이 경험한 최고의 서비스, 최악의 서비스에 대해 기술하고 그렇게 판단한 근거 및 사유에 대해 설명하시오.(600자 이내)

• 최고의 서비스 - 가장 최근에 모 백화점에서 350원짜리 생수를 산 적이 있었습니다. 그런데 계산대 직원분은 10만 원을 결제할 때와 똑같은 미소와 친절을

보이며 저를 응대해주셨습니다. 이에 저는 진정한 서비스는 가격을 초월하는 것이라는 사실을 배웠고, 이는 제가 대한항공에 입사한 후에도 가격을 초월한 서비스를 제공해야겠다는 다짐을 하게 된 경험이었습니다.

• 최악의 서비스 – 5년 전 구입했던 다소 고가의 트렌치코트를 수선하기 위해 백화점 매장을 찾았는데, 그 매장 직원이 이미 구입 후 5년이 지났으니 수선은 자기네 책임이 아니고 수선실로 알아서 찾아가라는 것이었습니다. 구입할 때에는 온갖 친절과 정성을 다하면서 결제가 끝나면 자기네 일이 아니라는 식의 무책임한 태도가 얼마나 불쾌감을 주는지 확인할 수 있었습니다. 이에 저는 대한항공 입사 후에 승객들에게 책임을 다하며, 제가 할 수 있는 한 최상의 서비스를 제공하기 위해 최선을 다할 것입니다.

COMMENT 이 부분은 지원자가 입사 후 어떤 점에 유의하면서 고객들에게 서비스를 할 것인지를 간접적으로 확인할 수 있는 항목이다. 선정된 항목도 적절하고 무난하게 작성하였지만 이를 통해 얻은 교훈을 현장에 어떻게 반영할지에 대한 부분, 즉 이점 제시 부분이 다소 약해 보인다.

Q 항공사 직원이 함양해야 할 국제적 감각이란 무엇이며, 이 역량을 배양하기 위해 본인은 어떠한 노력을 기울였는지 기술하시오.(600자 이내)

>>> 저는 글로벌 감각을 어학 능력, 외국 체류 경험 및 외국인과의 네트워킹 경험, 다름을 이해하는 열린 마음의 세 가지로 정의하고 싶습니다. 먼저 어학 능력

과 관련해서는 영어를 꾸준히 공부해온 결과 OPIC AL과 TOEIC 910점의 결과를 얻을 수 있었습니다. 또한 중국 여행객의 증가 트렌드에 대비하기 위해 현재 ○○ 중국어학원에서 4개월째 공부하고 있으며, 입사 후에도 중국어 공부를 꾸준히 할 예정입니다. 외국 체류 경험과 관련해서는 어학연수차 미국에 6개월 체류한 경험이 있으며, 이때 많은 현지인들과 어울리며 그들의 문화와 성향을 파악할 수 있었습니다.

다름에 대한 열린 마음과 관련해 채식주의자인 미국인과 친해지면서 깨닫게 되었습니다. 그 친구는 장을 볼 때마다 주요 음식 성분들을 꼼꼼히 보는 바람에 시간이 많이 지체되어 처음에는 조금 불편했지만, 나중에는 점차 저도 닮아가는 경험을 하며 다름을 통해 나 또한 성숙할 수 있음을 느꼈습니다. 다양한 경험을 통해 얻은 이와 같은 저의 글로벌 감각은 전 세계인을 고객으로 모시는 대한항공에서 꼭 필요한 역량이라고 생각합니다.

COMMENT 글로벌 감각을 지원하는 회사에 맞게 재정의하고 그에 맞는 구체적인 사례를 제시한 점이 매우 훌륭하다. 사례 또한 지원자가 각 역량을 가지고 있음을 설득하기에 충분하다.

Q 과거 타인과의 인간관계에서 가장 힘들었던 갈등상황과 이를 슬기롭게 극복할 수 있었던 본인의 전략 및 노하우에 대해 기술하시오.(600자 이내)

>>> 같은 과 친구 중에 유난히 말을 거칠게 하고 다른 친구들을 무시하는 친구가 있었습니다. 1학년 때에는 생전 처음 들어보는 무례한 말에 어떻게 대응해야 할지 몰라 당황도 많이 하고 기분도 많이 상했지만, 이대로 그 아이 때문에 내 기분이 나빠지게 내버려둘 수는 없다는 판단이 들었습니다. 그래서 일단 이런 거친 타입의 사람과도 잘 지내면 앞으로 직장생활도 잘할 수 있을 거란 생각에 그 친구를 나의 대인관계 역량을 키워줄 연습 파트너로 생각했습니다. 그 이후로는 오히려 그 친구의 행동에 어떻게 대응해야 할지 전략을 구상하면서 재미있게 지낼 수 있게 되었고, 점차 그 친구에 대해 가졌던 나쁜 마음도 사라졌습니다. 시간이 흐른 후에는 그 친구가 오히려 저에게 자기 말이 심했다며 미안했다고 사과를 하기도 해서 뿌듯했던 경험이 있습니다. 이러한 경험은 대한항공에서도 무난하게 직장생활을 할 수 있는 밑거름이 될 것입니다.

COMMENT 타국의 공항이나 좁은 기내 등의 제한된 공간에서 팀원들끼리 대인관계에 문제가 있으면 사고로 이어질 확률이 높다. 따라서 항공사 지원자들은 대인관계 항목에 매우 공을 들여 작성하여야 한다. 이 사례는 실생활에서 많이 마주치는 문제를 슬기롭게 극복한 경우로, 지원자의 마음이 이미 사회인으로서 타인과 함께 생활하기에 충분히 성숙되어 있음을 잘 드러내고 있다.

1 삶을 통해 이루고 싶은 인생의 비전 또는 목표 3가지를 우선순위 순으로 적어주십시오.
2 다른 사람과 구별되는 자신의 능력이나 기질을 써주십시오.
3 자신의 인생에 가장 영향을 끼친 사건 3가지를 든다면?
4 살아오면서 자신이 성취한 것 중 자랑할 만한 것을 1~2가지 소개해주십시오.(100자 미만)
5 추천하고픈 책을 써주세요.
6 즐겨 찾는 인터넷사이트와 이유는 무엇입니까?
7 자신에게 있어서 직장생활의 의미를 써주십시오.(200자 미만)
8 지원 동기를 구체적으로 적어주십시오.(500자 미만)
9 위에서 표현되지 못한 자기소개를 간단하게 적어주십시오.(1,600자 미만)

Q 삶을 통해 이루고 싶은 인생의 비전 또는 목표 3가지를 우선순위 순으로 적어주십시오.

- 자신이 속한 세상에 필요한 인재가 되는 것
- 자신의 선택에 기꺼이 책임질 줄 아는 사람이 되는 것
- 자신도 행복하고 타인에게도 행복을 주는 사람이 되는 것

COMMENT 단순한 질문 같지만 지원자 개인의 비전이 회사와 잘 맞는지, 또 이것이 회사 내에서 충족될 수 있는지 확인해보는 심오한 질문이다. 따라서 지원자가 조직 안에서 잘 생활할 수 있다는 것을 보여주는 비전을 작성하는 것이 좋다. 이 지원자가 쓴 '자신이 속한 세상에 필요한 인재가 되는 것'은 조직에서 긍정적으로 받아들일 수 있는 비전이다.

Q 다른 사람과 구별되는 자신의 능력이나 기질을 써주십시오.

- 자신이 갖고 있는 정보와 지식을 '통합할 줄 아는 능력'

- 자신이 속한 상황에서 가능한 문제해결방법을 찾을 줄 아는 능력
- 안주하지 않고 항상 발전하려고 노력하는 도전정신

COMMENT 지원자가 본인의 장단점에 대해서 얼마나 잘 알고 지원했는지를 알아보는 질문이다. 피상적인 답변만 할 경우 자신에 대해 깊이 있게 통찰해보지 않은 지원자로 간주될 수 있다. 또한 자신의 장점을 있는 그대로 드러내기보다는 장점 중에서 지원하는 회사 및 직무에서 환영받을 만한 것을 선택하여 작성하는 능력도 필요하다.

Q 자신의 인생에 가장 영향을 끼친 사건 3가지를 든다면?

- 2001 아울렛에서 아르바이트를 한 돈으로 유럽 배낭여행을 갔을 때 하고 싶은 일을 위해 스스로 돈을 버는 경험과 도전의 중요성에 대해 배웠습니다.
- 동기와 서로 오해가 있었던 부분을 커뮤니케이션을 통해 풀었습니다. 이 일을 바탕으로 서로의 입장을 존중해주는 커뮤니케이션의 중요성에 대해 배웠습니다.
- 불가능할 거라고 생각했던 회사에 인턴으로 합격하였을 때 도전의 중요성에 대해 배웠습니다.

COMMENT 이 역시 지원자가 인생에서 중요하게 생각하는 것이 무엇인지를 알아볼 수 있는 질문이다. 지원자가 인생의 중심에 놓고 보는 가치관이나 사항들이 조직과 맞지 않을 경우에는 좋은 평가를 받기 힘들다. 이 지원자는 도전, 경험, 대인관계, 커뮤니케이션 등을 중요하게 생각하는 것으로 봤을 때 회사 및 지원 직무와 잘 매치된다고 판단할 수 있다.

Q 살아오면서 자신이 성취한 것 중 자랑할 만한 것을 1~2가지 소개해 주십시오.(100자 미만)

- 스스로 아르바이트를 해서 번 돈으로 다녀온 캐나다 어학연수
- 학생 신분에 충실하기 위해 성실히 노력하여 얻은 3.9의 평균 평점
- 마케팅에 대해 공부하기 위해 열심히 했던 동아리 활동 및 동아리 회원들과의 친분

COMMENT 지원자가 가지고 있는 역량과 중요하게 생각하는 부분을 엿볼 수 있는 질문이다. 이 지원자의 경우 독립성, 북미시장 경험, 성실성, 마케팅 지식 등으로 요약될 수 있는데 이들은 모두 지원 회사 및 직무에서 대체적으로 필요한 역량이므로 괜찮은 문장이라고 판단된다.

Q 추천하고픈 책을 써주세요.

- 《파는 것이 인간이다(다니엘 핑크)》 - 세일즈는 영업사원만의 것이라는 고정관념을 깨는 책. 또한 타인에게서 거절을 당했을 때 회복하는 방법에 대해서도 나와 있어서 아주 유용한 책입니다.
- 《새로운 미래가 온다(다니엘 핑크)》 - 모든 사람들이 원하는 정보를 손쉽게 얻을 수 있는 정보 평등의 시대가 도래함에 따라 미래사회에는 기존의 좌뇌형 인재들보다는 양쪽 뇌를 모두 활용해 주어진 정보를 어떻게 통합하고, 어떤 상황에서 어떻게 적용할지가 더 중요해지게 될 거라는 메시지를 주는 책입니다.
- 《과학자의 서재(최재천)》 - 통섭의 전도사 최재천 교수님의 저서로 교수님

스스로가 과학자로서 어떻게 통섭적인 삶을 살아오셨는지 알려주고, 통섭이 왜 이 시대에 중요한지를 깨닫게 해주는 책이어서 추천합니다.

COMMENT 지원자의 인문학적 소양과 관심사를 엿볼 수 있는 질문이다. 내용 자체도 좋아야 하지만 책을 통해 얻은 깨달음이나 지식이 업무 현장에서 활용 가능해야 더 좋은 평가를 받을 수 있다.

Q 즐겨 찾는 인터넷사이트와 이유는 무엇입니까?

- 〈다음〉 – 제가 주로 사용하는 메일 계정이 있어서 하루 중 가장 많이 방문하는 사이트입니다. 현재 이슈가 되고 있는 시사문제에 대해 빠르게 파악할 수 있고, 추가적으로 더 찾아볼 수 있도록 계기를 마련해주는 사이트라 좋아합니다.
- 〈네이버〉 - 〈다음〉과 더불어 현재 이슈가 되고 있는 시사문제에 대해 파악하기 위해 들어가 보며, 같은 사안이라도 포털사이트별로 다른 관점으로 기사가 작성된 것을 보면서 다양한 관점으로 시사문제를 접하기 위해서 접속합니다.
- 〈페이스북〉 - 단순한 연락 수단을 넘어 다른 사람들이 관심을 갖는 온라인 콘텐츠를 공유할 수 있기 때문에 학습의 장으로도 활용하고 있습니다.

COMMENT 이랜드는 트렌드가 중요한 패션, 유통 등이 중점 사업이기 때문에 트렌드를 읽는 눈이 매우 중요하다. 평소 트렌드를 파악하기 위한 노력을 어떻게 하고 있는지 그 수준을 가늠해볼 수 있는 질문인데, 지원자는 지원 직무인 패션 쪽에 특화된 사이트를 적지 않았다. 이 부분을 보충하면 더 좋은 자기소개서가 될 것이다.

Q 자신에게 있어서 직장생활의 의미를 써주십시오.(200자 미만)

>>> 저는 직장이란 제가 그동안 갈고닦은 모든 역량을 펼쳐볼 수 있는 경기장이라고 생각합니다. 함께 일하는 동료들과 팀워크를 발휘하기도 하고, 선의의 경쟁을 하기도 하면서 조직 전체의 목표를 함께 달성해나가는 일종의 긴 마라톤을 하는 경기장 말입니다. 그 과정에서 회사도 성장해나가고 자신도 성장해나갈 수 있는 곳, 그곳이 바로 저의 직장이자 직장생활이라는 소신을 가지고 있습니다.

COMMENT 이랜드는 종교적 신념을 기반으로 운영되기 때문에 직장에 대한 소명의식을 다른 회사보다 더 신경 쓸 수 있다. 따라서 최대한 진지하게 써주는 것이 좋다.

Q 지원 동기를 구체적으로 적어주십시오.(500자 미만)

>>> 방학 때 백화점에서 의류 판매 아르바이트를 했었습니다. 그때 처음으로 매장관리자분을 만나면서 매장의 매출, 유통, 고객 관리 등 전반적인 사항을 관

리하는 직무에 매력을 느끼게 되었습니다. 특히 제가 근무했던 행사장의 경우 시즌별로 적절한 아이템이 선정되어야 하고, 또 주말과 평일에 유통되는 제품의 수량도 달라야만 했는데 그 모든 직무를 적절히 수행하시는 분들의 일이 매우 재미있게 느껴졌습니다.

제가 자주 이용하는 이랜드 리테일 계열사인 2001 아울렛에서는 해당 직무가 패션 플로어 매니저라는 것을 확인할 수 있었고, 그 이후 입사를 위해 유통관리사 공부 등의 준비를 해왔습니다. 이렇게 현장 아르바이트를 통해 얻은 경험과 학교에서 재무, 회계, 영업 및 마케팅 전략 수립, 유통에 관해 쌓은 지식은 이랜드 리테일에서 패션 플로어 매니저로서의 직무 수행을 성공적으로 이끌어줄 것입니다.

COMMENT 모든 회사의 지원 동기가 그렇듯 이 지원자도 회사와 윈윈 할 수 있다는 전체 프레임을 가지고 잘 작성하였다. 특히 마지막에 지원자를 채용함으로써 회사가 갖는 이점 부분은 아주 깔끔하게 작성되어 메시지 전달이 아주 잘되었다고 느껴진다.

Q 위에서 표현되지 못한 자기소개를 간단하게 적어주십시오.(1,600자 미만)

>>> 언니는 도와주지만 아줌마는 도와주지 않는다

백화점에서 의류 판매 아르바이트를 하면서 원만한 대인관계의 중요성을 크게 느꼈습니다. 일을 처음 시작했을 때에는 그냥 일만 열심히 하면 된다고 생각해서 주변 분들에 대해 신경을 쓰지 않았습니다. 그런데 어느 순간 업무상 어떤 일을 부탁드려도 까칠하게 반응하시는 선배분들을 보면서 변화가 필요하다고 느꼈습니다. 이후 저는 딱딱한 호칭 대신 밝게 미소 지으며 "언니"라고 친근하게 다가갔고, 비타민제도 종종 챙겨드리고, 내 일이 아니더라도 앞장서서 도와드리는 등 관계 개선을 위해 열심히 노력했습니다. 그 결과 예쁨받는 동생이 될 수 있었고, 어려운 일도 함께 원만히 풀어갈 수 있었습니다. 그 이후로 제 인생의 모토는 "인사가 만사다"로 바뀌었습니다.

>>> 나의 비전을 공유할 이랜드 리테일

저의 비전은 이랜드 리테일 패션 부문의 경영전략을 총괄하는 수장이 되는 것입니다. 이를 위해서는 먼저 패션 플로어 매니저로서 4~5년 정도 충분히 현장 경력을 쌓은 후 바잉 및 상품기획 MD를 거쳐 이랜드 리테일의 사업전략 구상에 대한 의사 결정을 할 수 있는 위치에 오르기를 희망합니다.

저의 비전을 실현하기 위해서 우선 현재 공부 중인 유통관리사 자격증 취득을 마무리 지을 계획입니다. 다음으로 글로벌 기업으로 그 입지를 다지고 있는 이랜드 리테일에 걸맞은 인재가 되기 위해 중국어 공부를 꾸준히 할 계획입니다. 또한 글로벌 패션 트렌드를 파악하기 위해 시장 동향 및 소비자 니즈 분석도 부지런히 하겠습니다. 이러한 포부를 가지고 이랜드 리테일의 뉴코아, 2001 아울렛, NC 백화점 등이 성장하도록 최선을 다하겠습니다.

>>> 디테일이 전체를 좌우한다

저는 매우 꼼꼼한 성격을 갖고 있습니다. 동아리에서 회비를 관리할 때의 일입니다. 이전에는 회비 관리가 허술해서 어디에 어떻게 쓰이는지 알 수가 없었고, 누가 회비를 내고 안 냈는지도 제대로 체크되지 않는 상황이었습니다. 저는, 돈 문제는 정말 투명하고 철저하게 관리되어야 한다고 생각하기 때문에 엑셀 파일로 동아리 회원 명부 및 회비 납부 내역, 회비 총액, 회비 사용 내역 및 잔액 등을 일목요연하게 정리한 후 한 달에 한 번씩 회원들의 이메일로 보내주었습니다. 이 일은 저에 대한 동아리 회원들의 신뢰도를 높여주었을 뿐 아니라 회비 납부율도 높아져 동아리 활동 자체가 활성화되는 결과를 가져왔습니다. 제가 지원한 패션 플로어 매니저 또한 각 제품의 유통 수량 및 매출액 등 회사의 수익과 직결되는 숫자를 다루는 일이 많은 만큼 저의 이러한 꼼꼼한 특성이 장점으로 발휘될 것이라 생각합니다.

COMMENT 패션 플로어 매니저 직무를 수행하기 위해서는 원만한 대인관계, 유통에 관한 지식, 꼼꼼한 성격, 계수감각 등의 역량이 필요한데 각 단락별로 이 역량들을 잘 어필하고 있다. 사례도 아주 적절하게 주제를 잘 살려서 설득력 있게 제시되었고, 마지막에 이점으로 마무리한 점도 아주 좋았다. 특히 앞의 자기소개서 항목에서 물어보지 않은 입사 후 비전에 대해 추가로 작성한 점은 아주 훌륭하다고 생각한다.

LG상사 / 석유사업 부문

1 LG상사(사업 또는 직무에 대한) 지원 동기와 개인의 비전
2 본인의 핵심 역량, 그리고 성격상의 장점과 단점
3 지원 동기에 부합하는 성공 경험과 실패 경험
* 각 항목당 글자 수 공백 포함 2,000바이트 이내

Q LG상사(사업 또는 직무에 대한) 지원 동기와 개인의 비전

>>> 저는 DELE C1(고급 1)의 스페인어 실력과 복수전공인 경영학 공부를 통해 재무회계에 대한 기초 지식, 시장분석 및 영업전략 수립에 대한 기본 지식을 갖고 있습니다. 이러한 저의 역량들을 분석해보았을 때 저를 가장 필요로 하고 저의 역량을 발휘할 수 있는 곳은 상사, 그중에서도 중남미시장의 에너지 관련 분야에서 빛을 발하고 있는 LG상사라는 생각을 갖고 오래전부터 귀사에서 일하기를 소망해왔습니다.

특히 LG상사는 스페인어를 사용하는 아르헨티나와 칠레에 지사를 두고 있으며, 최근 몇 년 사이 칠레 및 컬럼비아의 석유 생산 광구 지분을 인수함으로써 그 어느 때보다 중남미시장의 비중이 커지고 있는 시점이라고 생각됩니다. 이렇게 중요한 시점에 스페인어 능력과 경영학적 마인드로 준비된 저 같은 신입사원을 뽑는 것은 매우 중요한 일이라 생각되며, 저 또한 제가 가진 역량을 필요로 하는 회사를 만나 제가 가진 모든 능력을 펼쳐 보이며 회사와 함께 성장하고 싶습니다.

입사 후에는 석유사업 부문의 신입사원으로서 4~5년간 실무 경험을 쌓으면

서 CFA나 CFM 등의 재무회계 관련 자격증을 꾸준히 준비하겠습니다. 이는 자원·원자재 부문이 환율 및 자원가격 등의 영향을 많이 받고, 은행과 유기적으로 진행할 업무가 많은데 상기 자격증을 취득하면 도움이 될 것으로 판단되기 때문입니다. 이러한 준비를 기반으로 향후에는 귀사에서 프로젝트 매니저로서 신재생에너지 및 다른 분야에 대한 신사업 개발업무를 총괄할 수 있는 인재가 되고자 하는 것이 저의 포부입니다.

COMMENT 자신의 역량에 대한 분석과 지원 회사에 대한 분석이 철저하게 이루어진 것이 확연히 드러난다. 이렇듯 자연스럽게 지원자와 회사의 공통분모를 연결해서 쓰려면 꽤 많은 시간과 정성을 투자했을 것으로 짐작되고, 그 정성을 회사는 알아보았을 것이다. 또한 자신이 지원하는 석유 분야 및 전 세계 지사의 분포상황, 회사 내부의 조직도 등에 대해 디테일한 맞춤형 분석이 이루어진 점은 지원자가 분석적이고 논리적으로 업무에 접근하며, 본격적인 업무 전에 사전조사를 철저히 하는 성향을 가졌다는 사실을 뒷받침해준다.

Q 본인의 핵심 역량, 그리고 성격상의 장점과 단점

>>> 저의 첫 번째 핵심 역량은 스페인어 능력 및 체류 경험을 통해 얻은 남미에 대한 높은 이해도라고 생각합니다. 비즈니스 현장에서 스페인어를 능숙하게 구사하려면 DELE C1 정도는 받아야 한다고 생각했기 때문에 공부하고 또 열심히 공부했습니다. 또한 단지 언어만 공부하는 것이 아닌 현지 경험을 익혀야 된다고 생각해 학교 프로그램을 통해 6개월간 칠레에서 생활을 하며 많은 것을 배

웠습니다. 이러한 저의 역량은 현재 자원·원자재 부문의 매출 비중이 25%(60기 3분기 기준)까지 성장하고 있으며, 칠레 및 컬럼비아 등의 석유 생산 광구 지분을 인수하며 중남미 전체로 석유사업 부문의 영역을 확장해나가고 있는 귀사의 상황을 고려할 때 신입사원에게 매우 필요한 역량이라고 판단됩니다.

저의 두 번째 핵심 역량은 경영학적 지식입니다. 이 중 전공을 통해 배운 저의 재무회계 지식, 시장분석 및 이에 따른 전략수립 방법 관련 지식 등은 석유 부문 사업의 돈의 흐름을 파악하고 투자 가치를 극대화하는 데 매우 효율적으로 활용될 것이라 생각됩니다.

저의 장점은 굉장히 도전적이며, 열정적이라는 것입니다. 사실 학교 프로그램을 통해 칠레를 가게 되었을 때 비행기 값 및 현지 체류비용 등에 대한 고민이 많았습니다. 그렇지만 저는 목표를 포기하는 성격이 아니기 때문에 비행기 티켓과 아주 약간의 돈만 가지고 일단 떠났습니다. 그리고 다행히 현지에서 인턴을 할 수 있는 기업을 찾아서 무사히 체류비용을 마련할 수 있었습니다. 이와 같은 맥락에서 저는 "뜻이 있는 곳에 길이 있다"는 말을 매우 좋아합니다.

저의 단점은 거절을 잘 못한다는 것입니다. 그래서 항상 팀 작업 시에 제가 할 수 있는 것보다 더 많은 일을 맡곤 하였습니다. 물론 그 덕분에 더 성장한 부분도 있지만 사회인으로서 때로는 깔끔하게 거절할 줄도 알아야 한다고 생각하여 그 부분을 연습하고 있는 중입니다.

COMMENT 1번 항목에 이어서 본인의 세 가지 핵심 역량인 스페인어 구사능력과 남미 시장에 대한 이해도, 경영학적 지식을 반복해서 강조하고 있다. 같은 주제로 쓰다 보면 읽는 사람이 조금 지루할 수도 있는데 같은 주제를 살짝 다른 콘텐츠를 활용하여 쓴 점이 노련해 보인다. 이렇게 다른 에피소드로 본인의 핵심 역량을 재강조해주는 것도 좋은 전략이 될 수 있다. 단, 주제는 같되 표현은 새로워야 한다는 점을 명심해야 한다. 더불어 지원자가 근무할 석유사업 분야가 속한 자원·원자재 부문에 대한 디테일한 숫자가 제시되어 있다. 딱 한 번의 숫자 제시인데도 지원자가 그 숫자를 찾기까지 조사한 시간이 느껴지고, 너무 많은 숫자를 적지 않아서 오히려 절제미와 고급스러움이 느껴진다. 마치 "나 이 정도 수준의 사람이야"라고 멋있는 말 딱 한마디만 하고 그 뒤로 묵묵히 있는 사람처럼 말이다. 그런 사람에게는 자연스레 관심이 가게 마련이다.

Q 지원 동기에 부합하는 성공 경험과 실패 경험

>>> 예비 상사인으로서 저의 도전정신을 가장 잘 보여주는 사례로 칠레에서 인턴으로 채용되기 위해 무작정 한인 분들이 운영하는 사업체에 방문한 경험을 말씀드리고 싶습니다. 다행히 방문한 업체 중 한 곳에서 인턴을 할 수 있는 좋은 기회를 얻어서 뿌듯했던 기억이 납니다. 지금 생각하면 다소 쑥스럽기도 한 일이지만 그때 당시로서는 해야만 하는 일이라고 생각했기 때문에 별 망설임 없이 방문했었던 것 같습니다. 제 학창 시절을 돌아보면 참 이런저런 일들에 많이 도전해보았고, 그로 인해 저 또한 많은 성장 기회를 얻었다고 생각합니다.

지방자치단체 교육기관에서 아르바이트를 할 때 운영하는 프로그램을 문자로 홍보 및 독려하는 일을 맡았던 적이 있습니다. 처음에 시험 삼아 100명에게 문자를 보내보았더니 10명에게서 전화가 걸려와 프로그램에 대해 문의하였기에 문자에 대한 응답률이 10%란 결론을 내린 적이 있습니다. 이 10%를 염두에 두고 다른 프로그램의 홍보를 위해 300명에게 문자를 보내면 30명에게 응답이 올 것이라 예상하고 문자를 보냈더니 향후 이틀 동안 거의 100명에 육박하는 수강생에게서 전화가 오는 상황이 전개되었습니다. 후에 알고 보니 두 번째 프로그램은 그 지역 수강생들 사이에서 유독 관심이 높은 분야였기 때문에 늘 문의전화가 폭주한다는 것이었습니다. 이 경험을 통해 모든 업무에 일괄적인 기준을 적용한다는 것이 얼마나 리스크가 큰 일인지 알게 되었고, 그 이후로는 항상 선임자에게 충분히 조언을 구한 후 일을 하는 습관이 생겼습니다. 저의 작은 실패 경험을 통해 얻은 신중한 업무 추진 자세와 늘 커뮤니케이션을 충분히 하려는 업무 자세는 훌륭한 LG상사인이 되는 데 밑거름이 될 거라고 확신합니다.

COMMENT 활동 반경이 글로벌적인 상사인에게는 도전정신이 강하게 요구된다. 아마 지원자도 그것을 알았기에 도전정신에 대한 에피소드를 썼을 것으로 생각되고 이는 매우 적절한 판단이다. 또한 상사의 경우 늘 돈이 오가고 환율과 경기에 따른 변동이 심하기 때문에 신중한 업무 처리와 미리 상의하고 결정하는 성품이 필요하다. 이를 잘 캐치한 지원자가 설득력 있게 본인의 강점을 잘 전달한 것으로 판단된다.

한화호텔&리조트 / 리조트 기획 부문

1 자신이 우리 회사에 왜 적합한지 기술해주십시오.
2 지원한 직무를 자신이 잘할 수 있는 이유와 그 직무를 통해 우리 회사에서 이루고자 하는 목표는 무엇인지 기술해주십시오.
3 인생에서 가장 열정을 가지고 임했던 경험과 그렇게 열정을 기울였던 이유, 그 경험이 자신의 삶 또는 가치관에 미친 영향을 기술해주십시오.
4 자신이 처한 상황에서 어려움에 직면했을 때에도 좌절하지 않고 극복하기 위해 노력했던 경험이 있다면 기술해주십시오.
5 즐길 줄 아는 모습이란 무엇인지 자신의 경험을 들어 설명해주십시오.
6 누군가와의 약속을 끝까지 지키고 신뢰를 쌓았던 경험과 그 결과는 어떠하였는지 기술해주십시오.

* 각 항목당 글자 수 공백 포함 500자 이내(6번 항목 2,000자 이내)

Q 자신이 우리 회사에 왜 적합한지 기술해주십시오.

>>> 저는 신HSK 5급의 중국어 능력 및 영어 회화능력을 가지고 있으며, 또한 전공인 경제학 공부를 통해 숫자를 볼 줄 아는 능력, 경영학 과목 수강을 통해 전략 기획 관련 지식을 갖고 있습니다. 이러한 역량 외에도 제가 가장 중요하게 생각하는 부분은 한화리조트에 대한 애정입니다.

한화리조트는 리프레시가 필요할 때 항상 저에게 안식처가 되었던 곳입니다. 특히 설악 한화리조트는 워터피아를 포함한 콘셉트의 선점성 및 시설의 우수성으로 매년 초 제가 신년 계획을 세울 때마다 찾는 곳입니다. 이런 경험을 통해 경쟁이 심화되는 요즘 한 사람의 인생에 쉼과 다시 일할 수 있는 에너지를 주는 리조트 사업 분야에 대한 관심을 오래전부터 가져왔습니다. 그동안 제가 한화리조트에서 얻어왔던 에너지를 직원이 되어 고객들에게 돌려드려야 할 때라고 생각합니다.

COMMENT 중국 관련 사업에 대한 장기 플랜을 갖고 있는 회사의 상황을 잘 이해하고 중국어 능력을 강점으로 내세운 점은 매우 적절하다. 또한 중국어, 영어, 경제학 지식 외에도 회사에 대한 감성적인 열정을 수려한 문장력으로 잘 풀어냈다고 생각한다.

Q 지원한 직무를 자신이 잘할 수 있는 이유와 그 직무를 통해 우리 회사에서 이루고자 하는 목표는 무엇인지 기술해주십시오.

>>> 전공인 경제학 공부를 통해 숫자에 대한 계수감각뿐 아니라 세부적인 디테일이 얼마나 중요한지, 작은 변화가 전체에 어떠한 영향을 미치는지에 대해 거시적인 관점을 갖게 되었습니다. 또한 의사 결정을 내릴 때 증거가 되는 수치들에 근거해 논리적으로 접근하는 방법을 배울 수 있었습니다. 마케팅 관련 수업을 통해 시장분석과 고객의 니즈 파악에 대한 기본 지식도 쌓을 수 있었습니다. 더불어 그동안 열심히 공부하여 얻은 신HSK 5급의 중국어 실력 및 영어 실력은 중국시장 공략 및 글로벌 진출을 활발하게 진행하고 있는 귀사에서 업무를 수행하는 데 큰 도움이 될 것입니다. 이러한 저의 역량을 기반으로 우선 리조트 기획 관련 실무를 4~5년간 충실히 수행하고 이후 리조트 마케팅 관련 업무를 진행하길 희망합니다. 또 10년 후에는 전체 경영전략의 의사 결정을 하는 직무를 담당하여 전 세계 유명 휴양지에 한화리조트 및 호텔이 진출하는 데 이바지하고 싶습니다.

COMMENT 직무 및 회사에 대한 분석을 충실히 하여 회사가 원하는 역량 중 지원자가 갖고 있는 역량의 공통분모를 잘 끄집어냈다고 생각한다. 자기분석, 회사분석, 직무분석의 중요성을 다시금 느끼게 해주는 단락이다.

Q 인생에서 가장 열정을 가지고 임했던 경험과 그렇게 열정을 기울였던 이유, 그 경험이 자신의 삶 또는 가치관에 미친 영향을 기술해주십시오.

>>> 저는 뮤지컬을 좋아하고, 실제로 동호회를 통해 대학로의 극장을 빌려 공연해본 경험도 두 번 있습니다. 아마도 제가 열정을 쏟아부을 수 있었던 이유는 뮤지컬이라는 분야가 음악 공연과 연극적인 요소가 가미된 종합적인 성격을 띠고 있기 때문인 것 같습니다. 저는 어떤 일이든지 융합하고 통섭하여 새로운 아이디어를 내는 것이 진정한 창의력이라고 생각합니다. 현대의 소비자들은 하나의 요소로는 만족하지 않습니다. 따라서 한화리조트에서 문화 공연과 숙박이 함께하는 사업을 본격화한다면 새로운 수요가 창출될 것으로 생각합니다. 특히 지방에서 여름휴가 시즌에 1박 2일 이상으로 많이 개최되는 록페스티벌과 협약을 체결한 후 할인 혜택과 더불어 공연장에서 근교 한화리조트까지 셔틀버스를 제공하는 패키지 상품을 운영한다면 매출이 충분히 증가할 거라고 생각합니다. 이렇듯 융합과 통섭을 중시하는 성향을 가진 저는 귀사의 리조트 기획 부서에서도 많은 아이디어를 제공할 것입니다.

COMMENT 뮤지컬 공연을 했던 동호회 경험을 회사의 성과 창출을 위한 아이디어 제시로 끌어낸 점이 매우 탁월해 보인다. 실제로 기획부서나 마케팅부서는 다양한 아이디어가 매우 중시되는 부서다. 또한 실제로 록페스티벌은 활성화되고 있으나 행사 참여자들의 숙박이 원활하지 않음을 간파한 지원자의 아이디어는 실제 현장에 적용될 만하다.

Q 자신이 처한 상황에서 어려움에 직면했을 때에도 좌절하지 않고 극복하기 위해 노력했던 경험이 있다면 기술해주십시오.

>>> 전공 공부 외에 별도로 중국어 공부를 하는 것은 매우 힘들었습니다. 공부 초기에는 일취월장하며 그 실력이 늘더니 갑자기 정체가 되는 시점이 찾아왔습니다. 매일 열심히 해도 성과가 나타나지 않는 것 같을 때 정말 중국어 공부를 그만두고 싶은 마음이 들었지만 법륜스님의 책을 읽으며 마음을 다잡았습니다. "다만 열심히 할 뿐 결과는 우리 마음대로 할 수 있는 것이 아니다"라는 말은 그 후 제 인생의 좌우명이 되었습니다. 일단 중국어 공부를 목표로 삼았으니 매일 적어도 한 시간 이상 공부하겠다는 자신과의 약속을 꾸준히 지킨 결과 HSK 5급을 취득할 수 있었습니다.

COMMENT 평범한 일상에서 자기소개서의 소재를 찾은 대표적인 예가 되겠다. 포기하지 않는 근성, 꾸준히 일할 줄 안다는 지원자의 강점도 드러나지만 더불어 중국어 실력도 부각되게 잘 썼다. 이렇게 자기소개서의 소재는 평범한 일상에서도 충분히 찾을 수 있다.

Q 즐길 줄 아는 모습이란 무엇인지 자신의 경험을 들어 설명해주십시오.

>>> 즐길 줄 아는 모습이란 어떤 상황에서도 긍정적인 면을 볼 줄 아는 것이라고 생각합니다. 어느 겨울방학에 나태해진 저 자신을 다잡고자 혼자 지리산 등반을 떠난 적이 있었습니다. 등반 출발지인 중산리에 도착하니 이미 시간은 오후 2시를 넘었고, 그날 저녁 중으로 세석대피소에 도착하기 위한 고독한 등반이 시작되었습니다.

힘들어도 의지할 곳 없이, 제 짐을 대신 들어줄 사람 하나 없이 묵묵히 등반을 하며 고비를 여러 번 겪기도 했습니다. 이미 시작한 이상 돌아갈 수 없는 길을 가면서 혼자 괜히 시작했다는 짜증과 후회가 여러 번 밀려들기도 했습니다. 그러나 죽을 것처럼 숨이 차던 그때 지금 이 순간이 영원히 나 자신을 이겨낸 뿌듯한 순간으로 남을 것이라는 생각이 들며 갑자기 미소가 지어졌습니다. 그 순간 이후로는 등반 내내 아무리 힘들어도 기쁘게 그것을 받아들일 수 있었습니다. 아마 즐길 줄 아는 모습이란 이런 모습이 아닐까 생각해봅니다.

COMMENT 등산이란 평범한 주제를 통해 얻은 깊은 깨달음을 아주 잘 풀어 썼다. 이처럼 자기소개서는 대단한 사실에 대해 쓰는 것이 아니라 소소한 일상에서 얻은 깨달음만으로도 쓸 수 있다는 것을 기억했으면 좋겠다.

Q 누군가와의 약속을 끝까지 지키고 신뢰를 쌓았던 경험과 그 결과는 어떠하였는지 기술해주십시오.

>>> 저는 저 자신과의 신뢰를 쌓아나가는 게 가장 중요하다고 생각합니다. 그래서 저 자신과 약속한 일은 꼭 지키려고 합니다. 앞서 말씀드린 중국어 공부가 그랬고, 지리산 등반이 그랬습니다. 또 학생으로서 전공 공부에 충실하겠다는 약속도 지켜서 3.9점대의 평점을 받을 수 있었습니다. 최근에는 하루에 한 시간씩 108배를 하고 명상을 하겠다는 목표를 세웠고, 이것을 지키기 위해 노력 중입니다.

자신과의 약속을 지키는 사람이 남과의 약속도 지킬 수 있으며, 스스로를 믿을 수 있는 사람이 남의 신뢰도 받는다고 생각합니다. 그래서 저는 저 자신을 믿기 위해 많은 노력을 하고 있으며, 그 결과 어떤 어려운 일 앞에서도 스스로에 대한 가능성을 믿으며 도전할 수 있게 되었습니다. 이러한 스스로에 대한 신뢰를 바탕으로 장차 함께 일하게 될 한화호텔&리조트의 상사와 동료 분들이 신뢰할 수 있는 사원이 되도록 최선을 다하겠습니다.

COMMENT 남에게 신뢰받는 것보다 자신에게 신뢰받는 것이 훨씬 어렵다는 것을 이 지원자는 알고 있다. 질문에 대한 관점을 바꿔 자신에 대한 신뢰를 쌓는다는 내용을 쓴 점은 아주 새로웠다. 더불어 신뢰할 수 있는 사원은 어느 회사에서나 환영받는 인재의 조건이다.

PART 2

자기소개서 작성의 최신 트렌드

- 결국 남는 것은 키워드다 ☑
- 국가직무능력표준(NCS: National Competency Standards)을 숙지하라 ☑
- 최근 대부분의 기업과 직무가 원하는 역량을 파악하라 ☑
- 먼저 메시지 키워드의 골격을 짜라 ☐
- SEB(Subject, Evidence, Benefit) 규칙을 반드시 지켜라 ☐
- 평범함 속에서 비범함을 찾아라 ☐

POINT 1

결국 남는 것은 키워드다

최근 사회적 이슈나 유명한 인물에 대한 분석 시 빅데이터가 사용되는 것을 방송에서 자주 접할 수 있다. 빅데이터란 유명한 인물과 관련된 데이터들을 수집한 후 그중에서 빈도가 높고 그 사람을 대표할 만한 키워드를 뽑아내 그의 정체성을 설명하는 방식을 말한다. 이러한 빅데이터 분석방법이 이제는 채용 시에도 사용되기 시작했다.

삼성그룹 미래전략실 핵심 관계자는 빅데이터와 텍스트 마이닝text mining(대규모의 문서에서 의미 있는 정보를 추출하는 것) 기법으로 자기소개서를 분석하는 프로그램을 개발하였고, 이를 채용에 활용하였다고 밝힌 바 있다. 먼저 기존 사원의 자기소개서를 분석하여 빈출하는 단어나 반복되는 표현들을 데이터화한 후 그 사원의 업무 성과와 관련하여 인과관계를 분석하는 것이다. 구체적으로 각 단어들과 각 직무별 업무 성과와의 매칭 정도, 불필요한 미사여구가 쓰인 빈

도와 업무 성과와의 관련성 등의 데이터를 통해 입사지원자들의 자기소개서를 걸러냈다는 이야기가 된다(〈매일경제〉 2015. 12. 29. '관리의 삼성, 올 신입사원 빅데이터로 뽑았다' 참조). 이런 방식이라면 이제 인사담당자들은 모든 취업준비생들의 자기소개서를 일일이 읽어볼 필요가 없다. 바로 지원자가 자기소개서에 제시한 키워드만을 추출한 뒤 이 키워드가 지원 직무에 적절한지, 불필요한 단어들이 어떤 빈도로 쓰였는지만 수치로 파악하면 되는 것이다. 그렇다면 여러분의 자기소개서에서 남는 것은 결국 '키워드'다.

자기소개서를 분석했을 때 도출되는 키워드는 주로 기업에서 쓰이는 역량을 지칭하는 단어여야 한다. 기업의 관심은 지원자의 역량에 집중되어 있기 때문이다. 따라서 앞으로 설명할 NCS 홈페이지를 방문하여 많은 역량 단어들을 친숙하게 익힐 필요가 있다. 또한 기업마다 역량의 정의가 약간씩 다를 수도 있기 때문에 지원할 회사의 홈페이지에서 주로 언급되는 단어들도 충분히 숙지해야 한다.

여기서 역량이란 개인이 수행하는 직무에 사용되는 지식, 기술, 태도 등의 집합체를 말한다. 그러므로 수행하는 직무별로 요구되는 역량의 조합은 달라진다. 예를 들어 법무 직무에 지원하는 경우 법적 근거에 따라 의사 결정을 하는 원칙주의가 요구되는 반면, 마케팅 직무에서는 기존의 틀을 깨고 새로운 아이디어를 제시할 수 있는 창의력과 도전정신이 더 요구되는 것이다. 따라서 이 책의 뒷부분에 나오는 자기분석, 직무분석, 기업분석을 통해 기업에 제시할 최적의 역량 키워드를 선정하는 일, 그것이 자기소개서 작성 시 가장 중요한 부분이다. 키워드는 여러분이 수행할 직무 및 기업과 궁합이 맞아야 한다는 사실을 명심하라.

POINT 2

국가직무능력표준 NCS: National Competency Standards 을 숙지하라

입사를 하게 되면 누구나 특정 업무를 담당하게 된다. 한 직원이 건물 청소부터 영업, 마케팅, 홍보, 광고기획, 제품기획, 생산관리, 프로그래밍 등의 전체 업무를 다 수행하는 것은 불가능하기 때문이다. 이렇게 한 직원에게 맡겨진 특정한 일을 '직무'라고 하며, 대부분의 조직은 이 직무를 기반으로 신입사원을 채용한다.

각 직무에 따라 신입사원에게 요구되는 역량은 달라진다. 예를 들어 영업직에는 대인관계와 협상 설득력 등의 역량이 우선적으로 필요한 반면, 마케팅직에는 분석력과 전략적 사고능력이 필요하다. 또한 IT 관련 직무의 경우 프로그래밍과 IT 관련 문제를 해결할 수 있는 전문적인 지식이 무엇보다 필요할 것이다. 따라서 외국계 기업과 국내 대기업의 경우 이미 오래전부터 각 직무별로 필요한 역량을 정의해놓고 이 기준에 따라 신입사원을 선발하고 있다. 그런데 각 회사에 따라 직무별로 요구하는 역량에 다소 차이가 있었고, 특히 일부 중소기업에서는 직무별 역량에 대한 기준이 마련되어 있지 않아서 채용 시 신입사원에게 직무와 관련 없는 스펙을 요구하는 문제가 있었다. 예를 들어 영어를 사용할 일이 거의 없는 직무에 토익 900점 이상의 지원자를 뽑는 문제 말이다. 이 때문에 취업준비생들이 실제 입사 후 직무 수행에 도움이 되지 않는 스펙을 쌓느라 아까운 시간과 돈을 낭비하고 있다는 지적이 끊이지 않았다.

취업 시 발생하는 이러한 비효율적인 문제를 줄이기 위해 정부 차원에서 그동안 존재하지 않거나 기업들 간에 차이가 다소 존재하던 직무별 필요 역량의 기준을 정립하여 이를 표준화하였다. 이것이 바로 'NCS(National Competency Standards, 국가직무능력표준)'다.

특히 공공기관의 채용에 있어서 NCS를 기반으로 한 채용 트렌드가 두드러지게 나타나고 있다. 이미 2015년 130곳의 공공기관이 NCS를 기반으로 능력 중심의 채용을 실시한 바 있다. 2016년에는 100곳이 추가, 특수한 사정이 있는 3개

NCS 채용과 이전 채용의 차이 및 변화

	Before		After
평가요소	각 회사의 인재상, 공유 가치 등에서 도출한 채용 선발 평가요소 및 기준 적용	→	**직업기초능력 + 직무수행능력** (회사 고유의 평가요소 및 기준을 매칭하여 적용)
채용 선발 도구	일반 입사지원서	→	능력 중심 입사지원서
	인·적성 검사		**직업기초능력 평가**
	전공시험		**직무수행능력 필기**
	역량/인성 면접		직업기초능력/직무수행능력 면접

출처: 〈한국경제〉 2016. 3. 14. 연세대 제공

기관을 제외하고 공기업과 준정부기관, 500인 이상의 기타 공공기관은 올해 모두 NCS를 기반으로 능력 중심의 채용을 도입했다(http://blog.naver.com/hellopolicy/220671566266).

NCS 채용에서 가장 큰 변화를 나타내는 두 가지 용어는 '직업기초능력'과 '직무수행능력'이다. 어떤 분야에 대해 알기 위해서는 맨 처음 사용되는 용어를 익혀야 하는 것처럼 NCS 기반 채용에서도 사용되는 용어와 그 정의를 아는 것이 중요하다. 또한 음식을 고르려면 메뉴판에 어떤 종류의 음식이 있는지 먼저 살펴야 하는 것처럼 내가 어필할 역량을 선택하기 위해서는 역량 관련 용어들에 어떤 것들이 있는지 먼저 광범위하게 공부해야 한다. 이를 위해서는 일단 NCS 공식 홈페이지인 국가직무능력표준(www.ncs.go.kr) 사이트에 방문해볼 필요가 있다. 다음으로 'NCS 학습모듈 검색' 항목에서 '직업기초능력' 항목으로 들어가 보자.

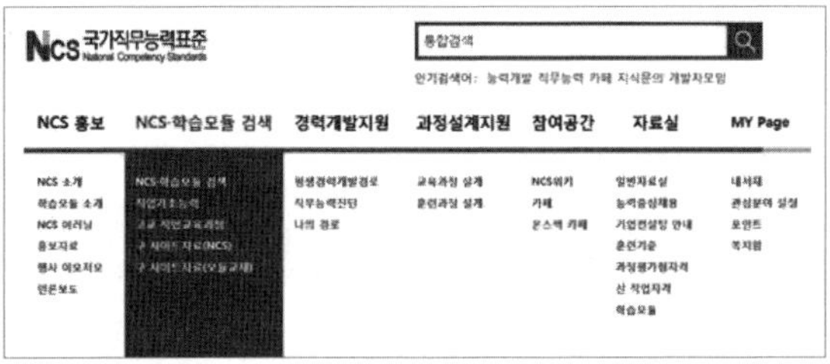

NCS에서는 직업기초능력으로 총 10가지 능력을 선정하여 각각의 내용을 정의하고 있다. 어떤 용어든 처음 접할 때에는 그 정의를 확인해보는 것이 매우 중요하다. 동일한 용어라 하더라도 사용 주체와 맥락에 따라 차이가 있기 때문이다. 여기서는 우선 '의사소통능력'의 정의를 살펴보자.

일반적으로 의사소통능력이라고 하면 말로 표현되는 능력만을 생각하기 쉬운데, NCS에서의 정의를 살펴보면 문서작성능력과 외국어능력까지도 포함하고 있다(아래 표 참조). 따라서 의사소통능력이 요구되는 직무의 경우 구체적으

의사소통능력의 정의와 세부요소

하위 능력	정의	세부요소
문서이해능력	업무를 수행함에 있어 다른 사람이 작성한 글을 읽고 그 내용을 이해하는 능력	• 문서정보 확인 및 획득 • 문서정보 이해 및 수집 • 문서정보 평가
문서작성능력	업무를 수행함에 있어 자기가 뜻한 바를 글로 나타내는 능력	• 작성한 문서의 정보 확인 및 조직 • 목적과 상황에 맞는 문서 작성 • 작성한 문서의 교정 및 평가
경청능력	업무를 수행함에 있어 다른 사람의 말을 듣고 그 내용을 이해하는 능력	• 음성정보와 매체정보 듣기 • 음성정보와 매체정보 내용 이해 • 음성정보와 매체정보에 대한 반응과 평가
의사표현능력	업무를 수행함에 있어 자기가 뜻한 바를 말로 나타내는 능력	• 목적과 상황에 맞는 정보 조직 • 목적과 상황에 맞게 전달 • 대화에 대한 피드백과 평가
기초 외국어능력	업무를 수행함에 있어 외국어로 의사소통할 수 있는 능력	• 외국어 듣기 • 일상생활의 회화 활용

출처: NCS 홈페이지

로 기술된 하위 역량 요인에 맞춰서 자기소개서를 작성해야 한다. 직업기초능력 10가지 중 취업준비생들은 특히 '조직이해능력', '문제해결능력', '정보능력', '의사소통능력'에 중점적으로 신경 써야 한다(〈한국경제〉 2016. 3. 14. '공공기관 취업 NCS 채용에서 요구하는 4가지 능력은?' 참조).

다음은 도로교통공단 일반 행정직의 NCS 기반 채용공고다.

도로교통공단의 일반행정직 채용공고

채용분야	일반행정				
NCS 분류체계	분류코드	대분류	중분류	소분류	세분류
	02-01-03-02	02.경영·회계·사무	01.기획사무	03.마케팅	02.고객 관리
	02-02-01-01	02.경영·회계·사무	02.총무·인사	01.총무	01.총무
	02-02-03-02	02.경영·회계·사무	02.총무·인사	03.일반사무	02.사무행정
	02-03-02-02	02.경영·회계·사무	03.재무·회계	02.회계	02.세무
공단 주요사업	• '도로교통안전의 중심, 선진 교통문화의 리더'라는 비전을 가지고 교통안전 통합 인프라 구축, 생명존중 국민의식 제고, 사회적 책임경영 실천을 통해 도로교통사고로부터 국민이 안전하고 행복한 세상을 구축하고 있음. 주요 사업에는 교통안전사업, 교육/홍보사업, 교통방송사업, 운전면허관리사업, 연구개발사업, 사회공헌사업 등이 있다.				
NCS 기반 채용전형 절차 및 방법	• 서류전형: 채용 직무 분야별 직무자격증, 교육사항, 학교 성적, 공인영어 성적, 경력사항 등을 검증 • 필기시험: 1.전공시험 2.직업기초능력 3.인성검사(응시분야별 응시과목 및 출제범위 참고) • 면접시험: 1차 (개별)발표면접 후, 2차 (집단)경험·상황면접으로 심사				
직업기초 능력	• 의사소통능력, 수리능력, 문제해결능력, 정보능력				

사무행정	직무 정의	• 사무행정은 부서(팀) 구성원들이 본연의 업무를 원활하게 수행할 수 있도록 문서 관리, 문서 작성, 데이터 관리, 사무자동화 관리운용 등 조직 내부와 외부에서 요청하거나 필요한 업무를 지원하고 관리하는 일 [운전면허 행정, 면허시험 통계 작성 및 현황 관리, 운전면허시험장 지원 및 관리, 학과시험 실시 및 관리, 장내기능시험 실시 및 관리, 도로주행시험 실시 및 관리, 기록물 관리, 인사행정지원]
	주요 능력단위	• 01.문서 작성 04.사무자동화 관리운용 06.회의 운영·지원 08.사무환경 조성
	필요 지식	• 부서(팀)의 업무분장 내용, 문서기한 절차, 문서양식과 유형, 정보를 비교·조사할 수 있는 기술적 지식, 업무용 소프트웨어의 특성, 보고 절차, 워드프로세서 프로그램 매뉴얼, 프레젠테이션 프로그램 매뉴얼, 업무처리 규정, 회의 안내 방법, 회의 진행에 필요한 자료 종류, 회의 물품과 장비종류, 업무용 소프트웨어의 특성, 비품·소모품의 용도
사무행정	필요 기술	• 문서기안능력, 의사표현능력, 컴퓨터활용능력, 업무용 소프트웨어활용능력, 문서편집능력, 워드프로세서 프로그램 조작 기능, 프레젠테이션 프로그램 조작 기능, 문서화능력, 회의록 작성능력, 컴퓨터활용능력, 사무기기활용능력, 구매기안능력
	필요 태도	• 요청 내용의 적극적인 경청 태도, 성실성, 주의 깊은 관찰, 자료의 객관성 유지, 업무처리지침 준수, 보안규정 준수, 업무 협조 요청에 따른 적극적인 수용의지, 꼼꼼한 관리 태도
관련 자격증	• 기능검정원, 학과/기능 강사, 정보처리, 전자계산기조직응용, 사무자동화, 컴퓨터활용능력, 워드프로세서, 자동차운전면허 1종 대형, 특수면허, CS Leaders 관리사 • [필수] 자동차운전면허증(2종 보통 이상)	

출처: NCS 홈페이지

채용공고의 직업기초능력을 들여다보면 의사소통능력이 명시되어 있고, 필요 기술을 보면 문서기안능력, 문서화능력 등이 언급되어 있다. 따라서 지원자는 자기소개서에 반드시 자신의 문서작성능력 및 문서작성 시 필요한 컴퓨터 프로그램 활용 능력을 제시할 수 있도록 신경 써야 한다.

'직무수행능력'은 입사 후 수행하게 될 직무에서 특별히 요구되는 능력을 말한다. 가령 회계직의 경우 회계 관련 지식, 회계 관련 컴퓨터 프로그램의 활용 등이 직무수행능력이 될 것이다.

NCS는 국가 차원에서 만든 역량 표준이기 때문에 우선적으로 공공기관을 위주로 적극적으로 활용되고 있으며, 그동안 직무분석이나 그에 따른 역량 도출이 체계적으로 이루어지지 못했던 중소기업들에까지 점차 확대되는 추세다. 이제껏 자체적으로 직무별 필요 역량 기준을 마련해 운영해왔던 대기업들의 채용도 NCS 기반의 채용과 크게 다르지 않다. 각 직무별로 필요한 역량은 일터가 달라지더라도 약 70~80% 정도는 공통되기 때문이다. 따라서 이 책에서 소개하는 방법으로 직무분석을 하고, 분석된 직무에 따라 필요 역량을 도출하고, 필요 역량을 스스로 갖추고 있음을 입증하는 단계를 거치면 어느 조직에서든 무난히 취업 관문을 돌파할 수 있을 것이다.

POINT 3

최근 대부분의 기업과 직무가 원하는 역량을 파악하라

알파고가 인간을 이긴 사건은 많은 사람들의 뇌리 속에 깊이 각인되어 있는 듯하다. 특히 인간의 직업을 인공지능이 대체할 거라는 예측이 쏟아지면서 많은 사람들이 불안감을 감추지 못하고 있다. 이러한 때 취업준비생들은 어떤 입장을 취해야 할까? 물론 인공지능이 진입하기 어려운 분야와 직업을 선택하면 좋을 것이다. 그런데 그 직업들은 과연 무엇일까? 그 어떤 전문가도 미래사회에 대해 확답을 하기는 어려운 상황이다. 이미 사회는 예측 불가능한 속도로 빠르게 변해 가고 있기 때문이다. 이처럼 미래의 비즈니스 환경은 예측 불가능하다는 것이 기정사실화된 지금 취업준비생들에게 가장 요구되는 역량은 무엇일까?

미래의 인재에게 가장 요구되는 역량으로는 '도전정신'과 '창의력'을 꼽을 수 있다. 경영학의 아버지 피터 드러커는, "미래를 예측하는 가장 좋은 방법은 미래를 창조하는 것"이라고 말했다. 각 기업들이 미래를 예측하기 위해서는 스스로 미래를 만드는 방법밖에 없는 것이다. 그리고 새로운 것의 창조를 위해 필요한 능력이 바로 도전정신과 창의력이다.

사실 우리나라의 기업들은 대부분 조직문화가 다소 보수적이고 변화에 시간이 오래 걸리는 편이다. 이런 환경에서 신입사원들에게 가장 요구되는 역량은 문제해결능력이다. 예측하지 못한 외부환경이 도래했을 때 새롭게 발생되는 문제를 해결하는 것이 생존을 위해 매우 중요하기 때문이다. 우리나라의 기업환경에서는 창의력도 이 문제해결능력에 포함될 수 있다. 우리나라 기업들은 신입사원에게 새로운 사업 아이템을 내놓는 거창한 창의력을 요구하는 것이 아니라 그때그때 기업이 처한 어려운 상황을 돌파하기 위한 창의적 문제해결능력을 요구하기 때문이다. 그 밑바탕에는 우리나라 기업들이 글로벌적으로 변화를 주도하기보다 이미 만들어진 변화에 대응한다는 관점이 녹아 있어서 안타까운 마음이 든다. 하지만 어쨌거나 문제해결능력은 향후 우리나라의 모든 기업, 모든 직무에서 가장 우선시되는 역량이 될 것이다.

그렇다면 문제해결능력은 구체적으로 어떻게 정의될 수 있는지 NCS 홈페이

문제해결능력의 정의

하위 능력	정의	세부요소
사고력	업무와 관련된 문제를 인식하고 해결함에 있어 창조적, 논리적, 비판적으로 생각하는 능력	• 창의적 사고 • 논리적 사고 • 비판적 사고
문제처리능력	업무와 관련된 문제의 특성을 파악하고 대안을 제시, 적용하고 그 결과를 평가하여 피드백하는 능력	• 문제 인식 • 대안 선택 • 대안 적용 • 대안 평가

출처: NCS 홈페이지

지를 한번 살펴보자. 문제해결능력의 출발점은 문제를 인식하는 것이다. 문제를 해결하기 위해서는 가장 먼저 '문제를 문제라고 인식'할 줄 알아야 하기 때문이다. 즉, 문제의 본질을 파악해서 의문을 제기해야 그 문제에 대한 해법을 고민할 수 있다. 사실 문제의 본질을 파악하기란 쉬운 일이 아니다. 이를 위해서는 업계와 회사, 직무에 대한 깊은 이해와 통찰력이 있어야 한다. 따라서 신입사원의 경우 자신이 지원하는 회사가 속한 업계, 우리나라의 경제 동향, 직무의 특성 등에 대해 지속적으로 관심을 갖고 많은 정보를 축적해두어야 한다.

문제를 인식했다면 이제 창의적, 논리적, 비판적 사고를 통해 바람직한 해결방안을 도출해야 한다. 이 과정에서 취업준비생들이 오랜 시간 준비를 통해 갈고닦은 사고력이 필요하다. 대안이 제시되지 않은 비판은 조직에서 공허한 메아리에 불과하기 때문에 대안 제시는 매우 중요하다.

일반적으로 대부분의 사람들은 대안 제시 단계까지를 문제해결능력이라고 생각한다. 그러나 NCS 및 조직에서는 제시한 대안을 실행하고 현장에 적용한 다음 평가하고 피드백을 주는 것까지를 문제해결능력이라 판단한다. 행동 없이는 좋은 대안도 무용지물인 것이다. 따라서 자기소개서를 작성할 때 문제해결능력을 가지고 있다는 것을 주장하려면 반드시 지원자의 행동과 그 결과에 대한 평가까지 제시해야 한다.

POINT 4

먼저 메시지 키워드의 골격을 짜라

자기소개서의 핵심 메시지가 될 키워드를 잘 살려서 작성하기 위해서는 먼저 골격을 짜야 한다. 이는 마치 집을 건축하기 전에 설계도를 미리 작성하는 것과 같다. 설계도가 없으면 집을 짓는 과정에서 갈피를 잡지 못하게 되고, 애초에 지으려고 했던 모습과 다른 방향으로 지어질 여지가 있다.

자기소개서 핵심 메시지 키워드의 골격은 인사담당자가 입사지원자를 이해하는 프레임워크framework가 되므로 매우 신중하게 결정해야 한다. 이 책의 뒷부분에 자기분석, 기업분석, 직무분석의 방법이 자세히 설명되어 있는데 이 분석과정을 마치면 자신과 지원 기업 및 직무에 대한 특성, 즉 지원자의 내·외부 환경에 대한 니즈를 파악할 수 있다. 그러면 어떤 역량 키워드를 회사에 어필해야 채용에 유리할지 '감'이 잡힌다. 바로 이 감을 잡는 것이 자기분석, 직무분석, 기업분석을 치열하게 해야 하는 이유다.

선정될 역량은 무조건 많다고 좋은 것이 아니라 자기소개서 문항별로 3~4개를 넘지 않는 것이 바람직하다(선정되는 역량의 수는 각 회사별 자기소개서 유형에 따라 조금씩 달라질 수 있다). 채용을 가장 유리한 방향으로 이끌어줄 자신만의 역량 키워드를 선정했다면 이제 그것으로 자기소개서의 골격을 짜라. 골격을 짠다는 것은 곧 해당 키워드 외에 다른 이야기는 일절 하지 않겠다는 일종의 약속이다. 골격을 잘 짜면 키워드에 대해 선택과 집중을 할 수 있게 된다. 아무리 아름다운 스토리라도 선정된 키워드 주제에서 벗어나면 사족일 뿐이다.

키워드를 선정한다는 것은 또한 골격의 순서에 맞춰 자기소개서를 체계적으로 써내려가겠다는 약속이다. 이는 자기소개서가 논리적으로 매끄럽게 전개되도록 유도하여 설득력을 높여준다. 한마디로 골격은 자기소개서의 콘텐츠 범위를 한정해주고 이야기의 배치 순서를 결정해준다.

예를 들어 지원자가 중국어 실력, 중국 체류 경험을 통한 중국인 이해능력, 영어 실력, 문제해결능력 등을 갖추고 있고 지원 회사와 직무에서도 이러한 역량을 요구한다고 가정하자. 그러면 크게 다음과 같이 골격을 짤 수 있다.

- 중국어 실력
- 중국 체류 경험
- 문제해결력
- 영어 실력

그런 다음 자기소개서를 이러한 골격에 맞춰 작성하기로 스스로와 약속하라. 즉, 중국인 이해능력을 쓰기로 했다면 중국에서 어학연수를 하면서 중국인들과 어떻게 어울렸는지, 또 어울리면서 어떤 점을 느꼈는지에 대해 짧게 스토리텔링 하면 된다. 단, 여기서 주의해야 할 점이 있다. 아무리 지원 기업과 직무에서 필요로 한다 해도 자신이 실제로 갖고 있지 않은 역량 키워드를 선정해서는 안 된다.

기업에서는 그 역량을 입증할 만한 증거나 근거 자료로 역량의 보유 여부를 판단한다. 가령 자격증이나 공인어학시험 점수, 인턴이나 어학연수 경험담 등이 그 근거가 된다. 많은 지원자들이 급한 마음에 골격을 결정하지 않은 채 자기소개서를 작성하는 우를 범하는데, 이는 자기소개서 작성을 힘들게 만드는 가장 큰 원인이다.

POINT 5

SEB Subject, Evidence, Benefit 규칙을 반드시 지켜라

자기소개서의 기본 틀인 골격을 결정했다면 이제 여기에 살을 붙여야 한다. 이 과정에서 반드시 기억해야 할 중요한 규칙이 'SEB'다. SEB란 Subject(주제), Evidence(근거), Benefit(이점)의 앞 문자를 따서 필자가 만든 규칙으로 상사에게 보고할 때를 비롯해 직장 내에서의 거의 모든 의사소통에 적용된다. 물론 문서로 이루어지는 의사소통도 여기에 포함되는데, 입사지원자가 회사와 최초로 의사소통하는 공적 문서는 바로 자기소개서이기 때문에 이 규칙을 꼭 기억해야 한다.

만약 여러분이 회사의 팀장이고 조만간 팀워크 향상을 위해 엠티를 가기로 했다고 가정해보자. 교통편 예약을 신입사원에게 맡기고 나서 며칠 후 진행상황을 확인하는데 신입사원 A와 B가 각각 다음과 같이 답변했다.

팀장 교통편 예약은 어떻게 되었나요?

신입 A 팀장님, 기차를 알아봤는데 KTX는 너무 비싸더라고요. 새마을호나 무궁화호는 엠티 장소까지 가는 데 시간이 너무 오래 걸리고요. 그래서 버스 임대를 알아봤는데, 우리 팀원은 10명인데 45인승 버스밖에 대절이 안 된다고 하고 비용도 만만치가 않더라고요. 고속버스를 타고 가는 방법도 알아봤는데요. 고속버스가 가격도 적절하고 이동 시간도 적은데 문제는 터미널에서 엠티 장소까지가 너무 멀더라고요. 그래서 그냥 KTX로 예약하려고 하는데 어떻게 할까요?

신입 B 네, 팀장님. 오전 8시 서울역 출발인 KTX로 예약하는 것이 좋을 것 같습니다(Subject).

이동 시간이 버스의 절반이며, 금액은 두 배지만 엠티 예산의 10%로 적정 수준이라고 판단했습니다. 작년 담당자 김 대리에게 확인하니 KTX를 이용했었다고 하고요. 팀원 대상 조사 결과 KTX를 타자는 의견이 10명 중 7명이었습니다(Evidence).

이동 시간이 줄면 팀원들이 더 활기차게 엠티에 참여할 수 있어서 팀워크 향상에 보다 효과적일 것 같습니다(Benefit).

팀장의 입장에서 생각해본다면 어느 신입사원의 답변이 더 잘 이해될까? 궁극적으로 여러분이 팀장이라면 둘 중 어느 신입사원과 같이 일하고 싶은가?

입사지원자들은 대부분 신입 A와 같이 자기소개서를 쓰고 면접 때에도 그와 같이 답변을 한다. 그러나 회사에서 선호하는 스타일은 신입 B이다.

A의 답변에서 부족한 점을 살펴보면, 먼저 팀장이 듣고 싶어 하는 핵심 사항이 맨 뒤에 나와서 팀장의 중요한 시간을 뺏고 있다. 또 의사 결정의 근거도 명확하지 않고 두루뭉술하다. 의사 결정에 근거가 없다는 것은 업무를 자료나 조사에 근거하지 않고 자기 마음대로 처리한다는 말과 같다. 이런 직원한테는 업무를 믿고 맡기기가 어렵다.

반면 신입 B의 답변은 본인이 말하고자 하는 주제가 맨 앞에 나와서 팀장이 내용의 핵심을 바로 파악할 수 있다. 또한 의사 결정을 하게 된 근거가 분명하고, 그 근거를 얻기 위해 선택한 방법도 타당하다. 그렇다면 본인이 작성한 자기소개서를 되짚어보자. 성실하고 열정적이며 밝은 성격의 소유자라고 주장하면서 어떻게 그런 결론에 도달했는지 근거를 제대로 제시했는가?

조직에서의 의사소통 방식은 친구들과의 그것과는 전혀 다르다. 구체적으로 조직에서 가장 좋은 의사소통방법은 최단시간 내에 상대가 원하는 정보를 효율적으로 제공하는 것이다. 물론 근거가 뒷받침되어야 한다. 자기소개서 역시 엄연히 조직에서 활용되는 공적 문서이기 때문에 최소한의 글로 인사담당자가 원하는 정보를 제공해주어야 한다.

또한 의사소통의 주제를 상대가 빨리 알아차릴 수 있도록 주제를 맨 앞에 배치해야 한다. 여러분이 영화 예매를 할 때를 생각해보자. 일단 영화의 장르와 대략의 내용을 확인하고 나서 선택하지 않는가? 글이나 말도 마찬가지다. 내가 어떤 주제에 대해 이야기할지 먼저 밝힌다면 독자나 듣는 사람은 그 주제에 집중하면서 읽고 들을 수 있을 것이다. 따라서 조직 내에서 상대의 집중도를 높이기 위해서는 항상 두괄식으로 이야기하고 글을 쓰는 습관을 들일 필요가 있다.

POINT 6

평범함 속에서 비범함을 찾아라

하버드 비즈니스 스쿨, 스탠포드 MBA 졸업생의 경우 초봉 수준이 12만 달러 내외다. 반면 많은 취업준비생들이 선망하는 삼성전자의 대졸 초봉은 2014년 기준 3,900만 원 내외다. 그렇다면 삼성전자는 하버드 대학 출신 같은 고스펙 지원자만 채용할까? 단언컨대 아니다.

우선 많은 신입사원들에게 고스펙 신입사원이 요구하는 고액 연봉을 지급할 재정적 여유가 없다. 또한 하버드 출신의 신입사원들만 채용할 경우 인정받을 수 있는 일만 하려는 알력 다툼이 발생해 회사 운영에 어려움이 초래될 수 있다. 특히나 우리나라 대기업은 신입사원이 커피 심부름, 복사, 회식 장소 예약 등의 궂은일을 도맡아 해야 하는 조직문화를 가졌다. 그런데 하버드 출신 신입사원에게는 이런 궂은일을 시킬 때 선배 사원들이 부담감을 느낄 수 있다. 물론 이 또한 편견일 수 있다. 하버드 출신이어도 싹싹하게 커피 심부름을 잘하는 사람도 꽤 있을 것이다. 다만 그럴 확률이 조금 더 낮을 뿐이다.

이처럼 기업에서는 무조건 고스펙의 신입사원만을 뽑지는 않는다. 그러나 현실 속의 취업준비생들은 스펙만이 최고라고 생각하는 것 같다. 그러면서 잔뜩 위축된 채로 이렇게 이야기한다.

"제 인생은 너무나 평범하고 비루하여 자기소개서에 쓸 만한 특별한 경험이나 에피소드가 없어요." "요즘은 스토리가 중시되는 시대인데 저에게는 있어 보이는 스토리가 없어요."

여기에 덧붙여서 자신은 평범한 집안에서 태어났기 때문에 교환학생이나 어학연수도 못해봤고, 좋은 자격증을 따는 것도 돈이 너무 들어서 중간에 그만뒀다고 말한다. 본인이 이렇게 하소연하고 있는 지원자 중 한 사람이라면 다음의 자기소개서를 봐주기 바란다. 이 글은 실제 외국계 제약회사 영업직에 합격한 지원자가 작성한 자기소개서의 일부분이다.

> 저에게는 10년 이상 친분을 유지해온 친구들과 선배들이 많습니다. 이는 상대방에게 좋지 않은 일이 있을 때 아무리 바빠도 전화 한 통화라도 하여 따뜻한 위로의 말을 건네고, 좋은 일이 있을 때에는 같이 기뻐해주었던 저의 작은 습관이 큰 역할을 했다고 생각합니다. 이러한 사실을 통해 대인관계에서 상호 간에 신뢰를 쌓는 방법은 거창한 선물이 아닌, 작지만 지속적이고 진심 어린 관심이라는 것을 알 수 있었습니다.

영업직에 대한 직무분석을 해본 사람이라면 신입사원에게 커뮤니케이션, 협상, 대인관계 등의 역량이 필요하다는 것을 이미 알 것이다. 그러나 우리나라 국민들은 정에 약하기 때문에 영업 시 감성 영업이 매우 중요시된다. 또한 이러한 시장의 특수성을 제외하더라도 고객의 입장에서 한번 생각해보자. 여러분이 고객이라면 엄청 똑똑해서 말도 잘하고 논리적이고 가격 협상도 잘하고 설득도 잘하는 영업사원 A를 좋아하겠는가? 아니면 힘든 일이 있을 때 짧지만 따뜻한 전화 한 통화라도 해주고, 특별한 일이 없어도 종종 연락하여 안부를 물어봐주는 영업사원 B를 선호하겠는가? 대부분의 사람들이 영업사원 B를 택할 것이다. 위의 지원자는 이 사실을 자기소개서에 어필했기 때문에 합격할 수 있었다. 이 자기소개서를 작성한 지원자가 한 일 중에 여러분이 여건이 안 되어 할 수 없는 일이 있는가? 전화 한 통화 하는 데 막대한 돈이 드는지 한번 물어보고 싶다.

회사에서 인정받는 우수한 사원은 화려한 스펙으로 치장한 사원이 아니라 사람으로서의 기본에 충실한 사원이다. 즉, 평범하고 반복적인 일상 속에서 작지만 중요한 요소를 발견하고 이를 다른 사람들과 차별화되는 행동으로 옮기는 사원이다. 그리고 이러한 행동을 꾸준히 실천하는 사원이다. 이제 더 이상 자기 자신과 집안이 평범하다는 핑계만 대지 말고 평범함을 비범함으로 전환하라. 그 비범함을 기업은 알아볼 것이다. 직장생활 또한 평범한 일상의 연속이기 때문이다.

열심히 살아온 자신의 평범한 삶을 무시하지 말라. 자신의 삶을 소중히 여기고 그동안 열심히 노력해온 자신을 존중해야 한다. 이렇게 자신의 인생을 창의적으로 재평가하게 되면 이전에 보이지 않던 소중한 자기만의 스토리가 보이기 시작한다. 그러면 취업도 잘될 것이다. 반드시 기억하라. 기업은 모든 여건이 다 갖춰진 환경 속에서 우아하게 살아온 인재만을 원하지 않는다. 물론 집안의 막

강한 재력을 바탕으로 좋은 교육기관과 좋은 경험을 해온 지원자들도 일부분 뽑는다. 그렇지만 조직을 이들만으로 100% 채우지는 않는다. 기업은 어려운 여건 속에서 무언가를 이루어낸 지원자, 평범하지만 쉽게 쓰러지지 않는 지원자들도 상당수 원한다. 왜냐하면 기업 자체도 그러한 악조건 속에서 생존해나가야 하기 때문이다.

PART 3

자기소개서 작성 전에 알아야 할 핵심전제

당신이 자기소개서를 쓰는 목적 ☑
기업이 자기소개서를 받는 목적 ☑
기업이 자기소개서를 통해 지원자에게 확인하고자 하는 것 ☑

POINT 1

당신이 자기소개서를 쓰는 목적

여러분은 자기소개서를 왜 쓰는지 스스로에게 물어본 적이 있는가? 이 질문에 대해서는 아마 "회사에서 요구하니까 그냥 쓰지요"라는 답변이 가장 많이 돌아올 것 같다. 그러나 우리가 살아가는 동안 하는 어떤 행위에는 반드시 목적이 있다. 그렇기에 각 행위는 목적을 달성하기 위해 효과적으로 수행되어야 한다. 그 목적이 무엇인지 명확하게 정의되지 않으면 목표점이 흔들리게 되어 중간 과정에서 방향성을 잃고 표류하게 된다. 자기소개서 작성도 마찬가지다. 왜 작성하는지에 대한 명확한 목적을 정립하지 못하면 자기소개서를 통해 얻고자 하는 목적을 달성하기가 어렵다.

그렇다면 여러분이 고통스럽게 자기소개서를 작성하는 목적은 무엇인지 다시 한 번 물어보겠다. 이렇게 두 번째쯤 물어보면 대다수의 학생들은 "저를 알리려고요", "저의 능력을 홍보하려고요"라고 답변한다. 많이 근접하기는 했지만 아직까지는 모호한 답변이다. 이러한 답변에 나는 "여러분을 알리려는 게 목적이면 자기소개서보다는 차라리 〈슈퍼스타 K〉에 나가는 것이 더 효과적이지 않을까?"라고 말하곤 한다. 자신을 홍보하고 알리는 것이 목적이라면 자기소개서를 작성하기보다는 전 국민이 보는 TV 프로그램에 나가는 것이 훨씬 더 효과적이기 때문이다. 이쯤 되면 여러분은 자기소개서를 작성하는 근본적인 목적에 대해 그동안 깊게 생각해본 적이 없었다는 것을 알아차렸을 것이다.

자기소개서를 작성하는 정확한 목적은 '채용되기 위해서'다. 자기소개서는 나를 알리기 위한 문서도 아니고, 내 능력을 자랑하는 문서도 아니다. 회사가 나를 채용하도록 만들기 위해 마침표 하나까지도 전략적으로 작성해야 하는 공적인 문서인 것이다.

나를 알리기 위해서라면 내가 작성하고 싶은 나의 능력을 쭉 나열하면 되겠지만 '채용되기 위해서'라면 회사 인사담당자의 입장이 되어 신입사원에게 원하는 능력(역량)을 언급해줘야 한다. 또한 잊지 말아야 할 것은 그 누구도 아닌 '내가' 채용되기 위해서 자기소개서를 작성해야 한다는 점이다. 이 점을 간과하면 다음과 같은 글을 쓰게 된다.

> 저는 근면 성실하신 부모님 밑에서 자라났습니다. 40년간 공직생활을 해오신 아버지는 매일 새벽 5시에 일어나 세 개의 신문을 보셨습니다. 이에 그치지 않으시고 중요한 내용은 늘 스크랩하시고 메모하시는 모습까지 보여주셨습니다. 이렇듯 훌륭한 아버지는 제 인생의 영원한 스승이십니다. 또한 어머니는 식구들이 늘 한 끼의 아침식사도 거르지 않도록 새벽 4시에 일어나 준비하셨으며, 언제나 자애롭게 저희 형제들을 보살펴주셔서 저는 행복하게 자라날 수 있었습니다.

이 글은 한 지원자의 훌륭한 부모님에 관한 아름다운 이야기다. 그렇지만 이 글에는 지원자 자신의 이야기가 없다. 인사담당자는 지원자에 관한 글을 읽고 합격, 불합격을 가려야 하는데 그 평가 대상 자체가 글 속에 없는 난감한 상황이 펼쳐진 것이다. 따라서 이 글은 부모님을 취업시켜드리기 위한 것이지, '내가' 취업하기 위해서라는 자기소개서의 기본 목적에 맞지 않는다. 이런 내용이 자기소개서 맨 앞부분에 위치한다면 그 자기소개서는 버려질 수밖에 없다. 위의 글은 다음과 같이 수정될 수 있다.

> 저는 부모님께 근면 성실함과 책임감을 배웠습니다. 그 덕분에 저는 대학교 1학년 때부터 매일 새벽 5시에 기상하여 신문을 읽었으며, 영어학원을 다니는 등 근면 성실하게 자기계발을 해올 수 있었습니다.

수정된 글에서 근면 성실하고 책임감 있는 사람은 바로 지원자다. 또한 언급된 행동들을 수행하는 주체도 지원자 자신이다. 이야기의 주인공이 부모님에서 지원자 자신으로 바뀐 것이 느껴지는가? 자기소개서는 회사가 지원자를 평가하는 문서이기 때문에 반드시 자기 자신을 주인공으로 작성해야 함을 잊지 말아야 한다.

또 다른 예로 다음 글을 읽어보자.

> 경영학의 아버지 피터 드러커는 10분 후와 10년 후를 동시에 생각하라고 했습니다. 또한 저널리스트이며 강연자이자 잭 웰치의 부인으로 잘 알려진 수지 웰치는 10-10-10 원칙을 소개하면서 10분 후(바로 지금)와 10개월 후(예측 가능한 미래),

래), 그리고 10년 후(먼 미래)를 동시에 고려해야 한다고 했습니다. 개인과 기업 모두 어떤 일을 도모할 때 눈앞의 일과 먼 미래를 동시에 바라보는 균형 있고 넓은 시야를 강조하는 것입니다.

이 글은 자기소개서에 적절하다고 판단되는가? 이 글 또한 굉장히 좋은 정보를 담고 있지만 지원자 자신에 대한 이야기가 없다. 따라서 인사담당자가 합격 여부를 판단할 수 있는 근거를 제공해주지 못하므로 좋은 자기소개서라 할 수 없다.

마지막으로 다음의 예시 글을 읽어보자.

ㅇㅇ는 방송 가입자 350만 명, 통신 가입자 110만 명을 확보한 국내 1위의 복수 케이블방송 사업자로서 최고의 방송·통신 네트워크를 통해 TV, 인터넷, 전화 등 복합미디어서비스를 제공하고 있습니다. 또한 대한민국 최고의 채널 사업자인 ㅇㅇ사는 ㅇㅇ개의 케이블TV 채널을 통해 오락, 영화, 르포, 패션, 드라마, 애니메이션 등 다양한 고품질의 콘텐츠를 제공합니다. 이 밖에도 국제전화와 인터넷 전화서비스를 제공하는 kct의 새로운 보도제작 전문회사인 ㅇㅇ, 토털 IT 솔루션을 제공하는 ㅇㅇ 등, A사는 미래를 선도할 다양한 방송·통신사업을 활발히 전개하고 있습니다. A사는 더 많은 사람들이 행복하고 풍요로운 삶을 누리도록 문화, 레저, 디자인, 와인과 같은 다양한 문화사업을 전개하고 있습니다.

사실 이 글은 취업준비생들이 가장 많이 범하는 오류를 보여주고 있다. 자기소개서의 주인공 자리를 지원자가 아닌 회사에 넘겨주는 것이다. 물론 지원 회사의 관련 정보를 많이 적는 것은 회사에 대한 애정을 드러내는 하나의 방법일 수 있다. 그러나 이런 종류의 글은 몇 가지 문제점을 안고 있다. 첫째, 평가 대상인 지원자에 대한 이야기가 없어 인사담당자가 합격 여부를 평가할 수 없다. 둘째, 현재 재직 중인 인사담당자가 이미 잘 알고 있어서 더 이상 읽을 필요가 없는 식상한 정보를 제공하고 있어 의사소통능력에서 감점을 받을 수 있다. 셋째, 표면적인 정보들만 나열되어 있고 깊은 성찰을 통한 지원자 자신만의 통찰력이 나타나 있지 않다. 이는 회사에 대한 애정을 의심케 하며 통찰력 부분에서 감점을 받을 수 있다. 또한 정보들을 분석해 중요도에 따라 제시해야 하는 분석능력에서도 감점을 받을 수 있다.

진정으로 지원 기업에 대해 깊은 애정을 가지고 있다면 먼저 회사가 처한 상황을 심도 있게 분석하고, 그 상황에서 회사가 필요로 하는 인재상과 역량을 도출해야 한다. 그다음으로 지원자 자신이 회사가 필요로 하는 그 역량을 가지고 있다고 주장해야 되고 말이다. 해당 회사에 대해 심도 있게 분석할 수 방법은 이 책의 7장(기업분석)과 8장(직무분석)에 자세히 설명해놓았다.

지금까지 몇 가지 예시들을 통해 언급한 바와 같이 자기소개서를 작성할 때에는 "내가 채용되기 위해서"라는 기본 전제가 밑바탕에 깔려 있어야 한다. 그리고 이 전제에 부합되는 내용만을 추려서 작성해야 한다. 이 중요한 전제를 잊지 않는다면 자기소개서의 주인공 자리를 부모님이나 유명인, 또는 회사에게 넘겨주는 일은 없을 것이다.

POINT 2

기업이 자기소개서를 받는 목적

기업에서는 왜 자기소개서를 받는 것인지에 대해서도 한번 생각해볼 필요가 있다. 기업의 입장에서도 자기소개서는 뜨거운 감자일 수밖에 없다. 제한된 인사팀 인원들이 수많은 지원자들의 자기소개서를 일일이 읽는다는 것은 상상만 해도 정말 힘들게 느껴진다. 또한 인사팀원은 본인이 합격시킨 자기소개서의 지원자가 입사 직후 퇴사를 한다거나 역량 미달인 것으로 판명될 경우 책임이 뒤따르기 때문에 심리적인 스트레스를 피할 수 없다.

온갖 불편사항들이 존재함에도 불구하고 기업이 자기소개서를 받는 이유는 무엇일까? 여러분도 잘 알고 있듯이 이력서만으로는 파악하기 힘든 지원자의 여러 부분을 파악하기 위해서다. 좀 더 구체적으로 이야기해서 이력서가 지원자의 스펙, 조건 등을 평면적으로 보여준다면 자기소개서는 지원자의 경험담, 글쓰기 능력, 사고 유형 등을 보여줌으로써 지원자를 좀 더 입체적으로 평가할 수 있게 해주는 도구다.

그렇다면 기업은 무슨 기준으로 각 자기소개서의 합격과 불합격을 결정지을까? 우리는 이 기준에 대해 깊게 생각해볼 필요가 있다.

인터넷상에서는 정말 너무나 많은 자기소개서 평가 기준들이 제시되고 있다. 이에 필자는 여러 기업에서의 근무 경험과 인사담당자들과의 네트워킹, 다년간의 취업 및 진로 상담을 통해 얻은 정보들을 종합하여 합격과 불합격을 결정하는 기준을 다음의 두 가지로 정리했다.

1 지원 직무를 수행할 수 있는 능력이 되는가? ☞ 역량
2 회사를 오래 다닐 것인가? ☞ 재직기간

실제로 여러분이 알고 있는 소소한 채용 평가 기준들은 모두 이 두 가지의 평가 기준 내에 포함된다. 예를 들어 자격증이나 관련 이수 과목의 학점은 당연히 1번 항목에 포함될 것이다. 대인관계와 인성의 경우 1번과 2번 항목에 다 포함된다. 실제로 대인관계와 인성이 좋지 않으면 조직의 특성상 업무 성과를 내기 힘들며 조기 퇴사할 확률이 크기 때문이다. 따라서 서류전형을 통과하기 위해서는 위의 두 가지 항목에서 모두 OK를 받을 수 있도록 자기소개서를 작성해야 한다.

POINT 3

기업이 자기소개서를 통해 지원자에게 확인하고자 하는 것

앞서 설명한 두 가지 자기소개서 평가 기준은 그 중요성을 아무리 강조해도 지나치지 않다. 따라서 꼭 기억해야 한다. 다음으로 우리는 각 평가 기준의 충족 여부를 확인하기 위해 기업에서 체크하는 세부사항을 구체적으로 알아둘 필요가 있다.

'지원 직무를 수행할 수 있는 능력이 되는가?'

이 항목은 간단히 말해 지원자의 '역량'을 평가하기 위한 것이라고 할 수 있

역량 평가 기준 3가지

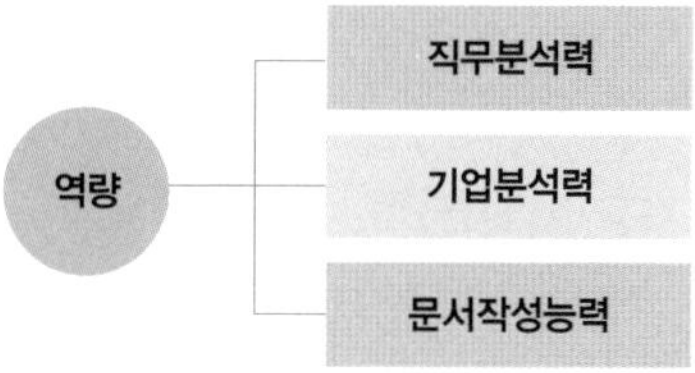

다. 역량을 평가하는 기준은 크게 세 가지로 구분할 수 있다. 즉, 기업에서는 지원자가 해당 직무에 대한 역량을 충분히 갖고 있는지 평가하는 기준으로 '직무분석력', '기업분석력', 그리고 '문서작성능력written communication competency'을 사용한다. 이들 각각의 항목에 대해 보다 구체적으로 알아보자.

1. 역량

(1) 직무분석력

먼저 직무분석력에 대해 알아보자. 직무분석력에서 가장 우선시되는 것은 입사 후 맡게 될 일을 얼마나 잘 파악하고 있는지다(1단계). 지원자는 자신이 입사하면 팔을 주로 쓰는 일을 하게 될지, 다리를 주로 쓰는 일을 하게 될지 알아야 한다. 보다 현실적인 예시를 들면 입사 후 엑셀 프로그램을 주로 사용할 것인지, 한글 프로그램을 사용할 것인지 구체적으로 알고 있어야 하는 것이다. 좁은 범위에서는 여기까지를 직무분석이라 지칭한다.

입사 후 하게 될 일을 제대로 파악했으면 이제 그 일을 수행하는 데 필요한 능력을 갖추는 것이 중요하다(2단계). 내가 입사 후 팔을 주로 쓰는 일을 맡게 될 것을 알았다면 팔을 튼튼히 해야 하는 것이다. 또한 엑셀을 주로 사용하는 일을 해야 한다면 실제로 엑셀활용능력을 갖추어야 한다.

마지막으로 갖고 있는 능력을 입증할 수 있어야 한다(3단계). 팔이 튼튼하다는 것을 입증하기 위해 팔근육을 보여줄 수도 있고, 60kg짜리 물건을 한 팔로 거뜬히 들었던 경험담을 스토리텔링 할 수도 있다. 또한 엑셀활용능력이 높다는 것을 증명하기 위해서는 자격증이나 실제 엑셀을 잘 사용해서 좋은 결과를 냈던 경험담 등을 제시할 수 있을 것이다.

이러한 직무분석의 세 단계를 종합해 직무분석력이라고 한다. 즉, 단순히 직무분석만으로 끝나는 것이 아니라 이를 통해 지원자가 갖추어야 할 역량을 실제로 갖고 있는지 입증하는 단계까지 완결되어야 한다. 최근 대학가에 부는 직무분석 열풍은 이처럼 기업이 역량 평가의 일환으로 직무분석력을 평가하고 있는 것을 배경으로 한다. 따라서 입사지원자들은 자기소개서 작성 시 이 세 가지 항목을 모두 충족시켜야 한다.

직무분석력 평가항목
- 입사 후 하게 될 일을 잘 파악하고 있는가?
- 입사 후 하게 될 일에 필요한 능력을 갖추고 있는가?
- 갖고 있는 능력을 입증할 수 있는가?

(2) 기업분석력

기업에서 지원자의 역량 평가를 위해 사용하는 또 다른 기준은 기업분석력이다. 기업분석은 그 기업만의 독특한 상황과 특성을 파악하여 지원자에게 원하는 역량과 유·무형의 자산을 맞춤형으로 제시하기 위해 반드시 필요하다. 이는 육식을 선호하는 친구에게는 고기를 대접하고, 채식주의자에게는 채소만을 대접하는 것과 마찬가지 이치다. 상대의 취향과 니즈를 고려하지 않은 메뉴를 대접하면 오히려 역효과만 날 수 있다.

물론 기업분석은 자기소개서 작성을 위해서라는 1차적인 목적을 갖는다. 그러나 장기적으로 봤을 때 해당 기업이 지원자의 인생을 걸 만한 가치가 있는지 평가할 수 있는 기회이기도 하다. 현재와 같은 불확실성의 시대에는 급작스럽게 재정 상태가 악화되는 회사들이 많다. 따라서 입사 후 오랫동안 안정적으로 근무하기 위해서는 지원자의 입장에서도 냉정하게 회사를 평가해 옥석을 가려야만 한다.

다음의 자기소개서를 읽어보자.

'세상의 빛 되어라.' 이제 보청기 없이는 손자 녀석과 대화하기가 어려워진 할머니께서 건강하실 적 지어주신 글귀입니다. 방 한 편에 걸린 상기 글귀의 의미를 되새기며 저 역시 여느 친구들과 같이 여러 가지 꿈을 꾸었습니다. 한때는 같은 반 급우들이 소위 말하는 노는 친구들에게 욕먹고 맞는 것이 보기 싫어서 많이 치고받기도 했고, 봉사활동 동아리에 들어가 사회적 약자들을 도우며 그들의 미소에 보람을 느껴 시간이 날 때마다 복지관으로 향하기도 했습니다. 이런 과정 중에 수많은 꿈을 가져왔습니다. 그 꿈들에는 한 가지 공통점이 있었습니다. 사회에 도움이 되는 인재가 되고 싶다는 것입니다.

사실 위의 글은 지원자가 자신에 대한 이야기를 좋은 문장력으로 풀어냈기 때문에 얼핏 보면 아무런 문제점을 찾지 못할 수도 있다. 그러나 이 자기소개서를 제출할 '기업'이라는 맥락을 고려하는 순간 문제가 발생한다.

이 자기소개서에서 그려지는 지원자는 주변 사람들을 위해 봉사를 많이 하는 마음 따뜻하고 감성이 충만한 소년 같은 사람이다. 이러한 특성을 갖는 사람은 아마도 사회복지기관이나 기업의 CSR(Corporate Social Responsibility, 사회공헌활동) 부서에 잘 어울릴 것으로 예상된다. 그런데 아쉽게도 이 자기소개서의 주인공이 지원한 회사는 국가정보원이었다.

국가정보원의 경우 따뜻한 마음이나 사람 사이의 정보다는 국가의 이익을 더 우선시하고, 자신이나 국가의 안위가 위협당할 때 타인을 제압할 수 있는 냉정함을 갖춘 직원을 필요로 하는 조직이다. 회사가 원하는 인재상과 자기소개서에 그려진 지원자의 모습이 일치하지 않는 것이다. 따라서 이 자기소개서를 그대로 제출할 경우 채용되기가 어렵다.

추가로 발견되는 문제점은 수필 등의 문학작품에서 보이는 소프트한 문체가 사용되었다는 점이다. 자기소개서는 엄연히 공적 문서이기 때문에 반드시 비즈니스 문체로 작성해야 한다. 자기소개서를 검토하는 인사담당자들 역시 평상시 비즈니스 문체를 사용하기 때문에 다른 문체를 사용할 경우 이질감을 느낄 수 있다. 또한 문체는 그 사람의 성향을 드러내므로 냉철한 인재를 원하는 국정원에 제출하는 자기소개서는 더욱더 각별히 명확하면서도 딱 부러지는 정제된 문장으로 작성되어야 할 것이다.

이 사례를 통해 지원자가 아무리 마음 따뜻한 사람이라고 하더라도 지원 기업이 원하는 역량을 제시하지 못하면 합격하기 힘들다는 사실을 확인할 수 있다. 자기소개서는 인간성의 좋고 나쁨, 선하고 악함을 평가하기 위한 것이 아니다. 기업과 지원자가 얼마나 맞을지를 평가하는 도구인 것이다. 이것이 진정 기업분석이 필요한 이유다.

지원자의 기업분석력을 평가하기 위해 기업에서 흔히 사용하는 세부평가 기준에는 크게 네 가지가 있다.

첫째, 회사의 조직문화를 제대로 알고 있는지 예의 주시한다. 공공기관과 민간기업은 분명히 기업문화가 다르다. 예를 들어 공무원 조직은 상명하복의 문화가 남아 있고 직급의 서열이 분명하며 각 직급의 권한도 명백히 구분되어 있다. 그러나 구글 같은 민간기업의 경우 수평적인 의사소통 문화가 자리 잡고 있어서 직급과 상관없이 업무 관련 의견을 제시할 수 있고, 개개인의 권한도 맡은 책임에 따라 커질 수 있다. 공무원의 경우 상사의 지시에 적극적으로 협조할 수 있는 팔로우십이 가장 필요하다. 또한 지시받은 업무를 어떻게든 수행하고자 하는 도전정신, 진취성과 함께 반드시 규정과 규칙에 맞추어 업무를 진행하는 꼼꼼함이 요구된다. 반면 구글의 경우 항상 기존의 틀에 얽매이지 않고 변화를 이끄는 참신한 아이디어를 제시할 수 있는 창의성과 리더십이 필요하다. 이처럼 조직문화에 따라 요구되는 인재의 특성이 매우 달라진다. 따라서 사전에 지원하는 조직의 문화 및 이에 따른 인재상을 파악하고, 자기소개서를 쓸 때 조직문화에 맞는 자신의 특성을 중점적으로 작성해야 한다.

둘째, 관련 업계의 동향을 알고 있는지 여부를 중시한다. 많은 대학생들이 취업 욕심을 내고 있는 분야로 에너지 회사들이 있다. 실제로 에너지는 인류가 삶을 유지하는 데 반드시 필요한 것이기 때문에 에너지 회사들은 비교적 안정적이라고 할 수 있다. 그러나 세계적으로 에너지 업계의 동향은 크게 변하고 있다. 기존의 석유 및 석탄, 원자력 사업 중심에서 태양열 등의 클린에너지 및 녹색에너지 쪽으로 방향이 이동하고 있는 것이다. 또한 세계 에너지 무역의 판도도 바뀌고 있는데 미국의 셰일가스 수출로 인한 러시아의 천연가스 수출량 변화가 대표적인 예다. 북유럽의 효율적인 친환경에너지 활용시스템도 주요 관심사로 떠오르고 있다. 따라서 에너지 관련 기업에 지원할 경우 이러한 에너지 업계의 세계적인 판도를 파악하여 자기소개서에서 짚어주어야 한다.

또한 지원 기업이 차세대 에너지 개발에 얼마나 비전을 갖고 대비하고 있는지도 분석해야 한다. 만약 여러분이 지원하는 기업이 현재 친환경에너지 관련 사업을 미미한 수준으로 운영하고 있고, 투자도 거의 하고 있지 않다는 것을 알았다고 하자. 그러면 최악의 경우 입사 후 10년 이내에 그 회사의 재정상황이 악화될 가능성이 높다는 것을 고려해야 한다. 이러한 분석 결과에 따라 여러분이 과연 이 회사에 입사하여 인생을 걸지 말지를 선택해야 한다. 해당 에너지 회사에 지원하기로 결정했을 경우 분석한 내용을 자기소개서에 반영하여 작성하면 된다. 이때 너무 이상적인 내용으로 작성하지 말고, 현 상황에서 회사가 발전하는 데 내가 어떤 기여를 할 수 있는지 구체적으로 써야 한다. 즉, 회사의 수준에 맞춰서 발전방향을 제시하고, 그 발전 방향에 구체적으로 어떤 공헌을 할 수 있는지 언급해야 한다.

셋째, 경쟁사의 동향을 알고 있는지 평가한다. 많은 대학생들이 선호하는 CJ그룹의 계열사 중 드럭스토어인 올리브영이 있다. 그런데 올리브영에 지원하면서 심지어 경쟁사가 어디인지도 모르는 지원자들이 많다. 현재 드럭스토어는 CJ의 올리브영과 GS리테일의 왓슨스가 양강 구도를 구축하고 있는 가운데, 코오롱의 W스토어와 2013년 5월에 새롭게 진출한 롯데의 롭스가 경쟁하고 있는 상황이다. 따라서 올리브영을 비롯한 드럭스토어 매장에 지원할 취업준비생들은 적어도 다음의 사항들을 알고 있어야 한다.

먼저 거시적으로 국내 드럭스토어시장은 2012년 기준 5천억 원 규모였다가 2015년 말 약 1조 원 규모로 성장했다. 국내에서는 일반 소매점에서 일부 비처방약을 제외하고는 의약품을 판매하지 못하기 때문에 취급 품목이 뷰티&헬스 쪽으로 집중되어 있다는 사실도 알아둘 필요가 있다. 2015년 말 기준으로 올리브영 552개(매출액 7,603억 원), 왓슨스 113개(매출액 1,274억 원), 롭스 53개, 코오롱의 W스토어 180여 개의 매장이 있으며 각 회사의 매출액 규모 또한 확인해야 한다.

또한 미시적으로 올리브영이 드럭스토어의 초기 진입주자로서 많은 매장을 가지고 있었지만 초기의 매출액이 미미했다가 사업전략을 전면 수정하면서 급성장한 요인도 알아야 한다. 변경된 사업전략으로 주요 취급 품목을 해외에서 인기가 좋지만 국내에서의 구입이 어려웠던 화장품과 헬스케어 제품들로 잘 선별해 판매함으로써 브랜드 이미지가 리포지셔닝 되면서 매출액이 늘었다는 점도 파악하고 있어야 한다.

왓슨스의 경우 홍콩 브랜드로 홍콩 본사와 국내의 GS리테일이 50:50으로 투자하였고, 초기 투자자본이 150억 원이라는 점도 기억해야 할 사항이다. 최종적으로 올리브영과 왓슨스가 2013년 5월에 롭스의 신규 진출을 견제하기 위해 대대적으로 세일을 시행한 적이 있으며, 최근 후발주자를 견제하기 위해 PB상품(유통업체가 제조업체에 제품 생산을 위탁하면 제품이 생산된 뒤에 유통업체 브랜드로 내놓는 것) 개발 등의 차별화된 전략을 구사하고 있다는 것도 알아야 한다.

이쯤에서 지원자들은 '지원 회사와 경쟁사에 대해 이렇게까지 분석해야 되나?'라고 생각할지도 모르겠다. 하지만 이렇듯 치밀한 분석 없이 해당 회사의 마케팅 부서나 영업전략 부서, 경영지원 부서에서 일하고 싶다는 것은 말이 되지 않는다. 입사 후에 이런 업계분석은 일상적으로 해야 할 일이기 때문에 일정 수준의 데이터 분석능력 없이는 입사 후에 버티기가 힘들다. 따라서 입사 전에 이러한 분석능력을 기르고 자기소개서에서 이러한 역량을 갖추고 있음을 보여주어야 한다.

마지막으로 회사의 향후 사업 진행방향을 알고 있는지를 살핀다. 최근 이공계 출신들이 예상치 못했던 곳에 취업하는 경우를 종종 보게 된다. 대표적으로 생명과학 관련 전공자들이 삼성전자와 여러 상사에 취업하는 경우를 꼽을 수 있다. 삼성전자의 경우 웨어러블 워치 자체가 심박동수 등의 인체 내 변화를 측정하는 의료기기로 바뀌어가면서 인체에 대한 지식을 알고 있는 생명과학 관련 전공자를 각 직무에 일정 부분씩 뽑을 수밖에 없다. 이는 애플사도 마찬가지다. 삼성물산과 LG상사 등의 경우 바이오 연료를 무역 대상 품목으로 다루게 되면서 생명공학 전공 학생들을 채용하고 있다. 이는 각 회사가 장·단기 계획을 통해 향후 진행될 사업에 맞춰 신입사원을 채용하기 때문에 일어나는 현상이다. 따라서 각 회사의 향후 사업 진행방향을 알아두면 여러분이 어떤 회사에 지원해야 채용 확률이 높아지는지, 또 여러분이 가진 어떤 역량을 회사에 어필해야 하는지 파악할 수 있다.

기업분석력 평가항목

- 회사의 조직문화를 잘 파악하고 있는가?
- 관련 업계 동향에 대해 잘 알고 있는가?
- 경쟁사 동향에 대해 알고 있는가?
- 회사의 향후 사업 진행방향에 대해 알고 있는가?

지금까지 기업이 지원자의 직무분석과 기업분석 수준을 평가할 때 어떤 항목들을 주로 보는지 확인해보았다. 이 책의 후반부에서 직무분석과 기업분석을 위한 구체적인 방법을 안내하겠지만 여러분이 숙지한 평가 기준을 중심에 두면 정보의 홍수 속에서도 균형을 잃지 않고 분석을 진행할 수 있을 것이다.

직무분석과 기업분석 결과를 잘 숙지하면 맨 먼저 여러분은 해당 기업과 직무에서 신입사원에게 요구하는 역량이 무엇인지 알 수 있을 것이다. 그런 다음 여러분이 가진 역량 중 어떤 역량을 자기소개서에 작성해야 채용 확률이 높아질지 고민해야 한다. 직무분석, 기업분석, 자기분석의 세 가지를 충실히 이행한 자기소개서는 지원자가 어필하는 핵심 주제 키워드들이 모두 직무 및 기업이 처한 상황에 아주 적절하게 맞아떨어진다. 또한 가장 중요한 지원자 본연의 모습과도 일치한다.

전문가는 자기소개서에 제시된 핵심 메시지만 봐도 지원자의 사고 수준과 입사 준비를 위해 투자한 노력 등을 단번에 파악할 수 있다. 그만큼 핵심 주제의 선정은 자기소개서 작성에서 가장 중요하다.

(3) 문서작성능력(Written Communication Competency)

기업이 자기소개서를 통해 평가하려는 마지막 항목은 문서작성능력이다. 앞에서 이미 밝혔듯이 자기소개서는 업무상 필요한 공적 문서이며, 보다 구체적으로 자신이라는 인적 자원의 활용을 제안하는 사업제안서다.

회사생활은 곧 의사소통의 연속이라고 해도 과언이 아니다. 요즘처럼 빠르게 돌아가는 세상에서는 특히 토의능력, 프레젠테이션능력 등의 말하는 능력이 매우 중요시되고 있는 추세다. 그러나 현재까지도 문서작성능력은 조직생활에서 무엇보다 중요하다. 글로 작성된 문서는 다수의 사람들이 시간 및 장소에 구애받지 않고 의사소통할 수 있는 도구다. 따라서 문서는 공동의 프로젝트를 진행할 때 관련된 모든 직원들이 의사 결정의 근거로 활용할 수 있는 기준 또는 지침을 제시해줄 수 있다. 또한 직원들이 진행한 일은 모두 문서라는 증거로 남기 때문에 업무에 문제가 발생했을 때 누가 잘못했는지를 가려낼 수 있는 문책의 근거가 되기도 한다.

특히나 신입사원의 경우 의사결정자인 상사가 올바른 판단을 내릴 수 있도록 자료를 잘 편집하여 문서 및 구두로 전달하는 일을 주로 하게 된다. 그런데 만약 문서를 작성하는 과정을 제대로 터득하지 못해 일을 할 때마다 작성한 문서의 질이 들쭉날쭉하면 상사나 동료는 그 신입사원에게 일을 믿고 맡길 수 없다. 따라서 직장생활에서 제대로 된 문서작성능력을 갖추는 것은 매우 중요하다.

상황이 이러하므로 입사지원자가 회사에 처음 선보이는 자기소개서가 엉망이라면 인사담당자는 그 사람을 채용하기가 어렵다. 앞서도 이야기했지만 자기 자신의 인생이 달려 있는 자기소개서도 제대로 작성하지 못하는데 업무 문서는 어떻게 잘 작성할 수 있겠는가? 그렇기 때문에 자기소개서는 자신이 그 회사의 사원으로서 작성하는 사업제안서라고 생각하며 치열한 마음으로 작성해야 한다. 그래야만 문서작성능력이 향상된다.

문서작성능력을 평가하는 세부 항목에는 크게 두 가지가 있다.

첫째, 메시지를 효과적으로 전달하고 있는가이다. 즉, 주제가 선명하게 드러나도록 문서를 작성했는지 여부를 파악하는 것이다. 읽고 나면 무엇에 관한 이야기인지 쉽게 파악할 수 있도록 글을 써야 한다. 무엇보다 메시지를 분명하게 전달하려면 가장 먼저 글을 쓰는 사람이 글의 주제를 명확히 알고 있어야 한다. 그리고 그 주제와 관련된 내용으로만 글을 쓰고 관계없는 내용은 삭제해야 한다. 한마디로 선택과 집중을 해야 한다. 다시 한 번 말하지만 아무리 좋은 문장도 주제와 관련이 없으면 사족이다.

둘째, 논리적으로 자신의 역량을 설득하고 있는지이다. 즉, 정보 제시의 순서가 논리적이어야 한다. 각 정보가 해당 위치에 있어야 하는 이유가 명확하면 여러분이 주장하는 주제가 논리적으로 뒷받침되어 설득력을 갖게 된다. 논리적인 문장의 배열을 위해서는 앞서 말한 대로 자기소개서 작성 전에 미리 어떤 순서로 내용을 전개할 것인지 골격(설계도)을 짜야 한다. 무작정 컴퓨터 앞에 앉아

마음 가는 대로 키보드를 두드리다 보면 원래 자신이 하려던 말과는 거리가 먼 문장들로 채워지기 쉽다. 자기소개서는 감성적으로 작성하는 것이 아니라 모든 내용을 사전에 미리 계획하여 전략적으로 작성해야 한다(Part 2 참조). 미리 결정된 골격에 기반한 자기소개서의 작성에 대해서는 Part 5에서 구체적으로 다룰 예정이다.

문서작성능력 평가항목

- 메시지를 효과적으로 전달할 수 있는가?
- 논리적으로 자신의 역량을 설득할 수 있는가?

역량과 더불어 자기소개서 평가 항목의 가장 큰 기준은 '재직기간'이다. 아무리 역량이 뛰어나도 조기에 퇴사한다면 조직에게 도움이 되지 않기 때문이다. 재직기간은 다시 '타인의 재직기간 단축'과 '본인의 재직기간'의 소항목으로 나뉘게 된다. 각 항목을 좀 더 구체적으로 알아보자.

2. 회사의 재직기간

(1) 타인의 재직기간 단축

매년 많은 기관에서 직장인의 퇴사 이유에 대한 조사 결과를 발표하는데 그 중 '직장 내 대인관계'가 항상 높은 순위를 차지하고 있다. 이처럼 다른 사람에게 퇴사 충동을 유발하는 상사와 직원들은 회사 내의 큰 골칫거리다. 따라서 회사에서 신입사원을 뽑을 때 '조직 내에서 분란을 일으켜 우수한 다른 인재를 퇴사하게 만들지는 않을까?' 하는 의심을 가지고 검증하는 것은 당연한 일이다.

좀 더 구체적으로 여러 사람이 서로 화합하는 인화 측면에서 조직이 중요하게 생각하는 부분은 다음과 같다.

첫째, 기본적인 비즈니스 매너이다. 예를 들어 다른 사람에게 자기 일 떠넘기기, 자신이 하지 않은 일의 성과 가로채기, 자기 잘못에 대해 책임지지 않으려고 막무가내로 우기기, 자신은 다른 직원을 도와주지 않으면서 끊임없이 도움받기를 원하기, 화 자주 내기, 성추행으로 간주될 만한 행동하기, 늘 뒷담화를 하고 불만 늘어놓기 등이 회사 내의 대표적인 비매너 행동으로 꼽힌다. 이러한 행동을 많이 하는 직원들은 회사의 분위기를 흐릴 뿐 아니라 다른 직원에게 퇴사 충동을 일으킨다.

사회생활을 할 때에도 결국 가장 중요한 것은 기본을 잘 지키는 것이다. 누가 나를 도와주면 고맙다고 하고, 같은 동료의 일이면 가능한 한 도와주고, 맘에 안 들어도 바로 의사표현을 하기보다는 한 템포 마음을 가라앉힌 후 차분하게 이야기하는 식의 기본 매너 말이다. 어디서나 골든 룰은 통용되게 마련이다. 타인이 나에게 했을 때 싫은 행동을 나도 타인에게 하지 않으면 큰 문제가 없다. 또한 전화를 받을 때 공손하게 받고 적절하게 메모를 잘 전달해주는 등의 기본 매너도 필요한 역량이다.

그렇다면 다른 직원들이 호감을 가지고 함께 일할 수 있는 신입사원은 어떤 사람일까? 2013년 10월, 삼성인을 대상으로 조사한 결과에 따르면 기존 사원들이 선호하는 신입사원 유형은 모르면 물어보는 후배, 인사 잘하고 예의 바른 후배, 팀의 일원으로 함께 일할 줄 아는 후배, 실행력이 좋아 일 잘하는 후배 등으로 나타났다.

둘째, 기본적인 인성이 갖추어져 있는지이다. 요즘 대부분의 회사에서 직원을 채용할 때 화두가 되고 있는 것이 인성이다. 그럼 기업에서 원하는 인성이라는 것이 무엇일까? 상사가 시키는 일은 무조건 다 하는 것? 혼자서 다 감당할 수도 없으면서 주는 일은 다 "감사합니다" 하고 떠맡는 것? 특별한 사유 없이 월급이 30% 삭감되었을 때에도 군말 없이 야근을 하는 것? 직장 선배들의 담배 및 커피 심부름을 잘해주는 것? 상사 딸의 결혼식 때 주차 안내를 해주는 것? 과연 이런 것들이 인성 좋은 신입사원의 모습일까?

아마 많은 사람들이 상사가 시키는 일을 충실히 따르는 것이 회사가 원하는 인성이라고 생각할 것이다. 물론 일부는 맞지만 100% 맞는 이야기는 아니다. 예를 들어 상사가 회사의 공금 횡령 업무를 신입사원에게 지시했다고 하자. 이 경우에도 회사는 신입사원이 상사의 지시를 그대로 따르기를 원할까? 아니면 지시의 부당함을 밝히며 소신 있게 "아니요"라고 말할 수 있는 사원을 원할까? 아마도 회사는 상사의 업무 지시에 잘 따르면서도 사안에 따라서는 소신을 관철할 줄 아는 신입사원을 원할 것이다. 이처럼 직장에서는 모든 상황에 적용되는 정답이란 있을 수 없고, 상황에 따라 자기주장을 내세울 때와 물러설 때를 알아서 판단하고 행동해야 한다. 상황에 따른 적절한 행동을 위해서는 상황파악능력과 유연성이 매우 중요하다.

신입사원에게 과중한 업무가 몰리는 경우를 예로 들어보자. 물론 신입사원 입장에서 일이 너무 많다고 더 이상 맡는 것은 불가능하다고 거부하는 것은 무리가 있다. 이럴 경우 무조건 일을 떠맡고 있다가 업무에 차질을 빚는 것보다는 상사에게 "현재 제가 이러저러한 업무들을 진행 중인데, 새로운 업무를 주실 경우 시간이 언제까지 지체될 것 같습니다. 그래도 괜찮을까요?"라고 물어보는 것이 바람직하다. 그러면 상사는 함께 일할 인력을 보충해주든 업무를 분담해주든 할 것이다. 이처럼 조직에서는 마냥 수용적인 인재만을 원하는 것이 아니라 업무 처리가 잘 이루어지도록 적극적으로 여러 사항을 조율할 줄 아는 사람을 원한다.

그렇다면 다시 처음의 질문으로 돌아가서 기업이 원하는 인성은 구체적으로 어떤 것인지 생각해보자. 앞서 언급한 기업이 원하는 인재의 요건, 즉 직무 역량과 오랜 재직기간을 근거로 유추해보면 어느 정도 정답을 찾을 수 있다. 기업이 말하는 인성은 생존력, 버틸 수 있는 근성, 포기하지 않는 끈기, 또 싫은 사람과도 일할 수 있는 인내력, 참을성 등으로 요약될 수 있다. 가만히 보면 기업에서 언급하는 인성은 대부분 '인내심'과 밀접한 연관성이 있다. 따라서 당연히 자기소개서를 쓸 때에는 톡톡 튀는 개성, 착한 성품 등의 이야기를 쓰는 것보다는 지원자의 인내심 또는 근성을 보여줄 수 있는 에피소드에 관해 쓰는 것이 적합하다.

셋째, 타인에게 불쾌감을 줄 수 있는 습관이나 질환을 갖고 있는지 확인한다. 신입사원으로 입사를 하게 되면 하루 10시간 이상의 시간을 기존 동료들과 함께 보내게 된다. 그런데 만약 식사도 같이 하고 술도 같이 먹는 신입사원이 결핵이나 간염 등의 전염성 질환을 가지고 있다면 다른 사원들이 집단으로 전염될 수도 있다. 이러한 상황은 회사로서는 매우 심각하기 때문에 입사 전에 건강검진이라는 관문을 설치하여 미리 차단한다.

어떤 회사에서는 인성검사를 통해 특별히 정신적인 문제가 있는지 확인하기도 한다. 아울러 면접 대기실이나 면접장에서 지원자들의 행동을 면밀히 관찰함으로써 문제가 될 만한 행동을 보이는 지원자를 미리 차단한다. 따라서 지원자들은 취업과 관련된 모든 단계에서 긴장을 늦춰서는 안 되며, 꼭 취업을 위해서가 아니더라도 좋지 않은 습관이나 건강상의 문제는 미리미리 개선해야 한다.

타인의 재직기간 단축 평가항목

- 기본적인 비즈니스 매너가 있는가?
- 기본적인 인성이 갖추어져 있는가?
- 타인에게 불쾌감을 줄 수 있는 습관이나 질환을 갖고 있지 않은가?

(2) 본인의 재직기간

신입사원 한 사람이 대기업에 입사하여 제대로 된 업무 성과를 내기까지는 얼마의 시간이 걸릴까? 직무에 따라 차이는 있겠지만 대기업 종사자들은 대략 3년 정도는 근무해야 일을 믿고 맡길 수 있다고 이야기한다. 회사의 입장에서 입사 후 3년까지는 신입사원을 교육시키는 단계일 뿐 성과를 얻을 수 있는 단계는 아니라고 본다는 말이다. 따라서 신입사원이 3년 이내에 퇴사를 하게 되면 회사로서는 막대한 손해를 보게 된다.

한 조사에서는 신입사원 한 명당 채용 시 드는 비용이 약 200만 원에 달한다고 밝힌 바 있다. 신입사원 한 사람을 뽑는 각 단계를 생각해보면 대략적으로 유추가 가능하다. 채용의 모든 과정을 준비하고 진행하는 인사팀 인력의 인건비, 실무진 및 임원들이 본연의 업무를 수행하지 못하고 자기소개서 검토와 면접에 사용하는 시간의 기회비용, 면접비, 간식비, 통신비 등을 고려하면 오히려 그 비용은 더 올라갈 수도 있다. 여기에 신입사원 채용 직후 교육에 드는 비용도 추가된다. 이렇게 막대한 비용을 투자해 뽑은 신입사원이 1년 이내에 조기 퇴사한다면 회사로서는 손해가 이만저만이 아닐 것이다. 이렇기 때문에 회사는 오래 일할 수 있는 사람을 뽑을 수밖에 없는 것이다.

그렇다면 기업들이 오래 근무할 지원자를 식별하는 기준은 무엇일까?

첫째, 직무에 대한 비전이 있는지 살핀다. 기업에서는 입사 후 수행할 직무에 비전을 갖고 있는 지원자는 그 직무가 자신의 적성에 잘 맞는다는 확신이 있기 때문에 쉽게 포기하지 않을 것이라 생각한다. 또 그만큼 해당 직무와 관련된 준비를 꾸준히 해왔을 거라 생각한다. 결과적으로 직무에 대한 비전이 있는 지원자는 재직기간과 직무 역량, 두 가지 항목 모두에서 합격점을 받게 된다.

둘째, 쉽게 포기하지 않는 의지력이 있는지 살핀다. 직장생활은 어느 곳에서나 그리 녹록하지 않다. 회사의 입장에서는 업무 실수가 회사의 사활을 좌지우지할 수도 있기 때문에 인간적이기보다는 일 중심으로 운영된다. 따라서 일을 처음 배우는 신입사원은 상사에게 엄청난 질책을 받기도 하고, 아직 사내의 인맥이 형성되지 않아서 상대적으로 약자일 수밖에 없기 때문에 배려를 못 받는 경우가 많다. 또한 업무를 빨리 익혀야 한다는 압박감도 큰데 이러한 적응과정을 거치려면 무조건 버텨야 한다. 즉, 직장 내의 업무나 대인관계와 관련해서 어려움이 있어도 이를 극복해내야 한다. 따라서 기업은 조금만 힘들어도 쉽게 포기하는 사람은 걸러낼 수밖에 없다.

셋째, 대인관계가 원만한지 살핀다. 예를 들어 두 사람이 여러분에게 자료 제공을 부탁했다고 가정해보자. 한 사람은 좋아하는 사람이고, 다른 사람은 싫어하는 사람이라면 여러분은 두 사람에게 동일한 내용과 분량의 자료를 전달할 것인가? 사람마다 차이는 있겠지만 일반적으로 자신이 좋아하는 사람에게 더 중요하고 풍성한 자료를 건네주기 마련이다. 이러한 일은 직장에서도 빈번히 일어나는데 신입사원이 대인관계가 안 좋을 경우 동료들에게서 중요한 정보를 전달받지 못할 가능성이 크다. 따라서 대인관계가 안 좋은 사람은 업무 성과가 좋을 수 없으며, 스스로도 행복도가 떨어지기 때문에 쉽게 퇴사할 확률이 매우 높다. 단시간 내에 퇴사할 우려가 있는 직원은 채용되기 어렵다고 언급한 내용을 다시 한 번 기억하자.

요즘 젊은 친구들의 경우 대체로 직장 내에서 불필요한 대인관계를 지양하고 일만 잘하면 된다는 생각을 갖고 있는 듯하다. 그러나 직장 내에서 업무의 질은 상사와 선배들이 원하는 니즈를 얼마나 충족시켰느냐에 따라 평가되는 것이다. 본인이 혼자서 아무리 일을 잘했다고 생각하더라도 업무의 방향이 회사의 방침과 일치했는지도 확인할 수 없고, 대인관계가 좋지 않으면 업무 수행에 대한 평가가 좋으리라는 보장도 없다. 다시 한 번 기억하자. 인사가 만사다.

마지막으로 의사소통이 원활히 되는지 살핀다. 의사소통의 중요성은 아무리 강조해도 지나치지 않을 정도다. 의사소통이 되지 않으면 업무 성과도 오르지 않으며, 대인관계도 원만해지지 않기 때문이다. 의사소통은 일단 믿음과 신뢰가 생명이지만 스킬적인 측면도 중요하다. 특히 패기 넘치는 신입사원들은 말을 많이 하기는 하는데 핵심이 없어서 듣고 있는 상사를 짜증나게 하는 경우가 많다. 따라서 신입사원은 상사가 질문할 때 그 의도를 신속히 파악해 상사가 듣고 싶어 하는 답변을 해야 한다. 이때 말하는 내용의 순서도 중요한데 결론 및 주제를 먼저 말하는 습관을 들이는 것이 중요하다. 이에 관한 자세한 내용은 Part 2의 'SEB 규칙편'을 참고하기 바란다.

본인의 재직기간 평가항목

- 직무에 대한 비전이 있는가?
- 쉽게 포기하지 않는 의지력이 있는가?
- 대인관계가 원만한가?
- 의사소통이 원활히 되는가?

지금까지 자기소개서 작성 시 기본이 되는 핵심전제에 대해 알아보았다. 이후에는 자기소개서의 작성을 위해 알아야 할 실제적인 내용과 각 항목별 작성 방법에 대해 구체적으로 알아볼 것이다.

PART 4

기업의 니즈와 나의 니즈를 연결하라

기업이 원하는 역량과 내가 가진 역량의 연결 ☑

메시지 맵핑(Message Mapping) ☑

POINT 1

기업이 원하는 역량과 내가 가진 역량의 연결

이 책의 후반부에서는 자기분석, 기업분석 및 직무분석 파트를 통해 자신과 기업, 직무에 대한 매우 구체적인 지식들을 얻을 수 있는 방법에 대해 다룰 것이다. 이러한 방법으로 얻게 될 정보량은 매우 방대하여 많은 정보들을 종합해 본 경험이 부족한 취업준비생들은 어려움을 겪을 수 있다. 이번 파트에서는 바로 앞으로 분석을 통해 얻게 될 정보들을 어떻게 종합하여 자기소개서에 녹여낼 것인지에 대해 설명하도록 하겠다.

취업준비생들은 자기분석의 일환으로 그동안의 경험들을 반추해보면서 자신이 가장 잘하는 것, 가장 자주 하는 행동 패턴들, 인생에서 중요하게 생각하는 것, 자신을 가장 행복하게 해주는 것이 무엇인지를 깊게 생각하여 파악해둘 필요가 있다. 이를 위해 이 책의 자기분석(Part 6) 부분에서는 여러분이 가지고 있는 역량, 보유 역량과 매칭도가 높은 직무들, 직업 흥미, 가치관 등과 관련한 방대한 정보를 얻을 수 있는 방법들을 제시해놓았다. 이것들은 바로 자기 자신에 대한 정보인 동시에 여러분이 사회생활을 통해 궁극적으로 활용하고자 하는 역량과 얻고자 하는 것이 무엇인지에 대한 답을 얻을 수 있는 단서가 된다. 이를 기반으로 도출된 최종 결론이 바로 여러분의 니즈다.

기업분석과 직무분석(Part 7과 8) 부분에는 여러분이 지원할 회사와 직무에 대한 다양한 정보를 얻을 수 있다. 이 책에서 제시하는 분석방법을 통해 얻어지는 정보들은 매우 현실적이고 구체적이어서 기업의 홈페이지에 제시된 추상적이고 모호한 인재상으로는 유추하기 어려웠던 기업과 직무의 실질적인 요구 역량을 파악할 수 있도록 해줄 것이다. 이것이 바로 기업과 직무의 니즈다. 예를 들어 현실적으로 영업관리직에서 요구하는 가장 기본적인 역량은 엑셀프로그램을 능숙하게 다룰 줄 아는 것이다. 영업 실적은 대부분 엑셀데이터의 형태로 작성되고 가공되기 때문이다.

그렇다면 따로따로 존재하는 지원자의 니즈와 기업의 니즈를 어떻게 자기소개서에 표현할 수 있을까? 이 둘을 통합하는 구체적인 방법을 설명하면 다음과 같다.

제일 먼저 자신이 보유하고 있는 역량 리스트를 만든다. 그리고 또 다른 리스트에는 지원 기업과 직무가 원하는 역량들을 작성한다. 그러고 나서 우리가 어렸을 때 같은 단어 짝짓기를 했던 것처럼 공통되는 역량을 찾아서 서로 줄을 긋는다. 최종적으로 줄로 연결되어 매칭이 된 역량이 내가 실제로 가지고 있으면서 기업과 직무에서도 원하는 타깃 역량이 된다(145페이지 워크시트 1 참조). 자기소개서는 바로 이렇게 선정된 타깃 역량을 주제어로 활용해서 작성하면 되는 것이다.

현실적으로 우리는 직무와 기업이 원하는 니즈를 100% 충족시키기는 어렵다는 것을 인정해야 한다. 개인이 모든 역량을 다 갖출 수는 없기 때문이다. 다행히 기업도 모든 지원자가 완벽하지 않다는 사실을 안다. 그러므로 우리는 스스로가 보유한 역량 중에서 직무와 기업이 가장 원하는 것을 우선적으로 제시하면 된다.

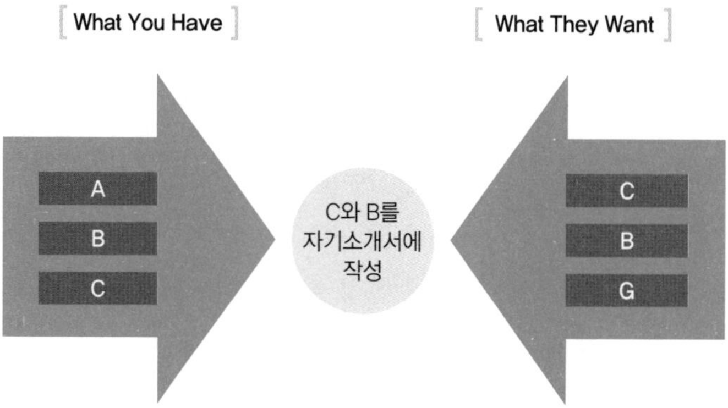

지원자의 니즈와 직무 및 기업의 니즈 결합

이때 선정되는 역량은 세 개 이내가 가장 바람직하고, 최대로 많이 쓸 경우 네 개까지는 어느 정도 허용될 수 있다. 제시하는 역량의 개수가 늘어날수록, 특히 세 개를 넘을수록 메시지 전달력은 현저하게 떨어진다. 또한 제시하는 역량의 개수가 너무 많게 되면 인사담당자는 이 지원자가 스스로를 너무 높게 평가하는 사람으로 보고 대인관계나 팀워크에 어려움을 겪을 것 같다는 오해를 할 수도 있다.

마지막으로 반드시 기억해야 할 사항은 같은 직무와 기업이라 하더라도 내·외부의 환경 변화에 따라 지원자에게 원하는 역량이 조금씩 달라진다는 것이다. 이것은 지원자 개인의 역량도 시간이 지남에 따라 달라지는 것과 같은 맥락이다. 따라서 직무분석과 기업분석을 통해 자기소개서의 핵심 메시지가 될 타깃 역량을 선정하는 작업을 할 때에는 항상 지원 직무 및 기업별, 지원 시기별로 최신 사항을 업데이트해야 한다.

POINT 2

메시지 맵핑

Message Mapping

자신의 니즈와 직무 및 기업의 니즈를 결합하여 타깃 역량을 선정했으면 이제 자기소개서에 이 역량을 제시할 순서를 정해야 한다. 이 과정을 '메시지 맵핑 message mapping'이라고 하는데, 이는 초두 효과(처음 입력된 정보가 나중에 습득하는 정보보다 더 강력한 영향력을 발휘하는 것)에 근거한다.

인간은 기본적으로 처음 입력된 메시지에 대한 집중도가 가장 높다. 따라서 지원자의 가치를 가장 어필할 수 있는 역량, 인사담당자가 가장 듣고 싶어 하는 역량에 대한 메시지를 맨 앞에 위치시켜야 한다. 아울러 한정된 시간 내에 수백 명의 자기소개서를 봐야 하는 인사담당자는 당연히 자기소개서의 앞부분이 마음에 안 들면 그다음 부분은 더 이상 읽지 않게 된다. 광고나 드라마도 앞부분을 보고 아니다 싶으면 채널을 돌리듯이 말이다. 이런 이야기를 해주면 억울해 하는 취업준비생들이 있다. 얼마나 힘들게 쓴 자기소개서인데 앞의 몇 줄만 읽고 탈락시킬 수가 있느냐는 것이다. 그러나 본인의 역량을 가장 잘 드러내야 할 앞부분을 효과적으로 살리지 못하는 지원자는 입사 후에도 일을 잘해낼 가능성이 떨어진다. 중요한 것을 중요한 줄 모르고, 중요하게 활용할 줄 모르기 때문이다. 그렇기 때문에 자기소개서 앞부분을 소홀히 작성한 지원자는 떨어뜨려도 무방하다는 논리가 성립된다. 따라서 지원자는 최대한 자기소개서의 앞부분에 본인이 회사에 전달하고 싶은 핵심 메시지를 배치해야 한다.

대한항공을 예로 구체적인 적용 사례를 살펴보자. 먼저 자기분석 결과 자신이 보유한 역량이면서 대한항공 일반관리직에서도 원하는 공통 타깃 역량을 문제해결력, 중국어 실력, 영어 실력, 중국 체류 경험의 네 가지로 결정했다고 가정하자.

참고로 2011년 11월 29일자 분기보고서를 살펴보면 대한항공이 중국 노선을 확장할 계획인 것을 알 수 있다. 그렇다면 선정된 네 가지 역량들을 대한항공 일반관리직 취업에 가장 도움이 될 만한 순서대로 재배치해야 한다. 이 경우 중국 노선의 확장으로 인해 대한항공은 중국어 능통자 및 중국인의 특성에 대해

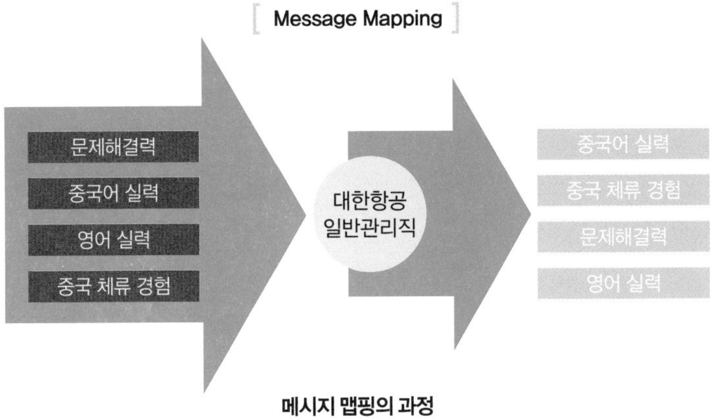

메시지 맵핑의 과정

잘 아는 지원자를 선호할 것을 예측할 수 있다. 그러므로 중국어 실력을 맨 앞으로, 중국 체류 경험을 두 번째로 위치시키는 게 좋다. 그다음으로 항공업계는 예측하지 못한 문제가 발생할 위험성이 높기 때문에 그 문제들을 신속하게 해결할 수 있는 문제해결력이 필요하다. 또한 항공사에서 영어로 의사소통할 수 있는 능력은 중요하긴 하지만 기본 역량에 가까우므로 네 번째에 위치시킨다.

지금까지의 설명 내용을 정리해보는 차원에서 자기소개서 작성 단계를 복습해보면 다음 도표와 같다.

자기소개서 작성 순서

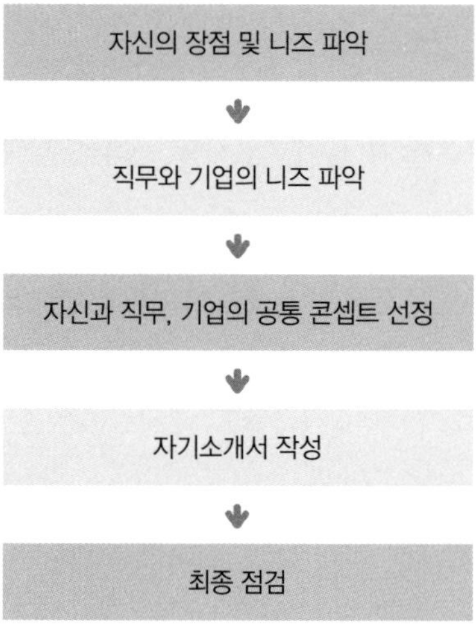

워크시트 1 Yang's 자기소개서 작성 핵심 역량 선정표

지원자의 보유 역량	지원 직무 및 기업의 요구 역량

타깃 역량

메시지 맵핑

최종 자기소개서 작성 역량 틀

PART 5

이것이 자기소개서 작성의 기본이다

- 지원 동기 작성법 ☑
- 입사 후 포부 작성법 ☑
- 성격의 장단점 작성법 ☑
- 경력 및 활동사항 작성법 ☐
- 성장 배경 작성법 ☐

POINT 1

지원 동기 작성법

여러분 앞에 두 명의 결혼 후보자가 있다. 그중 한 명을 선택하기 위해 "왜 나랑 결혼하고 싶어?"라는 질문을 했고, 두 후보가 다음과 같이 답변했다고 가정해보자.

결혼 후보자 A: 너는 성적이 계속 과에서 탑이었고, 토익도 900점을 넘어서 정말 훌륭한 인재라고 생각해. 조만간 최고의 대기업에 입사도 예정되어 있고 말이야. 또한 너희 아버님도 일류기업의 사장이시고. 모든 여건을 고려해봤을 때 너의 가족의 일원이 되면 행복한 생활을 할 수 있을 것 같아서 너랑 결혼하고 싶어.

결혼 후보자 B: 너는 너무 열심히 공부하다 보니 외로움도 많이 타고 친구도 많이 없는 것 같아. 그리고 너 스스로를 사랑하는 법도 잘 모르고. 내가 너의 의지처가 되어줄 수 있을 것 같아. 네가 항상 안정되고 든든한 마음으로 살아갈 수 있도록 내가 도와줄게.

여러분은 과연 누구를 선택하겠는가? 다음으로 여러분이 자기소개서에 흔히 쓰는 지원 동기를 살펴보자.

지원자 A: 귀사는 동종업계 1위의 기업으로서 그동안 너무나도 놀라운 성과를 보여왔습니다. 또한 글로벌 기업으로서의 진출 또한 성공적으로 이룸으로써 명실상부하게 부동의 위치를 차지하게 되었습니다. 이렇게 훌륭한 귀사의 일원이 되어 귀사를 빛낼 수 있는 기회를 얻기를 간절히 소망합니다.

지원자 A의 지원 동기는 자기소개서 첨삭 시 자주 접하는 문구로, "이 회사는 훌륭하다. 그래서 지원한다"라는 두 문장으로 압축할 수 있다. 그러나 노련한 전문가의 눈으로 이 글의 행간을 보면 '이 회사는 훌륭하다. 그 훌륭한 회사에서 제공하는 여러 좋은 혜택들을 이용해서 내 인생을 잘살기 위해 지원한다'라는 속마음이 파악된다. 이러한 의도는 결혼 후보자 A의 답변에서도 엿보인다. '상대방의 조건이 너무나 훌륭해서 결혼하고 싶다'는 논리 속에는 상대방의 조건을 내 인생의 행복을 위해 이용하겠다는 마음이 숨어 있는 것이나 마찬가지다.

대부분의 사람은 결혼 후보자 A와는 결혼하지 않을 것이다. 누구나 타인의 행복을 위한 수단이 되거나 일방적으로 이용당하는 것을 원치 않기 때문이다. 같은 이유로 대부분의 회사 또한 지원자 A를 채용하지 않을 것이다. 이러한 사실을 알면서도 취업준비생들은 왜 지원 동기를 쓸 때 지원자 A처럼 회사를 자신의 행복을 위해 활용하겠다는 의도를 내비치는지 답답할 따름이다.

입사를 원한다면 결혼 후보자 B처럼 회사의 애로사항과 부족한 점을 극복하는 데 도움을 주고 공헌하겠다는 내용을 담아야 선택받을 수 있다. 그래서 인사 담당자는 지원자가 회사에 어떤 공헌을 할 수 있는지를 우선 파악하려고 한다. 이때 대다수의 취업준비생들은 그 회사에 지원하는 이유를 굉장히 감성적으로 쓰는 경향이 있다. 물론 열정적으로 회사를 좋아하는 것도 긍정적인 요인이 될 수 있다. 그러나 본질적으로 중요한 것은 지원자가 직무 수행에 필요한 역량을 갖고 그 회사에 공헌을 할 수 있는지이다.

바람직한 지원 동기 작성의 예시를 아래에 제시하였다.

지원자 A: 저는 귀사의 중국지사 영업전략부서의 맞춤형 인재가 되기 위해 중국어 능력과 중국시장 파악능력 및 영업전략 실전 경험을 쌓아왔습니다. 구체적으로 저는 3년간 꾸준히 중국어를 연마하여 HSK 최고 등급을 받았으며, 중국 현지인들의 특성을 파악하고 현지 적응능력을 기르기 위해 중국으로 어학연수를 1년 다녀왔습니다. 또한 영업전략 실전 경험을 쌓기 위해 ○○사 영업전략부서에서 6개월간 인턴으로 근무하였습니다.

향후 귀사는 전년 대비 매출액 30% 신장이라는 쾌거를 이룬 중국시장 공략에 주력할 예정으로 알고 있습니다. 이러한 귀사의 중국지사 영업전략부서에 제가 입사한다면, 꾸준히 갈고닦은 저의 중국어 능력과 중국시장 파악능력 및 영업전략 관련 경험을 기반으로 귀사가 목표로 삼고 있는 중국 내 시장점유율 20%를 달성하는 데 크게 기여하는 영업전략의 인재가 될 것입니다.

- Subject: 나는 중국 영업전략팀에 적합한 역량을 갖춘 인재다.
- Evidence: HSK, 중국 체류 경험, 영업전략 인턴 경험
- Benefit: 나를 뽑으면 중국 매출액 신장에 이익이 될 것이다.

글자 수 제한이 있을 경우 이 정도로만 써도 충분하다고 판단된다. 글자 수를 더 늘려야 하는 경우에는 인턴 경험을 중심으로 영업전략업무가 본인과 잘 맞는다고 판단한 근거, 왜 다른 회사가 아니라 이 회사를 지원했는지에 대한 내용을 보충하면 된다.

간단해 보이지만 이 문장들이 나오기까지는 많은 생각과 노력이 필요하다. 자기소개서에 이와 같은 내용을 담기 위해서는 고려해야 할 사항들이 많은데 그중 지원 동기를 잘 쓰기 위한 몇 가지 팁을 알려주면 다음과 같다.

먼저 기업에 대한 깊은 애정을 자료조사로 나타내라. 전년 대비 30%의 매출액 신장과 20%의 시장점유율 같은 수치는 기업에 대한 관심도와 조사에 투자한 시간을 여실히 보여준다. 따라서 철저한 조사 끝에 남들과 차별화된 기업 정보를 자기소개서에 제시하는 것은 곧 열정과 애정을 나타내는 좋은 증거가 된다. 분석 시에는 업계의 자본 규모, 업계 환경, 동종업계 회사들의 순위, 주력사업, 매출구조 등의 거시적 관점뿐 아니라 지원 직무의 특성, 요구되는 역량 등의 미시적 관점으로도 접근해야 한다. 기업분석을 위한 구체적인 방법은 Part 6의 기업분석 부분에서 상세히 다룰 것이다.

그다음 지원 직무와 관련된 경험담으로 직무에 대한 목표의식을 나타내라. 기업은 해당 직무를 미리 경험해보고 잘 맞는다고 확신한 상태에서 지원한 취업준비생을 선호한다. 지원자 자신이 이미 직무 적합성을 자체적으로 검증했으

므로 적성에 안 맞는다는 이유로 쉽게 그만두지는 않을 것이기 때문이다. 또한 자신에게 잘 맞는 일이기 때문에 업무 성과가 높을 것이라는 예측도 할 수 있다. 금상첨화로 이미 직무와 관련된 업무를 수행한 경험이 있으므로 빠른 시간 내에 실무 투입이 가능하다. 회사의 입장에서는 완전 초보가 아닌 어느 정도의 경력이 있는 신입사원을 뽑은 셈이므로 좋아할 수밖에 없는 것이다. 따라서 자기소개서를 쓸 때에는 지원 직무를 미리 겪어보면서 얻은 경험의 결과 및 과정에서의 깨달음을 제시함으로써 직무에 대한 강한 목표의식과 업무능력을 어필하는 것이 좋다.

이어서 지원 회사가 진행하고 있거나 진행할 사업 분야와 관련해서 지원자의 역량이 어떻게 쓰일 것인지를 매칭해서 언급한 다음 이로 인해 회사가 얻을 수 있는 이점을 쓰는 것이 효과적이다.

세상에는 청혼을 한 후에도 이 결혼을 해도 될지 계속 고민하는 사람들이 있다. 물론 한 사람의 인생이 달린 일인 만큼 결혼식장에 들어가기 전까지 최고의 배우자를 찾기 위해 계속 고민을 하는 것도 개인의 입장에서는 도움이 되는 일일 수 있다. 그렇다면 입장을 바꿔 생각해보자. 상대방의 입장에서는 자신에게 청혼을 하고 나서도 확신 없이 방황하는 파트너처럼 최악의 상대도 없을 것이다. 입사지원도 청혼과 마찬가지다. 일단 입사지원을 했으면 최소한 해당 회사 및 직무와 삶을 함께하겠다는 명확한 확신을 갖고 중간에 그만두지 않을 사람을 기업은 원한다. 따라서 지원하는 회사, 업종, 직무를 선택한 자신만의 철학과 이유를 명확하게 제시하고 이를 오랫동안 행동으로 준비해온 근거를 제시해야 한다.

POINT 2

입사 후 포부 작성법

입사 후 포부는 개인이 회사생활을 통해 얻고 싶은 삶의 가치가 무엇인지 드러내준다. 즉, 지원자의 인생 비전과 목표가 어떻게 기업과 연결될 수 있는지 알아보려는 항목이다. 그렇다면 기업에서는 왜 지원자의 인생 비전과 목표를 알아보려고 하는 것일까?

예를 들어 친구와 여행을 가려고 할 때 여러분이 희망하는 목적지는 유럽이고, 친구가 가고 싶은 곳은 호주라면 그 친구와는 여행을 함께 갈 수 없을 것이다. 회사에서도 기업이 지향하는 방향과 개인의 목표가 다를 경우 그 지원자는 오랫동안 근무하기가 어렵다. 조직의 입장에서는 오래 근무할 지원자를 뽑는 것이 무엇보다도 중요하기 때문에 입사 후 포부가 회사와 맞는지를 확인하고자 한다.

또한 인생의 비전과 목표가 분명한 사람은 방황하는 일이 없다고 생각한다.

이러한 사람은 한곳만을 보고 열정적으로 나아가기 때문에 업무 성과도 좋을 확률이 높다. 따라서 입사 후 포부 항목을 통해 지원자의 직무 역량과 재직 기간을 모두 평가할 수 있다.

입사 후 포부를 쓸 때 주의해야 할 사항들은 다음과 같다.

첫째, 지원한 회사에 근무하면서 이룰 수 있는 목표를 담고 있어야 한다. 예를 들어 3년간 영업직무를 수행한 후 마케팅 부서로 옮겨서 마케팅전문가가 되겠다는 목표를 가진 지원자가 있다고 하자. 그런데 회사별로 직무나 보직 순환이 사실상 어려워서 한번 영업직으로 입사하면 퇴사할 때까지 영업직으로만 근무해야 하는 조직문화를 가진 회사도 있다. 이런 회사에서 영업직으로 입사한 후 보직 순환을 원한다는 지원자의 목표는 달성될 수 없기 때문에 채용 시 높은 점수를 주기가 어렵다.

은행의 행원으로 지원하면서 금융상품개발전문가가 되고 싶다고 하는 것도 은행의 입장에서는 그다지 반길 만한 목표나 비전이 아니다. 현실적으로 금융상품개발자의 경우 해외 유학파 출신이면서 관련 자격증을 겸비한 인재들을 매우 소수로 뽑고 있어서 일반 행원 중에서 금융상품개발자로 내부 승진을 시키는 케이스는 극히 드물기 때문이다. 이 경우처럼 개인의 목표만 두고 보면 원대하고 멋있더라도 지원하는 회사에서 이를 충족시켜줄 수 없게 되면 인사담당자는 이 지원자가 머지않아 조직에 불만을 품고 퇴사를 할 수도 있을 거라 짐작한다. 노련한 인사담당자는 서로 윈윈 하는 관계만이 오래 갈 수 있다는 것을 알고 있기 때문이다.

종종 3년 후 MBA 취득을 위해 유학을 간 다음 경영전문가가 되겠다거나 5년 후 창업을 하겠다는 포부를 밝히는 지원자도 있다. 개인적으로는 매우 훌륭한 경력 목표이지만 그것은 개인의 삶과 관련된 것이지 회사와는 관련이 없다. 회사 입장에서는 3년이나 5년 뒤에 퇴사할 생각이 있는 지원자를 뽑을 수는 없는 것이다. 종합해보면 입사 후 포부는 반드시 지원 회사에서 지원자에게 제공해줄 수 있는 것을 작성해야 한다. 또한 끝까지 지원 회사에 근무할 것을 전제로 작성해야 한다.

둘째, 실현 가능성이 있고 구체적이며 측정 가능하도록 작성해야 한다. 입사 후 포부 항목에서 '글로벌 시대를 맞이하여 제2외국어 공부에도 힘쓰겠다'고 쓰는 취업준비생들이 많이 있다. 그런데 이러한 계획은 너무 모호해서 실현 가능성이 떨어진다. 목표로 삼고 있는 제2외국어는 구체적으로 무엇이며, 왜 그 외국어를 선택했는지, 어느 정도로 힘쓸 것인지, 힘쓰기 위한 구체적인 전략과 목표는 무엇인지, 목표 달성 여부는 무엇으로 판단할 것인지가 전혀 나타나 있지 않기 때문이다.

만약 지원하는 회사의 주요 교역 타깃 대상국이 브라질을 제외한 남미라면 이 문장은 다음과 같이 고쳐 써야 한다.

> 귀사가 진출을 모색 중인 남미시장 관련 업무를 수행할 수 있도록 향후 스페인어를 익힐 예정입니다. 이를 위한 구체적인 플랜으로는 우선 귀사에서 가장 가까운 ㅇㅇ어학원의 오전 6시 반 수업을 1년간 수강할 것입니다.

또 "지원하는 부서의 전문가가 되겠다"는 표현도 많이 쓰는 내용이다. 그러나 구체적으로 어떤 사람을 전문가라고 하는지, 무슨 기준으로 전문가와 비전문가를 나눌지 명확하지 않고 매우 모호하다. 아울러 지원하는 한 부서에서만 근무한다는 것은 단기적인 목표에 불과하므로 바람직하지 않은 답변이다.

입사 후 포부를 멋지게 작성하려면 사실 기업의 경력 개발 루트를 사전에 알아야 한다. 예를 들면 회계직무에 지원하면서 향후 프로젝트 회계 중간관리자를 거쳐 회사 전체의 경영전략을 총괄하는 COO(Chief Operating Officer, 최고운영책임자)가 되고 싶다거나, 영업직무를 지원하면서 약 5~6년 후에는 영업관리를 거쳐 영업전략 기획 총괄자로 일하고 싶다거나, 시장조사부에 입사하여 마케팅부서에서 일하다가 마케팅 전략 총괄로 근무하고 이후 지원 회사의 COO가 되고 싶다는 등의 내부 승진 루트 말이다. 이 부분에 있어서 직장 경험이 없는 취업준비생들은 다소 어려움을 느낄 수 있다. 더욱이 승진의 루트는 업종별, 회사별로 차이가 있기 때문에 파악하기가 더욱 쉽지 않다. 그러므로 이 부분은 지원하는 회사의 종사자 또는 경력개발 전문가와 사전에 상의할 것을 추천한다.

셋째, 지원 기업의 조직도에 맞게 써야 한다. 어떤 기업은 홍보부가 독립적으로 존재하는 반면, 경영지원부서 내에 홍보업무가 포함되어 있는 기업도 있다. 또 마케팅 부서라 하더라도 기업에 따라 국내, 해외, 브랜드, 출시 담당, 스포츠마케팅 등 수많은 세부 부서가 존재하며, 세부 마케팅 부서의 종류와 수는 회사마다 각기 다르다. 따라서 마케팅 직무에 지원할 때에는 입사 후 포부를 '그냥 마케팅 업무를 하고 싶다'고 쓰기보다는 회사의 조직도에 상응하도록 세부 마케팅 부서의 이름을 언급해야 한다.

기업의 직급 체계 역시 확인하고 써야 한다. 입사 후 3년차에는 보통 대리급 사원이 되는데, 이때부터 본격적으로 업무 성과가 나타나기 시작한다. 이 시기에는 무엇보다 업무의 전문성과 책임감이 요구된다. 따라서 지원자는 대리가 되는 입사 후 3년 이내에 경영진이 일을 믿고 맡길 수 있는 실무능력을 쌓겠다는 내용을 자기소개서에 작성해야 한다. 입사 후 5~7년이 지나면 과장급 정도가 되는데, 실무능력과 더불어 향후 팀 운영에 요구되는 대인관계능력을 기반으로 한 리더십도 미리 시험해볼 수 있는 시기다. 또 입사 후 10년 정도가 되면 일반적으로 하나의 팀을 이끄는 팀장의 위치에 오르게 된다. 이때가 되면 업무를 회사 전체의 거시적 관점에서 바라볼 수 있는 능력, 다른 부서와의 업무 조율능력 등이 크게 요구된다. 이처럼 입사 후 포부를 작성할 경우 그때마다 중요시되는 능력을 배양하겠다는 관점으로 작성하는 것이 바람직하다.

특히 여성의 경우 입사 후 포부 항목이 매우 중요하다. 현실적으로 많은 여성들이 결혼과 출산을 전후로 퇴사하기 때문에 인사담당자나 경영진의 경우 재직기간 항목에 대해 여성에게 더 엄격한 잣대를 들이밀 수밖에 없다. 따라서 여성 지원자의 경우 입사 후 명확하고 구체적인 포부로 오래 근무할 의지를 확실히 보여줘야만 기업이 안심하고 뽑을 수 있다.

마지막으로 목표로 하는 직무를 명확하게 작성하되, 회사에서 다른 직무가 나와 더 맞는다고 판단할 경우 기꺼이 그 일도 하겠다는 마음자세를 자기소개서나 면접 시에 밝히는 것도 중요하다.

POINT 3

성격의 장단점 작성법

자기소개서에서 성격의 장단점은 지원자의 성격 및 직무와의 적합성을 알아보기 위한 목적을 갖는다. 이 내용은 채용에서만 끝나지 않고 직무 배치 및 팀 배치 시에도 중요한 기준이 되기 때문에 소홀히 작성할 수 없는 부분이다.

기업의 인사팀에서는 업무와 관련된 역량 외에도 신입사원의 성격적인 특성을 고려하여 직무 및 부서 배치를 한다. 예를 들어 팀을 배정할 때 외향적이고 주장이 강한 사원은 성격이 수용적이고 부드러운 팀장과 함께 일하도록 한다. 따라서 인사담당자는 면접 시 먼저 지원자의 실제 성격이 자기소개서에 기술된 내용과 일치하는지를 확인한다. 그래야 지원자가 스스로에 대한 이해를 비교적 객관적으로 하고 있는지, 이후에 지원자의 자기소개서를 바탕으로 채용 및 인사 배치를 해도 되는지 판단할 수 있다.

만약 신입사원이 보여준 성격이 자기소개서에 기술된 내용과 다를 경우 인사담당자는 해당 지원자를 자신에 대한 이해가 부족한 사람이거나 거짓말을 하는 사람으로 판단하고 더 이상 이 지원자의 말을 신뢰하지 않는다. 특히 본인의 성격에 대해 잘 모르는 지원자는 입사 후에도 회사에 적응하지 못하고 내적으로 갈등할 확률이 높으므로 회사에서는 채용을 주저하게 된다. 따라서 평소에 본인의 실제 성격과 장단점을 파악해두는 것이 무엇보다 중요하다.

그렇다면 장단점 중에 어떤 것을 써야 할지 결정해야 한다. 이를 위해 직무상 어떠한 성격을 가지면 좋을지 한번 생각해보자.

만약 어떤 지원자가 정이 많고 대인관계가 좋아서 술자리를 자주 갖는다고 가정해보자. 여러분은 이 지원자를 인사직무 담당자로 채용하겠는가? 흔히 인사직무 지원자들이 가장 많이 언급하는 자신의 장점으로 '사람을 좋아하는 따뜻한 마음과 원만한 대인관계'를 꼽는다. 그러나 공정해야 할 채용, 승진, 포상, 구조조정에 사사로운 정이 개입되면 인사직무의 기본을 지키지 못하게 된다. 또한 회계직무와 더불어 인사직무는 모든 기업에서 회사의 기밀을 가장 많이 취급하는 곳이다. 그런데 술자리를 자주 갖다가 인사담당자가 구조조정 될 직원과 승진할 직원들의 이름을 실수로 외부로 발설한다면 회사에는 큰 파란이 일게 된다. 특히 그 리스트가 최종 확정된 것이 아니라면 더욱더 문제가 심각해진다. 따라서 인사직무 담당자는 사사로운 정이 많기보다는 조직 전체를 생각하여 냉철하고 공정해야 하며 무엇보다 입이 무거워야 한다. 내가 근무했던 회사의 인사부 직원 중 한 분 역시 바늘로 찔러도 안 들어갈 것처럼 냉정했지만 누구보다 공정한 분이었다.

결국 성격의 장단점을 효과적으로 쓰기 위해서는 먼저 해당 회사와 직무가 지원자에게 요구하는 성격적 특성을 제대로 확인할 필요가 있다. 이를 위해서는 기업분석과 직무분석이 필수다. 구체적인 기업분석 및 직무분석 방법은 Part 7과 8에서 다루기로 한다. 그런데 이러한 분석을 통해 기업과 직무에서 요구하는 성격적 장단점을 파악하고 나면 또 다른 고민에 빠진다. 실제로 자신이 갖고 있지 않은 장점을 기업과 직무에 맞춰 꾸며 써야 할지에 대한 고민이다.

많은 지원자들이 취업만 되면 본인의 영혼까지 바꿀 기세로 회사 및 지원 직무에 맞춰 자기소개서를 쓴다. 그렇지만 일반적으로 자기소개서나 채용과정에서 거짓말을 했다는 생각이 들면 마음이 불안해지고 면접 때 원래 실력을 발휘하기 어렵다. 또한 성격은 그렇게 쉽게 바뀌지 않는다. 때문에 입사 후 대략 3개월쯤 지나면 실제 자신과 다른 모습을 제시하여 취업한 것이 얼마나 크나큰 실수였는지를 깨닫고 다시 방황을 시작하게 된다.

가장 중요한 것은 자신의 성격에 대한 깊은 성찰이다. 자신이 가진 장점으로 지원하는 직무를 충분히 수행할 수 있고 인정받을 수 있는지를 고민해봐야 한다. 다음으로 자신의 단점이 지원 직무를 수행할 때 걸림돌이 되거나 그로 인해 장기간 근무하기가 어렵다고 판단되면 그 일은 포기하는 것이 자신을 위해서 더 좋다. 이러한 사실들을 전제로 자기소개서에 작성할 성격적 장단점을 구체적으로 선정해보도록 한다.

자기소개서에 제시할 장점을 선정하는 방법을 알아보자(170페이지 워크시트 2 참조). 가장 먼저 나만의 장점 리스트를 만든다. 처음 작성할 때에는 스스로에게 너무 엄정한 잣대를 들이대지 말고 편하게 생각나는 대로 적어보는 것이 중요하다. 이어서 정말로 나의 장점이라고 확신하는 항목을 윗부분으로 옮기고, 다소 확신이 안 서는 장점은 표의 아랫부분으로 옮겨보자. 그런 다음 작성한 장점들을 지식K: Knowledge, 기술S: Skill, 태도A: Attitude 항목으로 구분해서

나의 장점 리스트 예시

K.S.A 구분	나의 장점 리스트
K	영어 작문 및 회화가 가능하고 비즈니스 레터 작성이 가능하다.
K, S	좋은 기업들의 서류 전형에 합격한 경험이 많다.
K, S	문서를 논리적으로 잘 작성한다.
K, S, A	개인화능력(개개인의 니즈를 파악해서 일을 진행하는 능력)이 뛰어나다.
S	기획력이 뛰어나다.
S	새로운 아이디어를 잘 제시한다.
S	부드럽게 의사소통을 잘한다.
S	불만 있는 고객을 잘 달래는 능력이 있다.
S	서류 및 비품 정리를 잘한다.
S	아이디어 또는 여러 사항들을 조직화하는 능력이 뛰어나다.
S	상사나 고객의 니즈를 직관적이고 빠르게 인지한다.
S, A	일 처리가 꼼꼼하고 섬세하다.
S	목소리가 크다.
S, A	장기적이고 폭넓은 안목으로 판단하고 의사 결정을 한다.
S	강의력이 있다.
S	논리적으로 설명할 줄 안다.
S	실제 유명한 기업에서 근무한 경험이 있다.
A	목표 지향력이 높다(목표는 꼭 달성한다).
A	자기계발능력 및 자기 주도적 학습력이 뛰어나다(항상 무언가를 배운다).
A	맡은 일에 대한 책임감이 높다.
A	타인의 평가에 민감하다.
A	신뢰를 주는 인상이다.
A	실행력 및 진취력이 뛰어나다.
A	주변 지인들에게 연락을 자주 한다.

회사 및 직무에서 필요한 장점 예시

K.S.A 구분	회사 및 직무에서 필요한 장점
K	국제감각, 어학능력이 있다.
K, S, A	서비스마인드(고객 지향) – 상사나 고객의 니즈를 직관적이고 빠르게 인지한다.
K, S	상황대처능력이 있다.
S	고객과의 커뮤니케이션능력이 뛰어나다.
S, A	대인관계능력이 뛰어나고, 신뢰를 주는 인상이다.
S, A	일 처리가 꼼꼼하고 섬세하다. 서류 및 비품 정리를 잘한다.
S, A	유연성, 창의력이 있다.
S, A	팀워크 지향적이다.
A	실행력 및 진취력이 있다.
A	맡은 일에 대한 책임감이 강하다.

별도로 기입해놓는다.

그다음 단계에서는 지원 기업 및 직무가 요구하는 장점을 확인한다. 이때 기업분석과 직무분석에 기반하여 요구되는 사항을 작성하는 것이 중요하다. 여러분이 만약 대항항공의 승무원으로 지원한다고 가정하고 요구되는 장점을 정리해보면 위의 표와 같다(〈잡이룸〉 직무사전 참고).

그다음으로 내가 지원하는 회사와 직무에서 가장 환영받으면서도 빛을 발할 수 있는 자신의 장점을 선별해야 한다. 이를 위해 나의 장점 리스트 중에서 회사 및 직무에 필요한 역량과 겹치는 항목을 체크한다(오른쪽 페이지 예시 표 참조).

마지막으로 중복되는 장점들을 살펴보고 먼저 성격과 관련된 항목들을 추려낸다. 그다음으로 기업 및 직무분석 결과 중요도가 높을 것으로 판단되는 장점

회사 • 직무와 나의 중복 장점 체크하기 예시

중복 여부	K.S.A 구분	나의 장점 리스트
중복	K	영어 작문 및 회화가 가능하고 비즈니스 레터 작성이 가능하다.
	K, S	좋은 기업들의 서류 전형에 합격한 경험이 많다.
	K, S	문서를 논리적으로 잘 작성한다.
중복	K, S, A	개인화능력(개개인의 니즈를 파악해서 일을 진행하는 능력)이 뛰어나다.
	S	기획력이 뛰어나다.
	S	새로운 아이디어를 잘 제시한다.
※중복	S	부드럽게 의사소통을 잘한다.
※중복	S	불만 있는 고객을 잘 달래는 능력이 있다.
중복	S	서류 및 비품 정리를 잘한다.
	S	아이디어 또는 여러 사항들을 조직화하는 능력이 뛰어나다.
※중복	S	상사나 고객의 니즈를 직관적이고 빠르게 인지한다.
중복	S, A	일 처리가 꼼꼼하고 섬세하다.
	S	목소리가 크다.
	S, A	장기적이고 폭넓은 안목으로 판단하고 의사 결정을 한다.
	S	강의력이 있다.
중복	S	논리적으로 설명할 줄 안다.
	S	실제 유명한 기업에서 근무한 경험이 있다.
	A	목표 지향력이 높다(목표는 꼭 달성한다).
	A	자기계발능력 및 자기 주도적 학습력이 뛰어나다(항상 무언가를 배운다).
※중복	A	맡은 일에 대한 책임감이 높다.
	A	타인의 평가에 민감하다.
중복	A	신뢰를 주는 인상이다.
중복	A	실행력 및 진취력이 뛰어나다.
	A	주변 지인들에게 연락을 자주 한다.

항목을 상위에 배치하여 우선순위를 정한다. 우선순위를 결정할 때에는 지원 회사와 직무의 특성상 어떤 점이 가장 환영받을지 여부를 고려해야 한다. 또 자기소개서에 쓸 때 함께 제시할 수 있는 근거나 에피소드들이 있는지, 그 근거들이 충분히 설득력을 지니는지 여부도 판단해야 한다.

최종적으로 세 개 정도의 성격적 장점을 선택하도록 한다. 이때 회사의 자기소개서에서 요구하는 글자 수가 적을 경우 1~3개 항목을 유동적으로 선택해서 글의 분량과 조화를 이루도록 한다.

나의 단점 리스트 예시

K.S.A 구분	나의 단점 리스트
A	업무의 강도가 너무 높으면 체력적으로 감당하기 힘들다.
A	권위적인 조직에서는 답답함을 많이 느낀다.
A	지시받는 것을 싫어하고 자발적으로 일하고 싶어 한다.
A	업무를 세세하게 컨트롤받는 것을 싫어한다.
A	반복되는 업무를 싫어한다.
A	순발력이 떨어진다.
A	스트레스를 많이 받는다.
A	고객에게 욕먹는 일 등의 스트레스에 대한 내성이 약하다.
A	발전 기회를 주지 않는 일을 싫어한다.
A	싫어하는 사람과 근무하는 것이 견디기 어렵다.
A	사람들에게 지적이나 안 좋은 이야기를 잘 못한다.
A	부당한 대우에 잘 대응하지 못한다.
A	당황을 잘한다.
A	카리스마가 없다.
A	의사 결정 속도가 느리다.

성격적 단점의 선정과정도 마찬가지다(171페이지 워크시트3 참조). 먼저 자신의 단점 리스트를 작성한 후 지식, 스킬, 태도로 구분한다.

다음으로 대한항공의 승무원으로 일하는 데 좋지 않은 단점들을 생각해보자(아래 표 참조). 이때 기업분석 및 직무분석뿐 아니라 승객의 입장에서 제일 싫은 승무원의 특징을 그려보면 도움이 될 것이다.

다음은 두 가지 리스트를 결합하는 단계다. 자신의 단점 리스트 중 승무원으로서 일하는 데 좋지 않은 단점들과 중복되는 항목을 체크한다. 이어서 중복되는 단점 중에서 승무원 직무 수행 시 치명적인 단점은 별도로 추가 체크한다.

승무원 직무 수행 시 좋지 않은 단점 리스트 예시

K.S.A 구분	지원 직무 수행 시 치명적인 단점 리스트
A	말투 및 태도가 불친절한 승무원
	인상이 좋지 않은 승무원
K, A	영어를 못하는 승무원
A	책임감이 없고 사고 시 승객보다 자신을 먼저 생각하는 승무원
A	서비스정신이 없는 승무원
S	위기대처능력이 없는 승무원
S, A	당황을 잘하는 승무원
A	도덕관념이 낮아 승객과 자주 연애하는 승무원
K, A	안전수칙을 숙지하지 못하는 승무원
K, A	비행기의 대략적 특성 또는 항공업계의 특성에 대해 모르는 승무원
S, A	말주변이 없어 승객의 문의사항에 명확하게 답변하지 못하는 승무원
S	장기간 운항에 견딜 수 없는 체력
A	꼼꼼하지 못해 안전사고를 일으킬 수 있는 사항을 놓치는 승무원

나의 단점 중 승무원 직무 수행 시 치명적이거나 중복되는 부분 체크하기

치명적/ 중복 여부	K.S.A 구분	나의 단점 리스트
치명적&중복	A	업무의 강도가 너무 높으면 체력적으로 감당하기 힘들다.
	A	권위적인 조직에서는 답답함을 많이 느낀다.
	A	지시받는 것을 싫어하고 자발적으로 일하고 싶어 한다.
	A	업무를 세세하게 컨트롤받는 것을 싫어한다.
※중복	A	반복되는 업무를 싫어한다.
치명적&중복	A	순발력이 떨어진다.
	A	스트레스를 많이 받는다.
치명적&중복	A	고객에게 욕먹는 일 등의 스트레스에 대한 내성이 약하다.
	A	발전 기회를 주지 않는 일을 싫어한다.
	A	싫어하는 사람과 근무하는 것이 견디기 어렵다.
※중복	A	사람들에게 지적이나 안 좋은 이야기를 잘 못한다.
	A	부당한 대우에 잘 대응하지 못한다.
치명적&중복	A	당황을 잘한다.
	A	카리스마가 없다.
치명적&중복	A	의사 결정 속도가 느리다.

다음으로 중복되는 장점 항목 중에 회사에서 알아도 무방하고, 직무를 수행하는 데 있어서도 치명적이지 않은 단점을 선정하면 된다(표의 ※ 표시된 항목 참조). 가령 예시의 단점 항목 중에서 '반복되는 업무를 싫어한다'를 선정했다고 하자. 이 내용을 자기소개서에 그대로 쓰기보다는 채용에 도움이 되도록 순화시켜 표현하는 것이 좋다. '새로운 경험을 즐기기 때문에 변화가 없을 경우 다소 지루해한다' 정도의 표현은 어떨까? 이 단점을 제시한 다음, 승무원은 일정

시간 간격을 두고 다른 나라 노선에 배치되고 항상 여행을 다닐 수 있으므로 승무원 직무 수행 시에는 오히려 장점으로 작용할 수도 있을 것 같다고 쓰는 것도 괜찮다. 이 항목은 분명히 단점이지만 승무원 직무라는 맥락에서는 장점이 될 수 있기 때문에 스마트한 선택이라고 말할 수 있다. 물론 일반적으로는 단점 항목에 장점이 되는 내용을 동시에 쓰게 되면 자신의 단점을 잘 인정하지 않아서 솔직하지 않다는 평가를 받을 수도 있다. 이 경우 면접 시 단점에 대한 추가적인 질문을 받을 수도 있으므로 추가적으로 답변할 단점을 미리 생각해두면 좋을 것이다.

단점을 작성할 때 가장 염두에 두어야 할 부분은 다음의 일곱 가지로 정리할 수 있다.

첫째, 앞에서도 언급했듯이 단점은 새로운 것보다는 진부한 것일수록 좋다. 이미 다른 많은 사원들이 가지고 있는 단점에 대해서는 기업 차원에서 대비책을 마련해두고 있기 때문이다.

둘째, 단점의 개수를 한두 가지로 제한한다. 자기소개서는 자신의 단점을 고백하는 고해서나 자기분석 보고서가 아니다. 입사 후 문제가 될 치명적인 단점도 아닌데 굳이 본인의 단점을 총망라하여 세 가지 이상 제시할 필요가 없다. 지원자의 단점을 찾아내는 것은 인사팀의 일이기 때문에 스스로 나서서 인사팀의 일을 대신 해줄 필요는 없는 것이다. 단, 입사 후 일을 하는 데 있어서 문제가 될 만한 단점은 인사팀에 미리 공지하거나 입사지원을 다시 생각해보아야 한다. 그래야 입사 후 채용이 취소되는 일을 미연에 방지할 수 있다.

셋째, 단점의 노출 수준을 스스로 컨트롤해야 한다. 자신에 대한 정보의 공개 수준을 주도적으로 정하라는 것이다. 앞서 언급한 바와 같이 자기소개서는 공적 문서이기 때문에 굳이 회사 업무와 관계없는 개인의 사생활까지 밝힐 필요는 없다. 예를 들어 자신에게 무좀이 있다든지, 최근 이성친구에게 차였다든지, 부모님과의 사이가 원만하지는 않다는 말은 할 필요가 없는 것이다. 많은 지원자들이 채용 시 진실해야 된다는 강박관념을 가지고 있는 듯하다. 그렇다면 삼성전자에 입사한 후 LG전자 직원을 만났을 때 회사에 대한 모든 것을 진실하게 말할 것인가? 회사가 그런 인재를 선호할까? 회사는 정보를 제공할 때 상대방에 따라 제공하는 정보의 양과 수준을 조절할 줄 아는 지원자를 원한다. 그러려면 우선 자신에 대한 정보부터 잘 관리하는 것이 필수다. 이는 사회생활을 하는데 필수적인 삶의 기술이기도 하다. 기억하자. '거짓말하는 것'과 '말하지 않는 것'은 엄연히 다르다.

넷째, 회사에서 단점에 대한 작성을 요구했을 때 단점과 장점에 대한 작성 분량의 비율이 2:8이나 3:7을 넘어서는 안 된다.

다섯째, 반드시 장점을 먼저 제시한 후에 단점을 언급해야 한다. 초두효과로 인해 앞부분에 나오는 내용이 뇌리에 더 남기 때문이다.

여섯째, 단점은 메시지 전달력이 떨어질수록 좋다. 즉, 단점은 장점처럼 읽는 이의 뇌리에 강한 인상을 주면 안 되기 때문에 가급적 덜 구체적이고 두루뭉술하게 작성할 필요가 있다. 또한 단점이 적용되는 범위를 최대한 축소하여 작성하는 것도 한 방법이다.

일곱째, 단점 자체보다는 보완책에 주력하여 작성해야 한다. 구체적으로 지원자의 단점이 지원하는 회사에서 일을 할 때 어떤 영향을 미칠지 파악하여 그에 대한 보완책 및 노력해온 부분에 대해 반드시 길게 작성해야 한다. 또 그러한 노력이 실제로 단점을 극복하는 데 어느 정도의 효과를 가져왔는지 정량적으로 적어주면 더욱 좋다.

정리해보면 장점은 본인이 수행할 직무에 최고로 도움이 될 성격적 무기에 대해서 적는 것이다. 그리고 단점은 직무 수행 시 필요가 없거나 덜 중요한 성격적 특성을 제시함으로써 내가 스스로를 객관적으로 판단하는 능력을 갖추고 있음을 보여주는 것이다. 따라서 성격의 장단점 항목은 덜 중요한 성격적 특성을 단점으로 내어주고 채용 시 가장 큰 역할을 할 강점 카드를 얻는 과정이라고 할 수 있다.

워크시트 2 **Yang's 장점 도출표**

1 지원자의 장점을 가능한 한 많이 작성한다.

K.S.A 구분	장점 리스트 A

2 직무 수행 시 요구되는 성격적 장점을 작성한다.

K.S.A 구분	장점 리스트 B

3 장점 리스트 A와 B에서 중복되는 장점을 선별하고, 직무 수행 시 중요도가 높은 장점을 3~4개 선정한다.

K.S.A 구분	장점 리스트 A & B

워크시트 3 Yang's 단점 도출표

1 지원자의 단점을 가능한 한 많이 작성한다.

K.S.A 구분	단점 리스트 A

2 직무 수행 시 좋지 않을 성격적 단점들을 작성한다.

K.S.A 구분	단점 리스트 B

3 단점 리스트 A와 B에서 중복되는 단점을 선별하고, 치명적인 단점에 체크한다. 직무 수행 시 중복되지만 치명도가 낮은 단점을 선택한다.

K.S.A 구분	단점 리스트 A ≠ B

POINT 4

경력 및 활동사항 작성법

경력 및 활동사항은 지원 동기와 더불어 자기소개서의 꽃이라 할 수 있는 부분이다. 특히 이 항목은 지원자가 입사 후 직무를 수행할 역량을 보유하고 있는지 가늠해볼 수 있는 중요한 부분이다. 인사담당자가 지원자의 당락을 결정할 때 가장 중요하게 평가하는 요소 중 하나가 직무수행능력임을 다시 한 번 상기하자.

단순히 말해 경력 및 활동사항은 그동안 한 일을 작성하는 부분이지만, 그게 그렇게 단순하지만은 않다. 특히 요즘 취업준비생들은 너무나 다양한 활동들을 하고 있기 때문에 그중 어떤 활동에 초점을 두고 써야 할지 더더욱 결정하기 어려울 것이다. 핵심을 우선 말하자면 경험을 시간 순으로 쭉 스토리텔링 하기보다는 인사담당자가 듣기 원하는 키워드를 파악한 후 그 키워드에 맞게 경험을 재구조화해야 한다.

예전의 자기소개서에는 "나 이런 사람이에요"라고 두루뭉술하게 쭉 풀어 썼다면 이제는 인사담당자에게 구체적인 주제 키워드를 제시해야 한다(Part 2 참조). 물론 선정된 키워드가 설득력을 갖기 위해서는 논리적인 근거도 뒷받침되어야 한다. SEB 규칙이 그래서 중요하다(Part 2 참조). 즉, 이 항목의 작성 방법은 브랜드 포지셔닝 과정과 비슷하다. 명확하고 단순한 메시지를 소비자(인사담당자)에게 전달해야 하는 것이다.

사람을 대상으로 브랜드 포지셔닝을 해야 하는 대표적인 직업으로는 배우가 있다. 그래서 배역의 캐스팅 과정은 채용과정과 유사한 면이 많다. 만약 어떤 드라마의 감독이 로맨틱 코미디에 적합한 여배우를 캐스팅한다고 가정해보자. 김하늘 씨와 김혜수 씨가 적극적으로 참여의사를 밝혔을 때 여러분이 감독이라면 누구를 선택하겠는가? 또 다른 감독은 관능적이면서도 카리스마 있는 역할을 맡을 여배우를 찾는다고 할 때 여러분은 위의 두 여배우 중에서 누구를 캐스팅할 것인가? 아마도 로맨틱 코미디 물에는 김하늘 씨가, 그리고 카리스마 있는 역할에는 김혜수 씨가 캐스팅될 확률이 높을 것이다. 이는 두 배우가 그동안 대중에게 보여준 브랜드 아이덴티티, 즉 특성이 다르기 때문이다.

배우든 취업준비생이든 가장 먼저 자신의 특성을 객관적으로 파악하는 것이 중요하다. 내가 어떤 특성을 가졌으며, 내가 가진 특성에는 어떤 장점과 단점이 있는지, 또 어떤 환경에 있어야 자신이 더 빛날 수 있는지를 미리 알고 있어야 한다. 다음으로 내가 회사에서 연기할 역할은 무엇이고, 그 역할을 잘 수행하기 위해서는 내가 가진 특성 중 어떤 것을 자기소개서에 제시해야 하는지 선택해 그것에 집중해야 한다.

여러분이 영화 〈타짜〉에서 김혜수 씨가 맡았던 정 마담 역할을 맡고 싶어서 지원했다고 가정해보자. 두 가지 버전으로 작성된 다음의 지원서 예시를 읽어보자.

지원자 A: 저는 순수하고 지적인 이미지를 가졌으며, 캐릭터 분석능력이 매우 뛰어납니다. 액션 또한 가능하며 과거에 태권도를 한 적도 있습니다. 섹시한 역할 또한 할 수 있습니다. 일전에는 정신병을 앓고 있는 캐릭터도 연기한 적이 있어서 다양한 역할이 소화 가능합니다. 아울러 저는 20여 년의 연기 경력을 갖고 있으며, 연기에 대한 열정이 매우 뛰어납니다.

지원자 B: 저는 팜므파탈 역할을 연기하는 데 능숙하며 또한 지적이고 섹시한 이미지를 당당하게 표현할 수 있습니다. 이러한 저의 역량은 이전 출연작들에서의 연기와 청룡영화제 시상식에서 보여주었던 이미지에서 이미 검증되었다고 생각합니다. 이처럼 제가 가진 팜므파탈 캐릭터의 표현능력은 영화 〈타짜〉에서 정 마담 역할을 연기하는 데 매우 효과적으로 쓰일 것입니다.

여러분이 감독이라면 지원자 A와 B 중 누구를 뽑겠는가? 아마도 지원자 B를 선택할 것이다. 지원자 B의 글은 정 마담이라는 캐릭터를 연기할 배우가 가져야 할 이미지 및 그 이미지를 연기해낼 수 있는 역량에 집중하여 일목요연하게 작성되었다. 또한 전달하는 메시지도 자신이 정 마담 역할에 필요한 연기력과 이미지를 갖고 있다는 것, 단 하나만을 제시하고 있다. 이러니 메시지의 전달력이 매우 높을 수밖에 없다. 뿐만 아니라 지원자가 제시한 역량을 실제로 가지고 있음을 타당한 근거를 통해 논리적으로 설득하고 있다.

반면 지원자 A의 글에는 지원자의 장점들이 많이 제시되어 있지만, 감독이 가장 중요하게 고려할 사항인 '정 마담 역할을 잘 소화해낼 수 있는가?'에 대해서는 확신을 주지 못하고 있다. 결국, 주제의 선택과 집중이 정 마담 역할에 맞추어져 있지 않다. 또한 너무 많은 메시지가 제시되어 있어서 산만하고 전달력이 떨어진다. 결국 이 배우가 어떤 특성과 장점을 가졌는지 도무지 종잡을 수가 없는 글이 되어버린 것이다. 사실상 지원자 A의 글은 자기소개서 작성 시 가장 쓰지 말아야 할 사례에 해당한다. 그러나 안타깝게도 현장에서 자기소개서 첨삭을 하다 보면 대부분의 학생들이 지원자 A처럼 자기소개서를 써온다.

자기소개서는 인사담당자가 읽었을 때 '아, 이 지원자는 이런 사람이니까 이 부서에 발령 내야겠다'고 그림이 딱 그려지도록 작성해야 한다. 그러기 위해서는 자신이 가진 역량을 적절히 선택하고 집중해서 작성해야 한다. 또한 작성과정에서는 앞서 말한 SEB의 원칙을 충실히 지켜서 설득력을 갖춰야 한다.

여기서 주의해야 할 점이 또 있다. 지원자들은 아직 젊어서 다양한 경험을 할 기회가 없었기 때문에 경험 내용이 대부분 매우 유사하다. 예를 들어 대다수의 지원자들이 글로벌 감각에 대한 근거로 외국 체류 중에 타국 학생들에게 한식을 대접하며 친분을 쌓았다는 내용을 이야기한다. 자기소개서 첨삭을 하다 보면 '글로벌 감각에 대한 근거로 제시할 경험이 이렇게도 없나?'라고 생각될 정도로 거의 대부분의 학생들이 이 이야기를 써와서 당황한 적이 많다. 좁은 시각에서 벗어나려면 일단 조직과 사회에서는 글로벌 감각에 대해 어떻게 정의내리고 있는지 확인해볼 필요가 있다. 직업능력개발원이 만든 K-CESA(대학생 핵심역량 진단시스템)에서는 글로벌 감각을 외국어 능력, 글로벌 환경에 대한 노출, 다문화 이해 및 수용 능력(유연성 및 적극성, 타문화에 대한 지식 및 이해, 글로벌화 및 경제에 대한 이해)의 세 가지로 정의하고 있다. 또한 기업에서의 글로벌 감각은 기업이 해외로 진출해서 수익을 내는 데 기여하는 능력으로 정의될 수 있을 것이다. 보다 구체적으로는 해외 진출에 대한 자신감, 해외 동향 파악능력, 진출 국가에 대한 이해도, 해외에서의 생존력 등으로 정의될 수 있다.

그렇다면 글로벌 감각이 있음을 효과적으로 설득한 다음의 예시를 살펴보자. 이 예시는 빙그레 해외영업부에 지원한다는 가정하에 작성되었다.

> 저는 글로벌 기업인 귀사의 해외영업부에 걸맞은 준비된 글로벌 인재라고 확신합니다. 첫째로, 포르투갈어(브라질어) 공인인증시험 셀피-브라스 고급, 토익 스피킹 7등급을 받을 만큼 오랫동안 어학 실력 향상에 신경을 써왔습니다. 둘째로, 해외의 소식을 빠르고 폭넓게 접하기 위해서 KBS의 〈특파원 현장보고〉, 〈세계는 지금〉 프로그램을 7년째 꾸준히 시청해왔습니다. 이 프로그램을 통해 귀사의 '메로나'와 '꽃게랑'의 성공적인 해외 진출 뉴스를 오래전에 접할 수 있었습니다. 마지막으로 브라질에서의 워킹홀리데이 1년 및 남미 여행을 통해 남미인들의 특성을 이해하게 되었습니다.
>
> 이렇게 포르투갈어 및 영어 능력, 꾸준히 쌓은 글로벌 지식 및 이해력, 또한 해외 체류 경험 및 이로 인한 타문화에 대한 이해능력은 귀사의 해외영업부서 브라질 또는 영어권 파트에서 훌륭한 성과를 만들어나가는 데 큰 기반이 될 것이라 확신합니다.

이 자기소개서는 일단 SEB 규칙에 충실하다. 먼저 주제Subject로는 '남미 해외 영업직무에 필요한 글로벌 역량'을 선정했고, 이에 대한 근거Evidence로는 '어학(포르투칼어) 실력, 글로벌 지식, 남미 체류 경험'의 세 가지를 들었다. 마지막에 회사의 잠정적 이점Benefit으로는 '해외영업부서 브라질 또는 영어권 파트에 바로 실무 투입 가능한 것'을 어필했다. 매우 깔끔하게 작성되어 메시지가 뇌리에 쏙쏙 들어오는 글이다. 더구나 중간에 지원 회사의 상품인 '메로나'와 '꽃게랑' 관련 스토리를 추가해 회사에 대한 관심과 애정을 효과적으로 표현하고 있다.

매우 훌륭한 글이지만 이 정도는 포르투갈어 전공 학생으로서 1학년 때부터 조금씩 영어 공부를 하고 어학연수 1년만 다녀왔어도 충분하게 쓸 수 있는 자기소개서다. 또 놀라운 것은 TV 시청도 훌륭한 스펙으로 사용될 수 있다는 점이다. 이렇듯 자기소개서를 쓸 때에는 평범한 것을 비범한 것으로 바꿔 표현할 줄 아는 창의적인 관점이 필요하다. 필자가 빙그레의 인사담당자라면 이 지원자를 절대 놓치지 않을 것이다. 회사로서 이렇게 준비된 인재를 놓친다는 것은 막대한 손실이기 때문이다.

또 다른 취업준비생들의 고민으로는 기업에서 지원 직무와 관련된 경험을 요구하는데, 그렇다면 다른 직무와 관련된 경험은 쓰지 말아야 하는지이다. 가령 백화점 VVIP 마케팅 부서의 지원자는 반드시 백화점 마케팅 부서에서의 인턴 경험만 써야 할까? 그러나 세상은 여러분이 생각하는 것처럼 그렇게 획일적이지 않다. 활동사항의 일관성을 찾을 때 반드시 같은 업계, 같은 회사에서의 경험만 써야 된다고 생각하면 오산이다.

VVIP 마케팅이 필요한 업계를 한번 생각해보자. 첫 번째로 명품 브랜드 매장들이 떠오를 것이다. 명품 브랜드들은 백화점뿐 아니라 면세점 업계와도 관련이 있다. 두 번째로 항공업계를 예로 들 수 있다. 이코노미와 비즈니스 클래스의 좌석당 단가는 다르기 때문에 항공사는 일등석을 채워야 수익을 많이 낼 수 있다. 세 번째로 고급 수입차 업계를 들 수 있다. 네 번째로 은행업계, 그중에서도 PB 직무가 포함된다. 다섯 번째로 카드사를 들 수 있다. 그중에서도 연회비가 높은 VVIP용 카드를 선보이며 차별화된 혜택을 제공하는 현대카드가 VVIP 마케팅에서는 제일 앞서 나간다고 할 수 있다. 이렇게 VVIP 마케팅이라는 공통점을 갖는 업계와 직무는 다양하다. 따라서 백화점 VVIP 마케팅 부서의 지원자가 위에 언급된 업계 중 어느 한 곳에서라도 근무했어도 인사담당자는 일관된 경력으로 간주할 수 있다. 실제로 현대카드의 마케팅 수장이었던 박세훈 씨는 그동안의 성과를 바탕으로 갤러리아 백화점의 사장으로 취임했다. 이렇듯 흔히 전혀 생각하지 못하는 카드사와 백화점의 경력도 연결될 수 있는 것이다. 결론적으로 여러분이 어떤 업계에서 어떤 직무 경험을 했든 간에 VVIP 고객 응대 경험이 있고, 그들과 인맥이 형성되어 있으며 그 특성을 잘 안다면 위에서 언급한 다양한 업계의 회사와 직무에 지원할 수 있다.

청년들에게는 다양한 경험을 해볼 권리가 있다. 따라서 한곳에 집중된 경험보다는 다양한 경험을 해보는 것이 좋다. 그래야 입사 후의 방황을 막을 수 있다. 다양한 경험을 한 취업준비생이라면 취업 시 이 경험들을 감추지 말고 드러내야만 한다. 이때 얼마나 창의적으로 자신의 경험을 지원 직무와 연관시켜 살릴 수 있는지가 핵심이다.

구체적으로는 자신의 경험을 세부적으로 쪼개서 리스트를 작성해본 후 그중에서 지원 기업과 직무에서 요구하는 경험과 일치되는 세부 경험을 선택해 자기소개서에 작성하면 된다. 예를 들어 마트에서 식료품을 판매한 경험을 바탕으로 백화점 식품코너 영업관리를 담당할 수도 있고, 식품회사의 영업 또는 영업지원부서, 마케팅 부서에 들어갈 수도 있는 것이다.

정리하자면 경력 및 활동사항은 기업이 지원자의 경험과 활동사항을 통해 지원 직무와 관련된 지원자의 축적 역량을 파악할 수 있는 항목이다. 따라서 먼저 취업준비생 스스로가 가진 역량들 중 지원하는 회사 및 직무에서 가장 환영받을 만한 최상의 카드를 핵심 역량Subject으로 선정하여 골격을 짜야 한다. 그런 뒤에 각 역량을 뒷받침할 만한 근거Evidence를 제시해주고, 근거로 증명된 회사 및 직무 맞춤형 역량을 가진 해당 지원자를 뽑으면 회사에 어떤 이익Benefit이 있을지를 밝히면서 마무리 지으면 된다. 그러면 더할 나위 없이 훌륭한 자기소개서가 완성될 것이다.

POINT 5

성장 배경 작성법

앞에서 이미 언급했듯이 부모님이나 조부모님을 취업시켜드릴 것이 아니라면 이분들의 이야기를 성장 배경의 전면에 내세우지 말아야 한다. 자기소개서에서만큼은 이분들은 나를 돋보이게 하는 조연이어야 한다.

성장 배경은 지원자가 성장과정에서 적합한 인성을 갖게 되었는지를 확인하기 위한 목적을 가진다. 인성은 재직기간 및 역량 평가 기준과 모두 연관된다고 이미 밝혔다. 즉, 회사생활을 오래 하면서 좋은 성과를 내기 위해서는 회사의 내부 고객 및 외부 고객에게 피해 주는 일은 하지 않는 보편적인 도덕성, 사회적으로 건전한 가치관과 사고방식, 다른 직원을 이해할 수 있는 배려심 등을 갖춰야 하기 때문에 이러한 인성을 가지고 있는지 판단하는 것이다.

또 인사담당자는 지원자가 성장과정에서 회사 및 직무 관련 역량을 어느 정도 쌓았는지 확인하고 싶어 한다. 이 항목에서 인사담당자가 알고 싶어 하는 역량은 지식이나 스킬과 관련된 것보다는 주로 태도와 관련된 기초 역량이다. 태도역량은 성장과정을 통해 오랫동안 형성된 경우가 많기 때문이다.

영업직무에 지원한다는 가정 하에 아래의 예시를 한번 살펴보자.

> 저는 대인관계에서 감사와 관심을 표현하는 것이 얼마나 중요한지를 배우고 실천하며 자랐습니다. 특히 매년 명절 때마다 고마우신 분들께 감사 인사를 잊지 않으시는 아버님의 모습은 저에게 많은 깨달음을 주었습니다. 저도 고등학생 때부터 같은 일을 실천한 결과 주변에 오랫동안 관계를 유지하는 지인들이 많이 생겼습니다. 이러한 저의 태도는 귀사의 영업직에 입사 후 고객들과의 장기적이고 탄탄한 유대관계를 구축하는 데 큰 도움이 될 것으로 생각합니다.

대인관계역량이 있음을 알리기 위해 소박하지만 본질을 건드리는 소재를 선택해 진정성 있게 잘 작성한 예시라 판단된다.

성장 배경과 관련해서 취업준비생들에게 가장 많이 받는 질문 중 하나가 인생 중 어느 시기의 이야기를 써야 할지 모르겠다는 것이다. 즉, 항목의 제목이 성장 배경인 만큼 어렸을 때인 고등학교 이전의 에피소드만을 써야 하는 건지 혼란을 느낀다는 것이다. 이런 질문을 하는 지원자에게 나는 항상 "본인은 인생의 어느 시점까지 성장했다고 생각하나요?"라고 질문한다. 그러면 지원자들은 금방 답을 알아챈다.

사실 이 책을 읽고 있는 지금 이 순간에도 여러분은 성장하고 있다. 때문에 성장 배경은 대학교 때 일어난 일도 괜찮고, 인생의 어느 시점의 이야기라도 괜찮다. 이 항목의 핵심은 '언제'가 아니라 지원자가 회사에 기여할 수 있는 '현재의 역량'이 무엇이며, 그 역량은 언제 어떤 에피소드로 생겼는지에 대한 것이다. 그 외에도 지원 직무 및 기업에 관심을 갖게 된 계기, 입사 후 업무 수행에 도움이 되는 주요 관심사 등을 추가로 작성하면 좋다.

PART 6

나부터 알아야 이긴다 _자기분석

취업전문사이트를 통한 나의 역량 및 매칭 직무 찾기 ☑

내 인생의 에피소드 분석을 통한 나의 역량 찾기 ☑

각종 심리검사를 통한 나의 역량 찾기 ☑

앞에서도 언급했듯이 자기소개서를 작성하기 전에 자기 자신에 대해 분석하는 것이 무엇보다도 중요하다. 그러나 필자가 다년간 취업준비생들을 실제로 만나보면서 느낀 점은, 취업 준비과정에서 가장 경시하는 대상이 바로 취업준비생 자신이라는 것이었다. 심지어 자기이해 방법을 설명해주려 하면 자기 마음은 중요한 게 아니고 취업만 하면 된다며 직무와 기업에 대한 정보만 알려달라던 학생도 있었다.

자신이 좋아하는 것과 싫어하는 것을 알려면 순간순간 자신의 마음과 생각을 알아챌 수 있어야 한다. 그러나 요즘 취업준비생들은 오랜 시간 마음을 억누르면서 공부하는 데에만 전념한 나머지 자신의 마음과 의식을 살펴보는 훈련을 하기 어려운 상황이다.

그러나 직장생활의 본질은 상사의 마음, 동료의 마음, 고객의 마음을 잘 살펴 그들의 니즈를 충족시키는 것이다. 사람들 사이에는 다른 부분도 있지만 인간으로서 갖는 공통된 부분이 상당히 많다. 따라서 자신에 대해 잘 아는 사람이 다른 사람의 마음과 생각에 대해서도 잘 알 수밖에 없다.

본인의 마음도 잘 모르고 본인의 니즈도 잘 모르는 사람이 어떻게 상대방의 마음을 알며, 어떻게 직장생활을 성공적으로 해낼 수 있겠는가? 이것이 아무리 어색하고 힘들어도 여러분이 자신의 마음을 살피는 훈련을 꼭 해야 하는 이유다.

그동안 자신의 마음과 생각, 감정 인식, 성격 파악 등을 중요하지 않게 생각했던 취업준비생일수록 '자기분석' 파트를 최선을 다해 수행해주었으면 한다. 물론 이 책을 읽는다고 단번에 자기 이해가 완벽히 되지는 않을 것이다. 자신에 대해 알아가는 일은 평생에 걸쳐 해야 되는 일이기 때문이다. 하지만 가장 소중한 대상인 자신을 보다 더 많이 이해하게 됨으로써 스스로를 행복으로 이끄는 진로를 선택하는 데 큰 도움이 될 것임은 분명하다.

POINT 1

취업전문사이트를 통한 나의 역량 및 매칭 직무 찾기

취업 준비과정에서 가장 힘들면서도 중요한 것은 지원 직무를 결정하는 일이다. 그 이유는 여러분이 직무와 기업에 대해서 잘 모를 뿐 아니라 자기 자신에 대해서도 잘 모르기 때문이다. 이러한 취업준비생들의 고충을 이해했는지 온라인상에서 최적의 직무 선택을 도와주는 간단한 검사들이 다수 제작되었다.

먼저 직무와 관련해서 가장 많이 활용되는 〈잡이룸〉이라는 사이트를 살펴보자. www.joberum.com으로 들어가면 다음과 같은 홈 화면을 볼 수 있다.

핵심 역량 리스트(일부)

역량 항목 선택		설명
대인관계역량	□ 대인관계력	평소 원만한 인간관계를 형성하고, 필요시 상대방의 협조를 이끌어낼 수 있다.
	□ 의사소통력	상대방의 말을 경청하여 정확히 이해하고, 자신의 의사를 명확히 전달할 수 있다.
	□ 협상·설득력	상대방을 설득하여 기대하는 결과나 상호이익이 되는 합의를 이끌어낼 수 있다.
	□ 리더십	공동의 목표 달성을 위해 구성원을 동기 부여하고 지도, 지원하여 이끌어갈 수 있다.
	□ 팀워크 지향	팀의 일원임을 인식하여 팀의 목표 달성을 위해 동료들과 자발적으로 협력한다.
	□ 프레젠테이션스킬	나의 의견, 제안을 사람들에게 효과적으로 발표하고 동의를 이끌어낼 수 있다.
	□ 의사결정력	문제를 판단하고 쓸 수 있는 자원을 선택하여 올바른 결정을 적시에 내릴 수 있다.
	□ 계획·조직화	일하기 전에 활동 계획을 세우고 필요한 인적, 물적 자원을 조직화(구성)할 수 있다.

출처: 〈잡이룸〉 홈페이지

홈 화면 오른쪽 하단을 보면 '적성직무 찾기'라는 메뉴를 확인할 수 있을 것이다. 클릭해서 들어가 보면 핵심 역량 리스트가 나온다. 이 리스트 중에서 본인이 보유하고 있다고 판단되는 역량을 3~7개 선택하면 여러분에게 맞는 직무의 리스트가 나타난다. 이 검사는 전공에 따라, 또는 전공과 상관없이 두 가지 결과를 볼 수 있으며 그 결과가 다르므로 두 가지 방법을 모두 해보는 것도 재미있을 것이다. 필자가 실제로 수행해본 결과 강사·학습지, 마케팅·상품개발, 홍보·광고, 교육, 해외영업·무역 등의 직무가 추천되었다. 결과를 보고 일부 학생들은, 그런 일은 하기 싫은데 왜 추천되었는지 모르겠다면서 못마땅해하는데 이 검사

적성직무 찾기 결과 – 필자의 예

순위	적성 직무	적합 정도	직무 개요
1위	강사, 학습지	73%	• 강사/교사: 수강생/학생들에게 이론과 기술을 강의하고 학습을 지도한다. • 학습지 교사: 학습지 구독회원을 방문하여 분야별 학습내용을 지도한다.
2위	마케팅, 상품개발	55%	• 시장환경을 분석하여 마케팅 전략을 수립하고 전개한다. • 새로운 상품을 기획, 개발하여 회사의 매출 신장과 수익률 제고에 기여하는 역할을 한다. • 주요 업무로 시장조사/분석, 마케팅 전략 수립/ 마케팅 활동 및 성과 관리, MD, BM 등의 업무를 수행한다.
3위	홍보, 광고	51%	• 회사 및 경영활동을 대내외 고객에게 알리는 업무다. • 회사 이미지와 상품의 가치를 제고하고, 기업 경쟁력을 확보할 수 있도록 지원하는 역할을 한다. • 주요 업무를 대외/대내로 나누어볼 수 있다. • 대외활동으로 각종 매체를 통해 고객에게 기업/상품을 홍보/광고하며 대내활동으로는 사내방송, 사보 등을 활용하여 사내 커뮤니케이션 활동을 수행한다.
4위	교육	50%	• 회사 임직원의 성과 향상과 경력 개발을 위해 필요한 교육을 찾아내 교육체계를 수립한다. • 필요 교육과정을 개발/운영/평가함으로써 구성원의 역량을 육성하고 조직의 성과 창출에 기여한다. • 주요 업무로 회사 임직원들의 교육 계획 수립, 교육 개발/운영, 교육 성과 측정, 자기개발 지원 등을 수행한다.
5위	해외영업, 무역	43%	• 회사의 제품을 수출하거나 해외시장에서 외부 제품을 Sourcing하여 수출입을 통해 판매한다. • 회사의 수익을 창출하고 해외시장을 개척하는 역할을 한다. • 주요 업무로 해외판매전략 수립, 해외영업활동 및 실적 관리, 수출입 관리 업무 등을 수행한다.

출처: 〈잡이룸〉 홈페이지

결과를 문자 그대로 받아들이면 안 된다.

일단 검사 결과의 전체적인 경향성을 살펴보자. 필자의 경우 전반적으로 사람을 상대하는 직무 위주로 추천되었다. 이 결과를 보고 실제로 자신이 사람을 대하는 직무를 선호하는지 곰곰이 생각해볼 필요가 있다. 교육 분야도 많이 추천되었는데, 1:1 교육은 물론 강의 직무도 추천되었다. 마케팅·상품개발, 홍보·광고, 영업 쪽은 정보를 분석해서 전략을 짜고 아이디어를 내는 일을 주로 하는데 실제로 이런 직무를 좋아하는지도 자문해볼 필요가 있다. 즉, 검사 결과를 보고 실제로 이 활동을 좋아하는지 스스로 점검해보고 답을 얻으면 되는 것이다.

진로 결정 관련 검사, 심리 검사 등의 모든 검사 결과를 문자 그대로 받아들일 필요는 없다. 먼저 거시적으로 결과의 전반적인 경향성을 살펴보고, 미시적으로 각 항목들이 의미하는 바가 무엇인지를 깊게 생각한 후에 스스로에게 질문을 던져보는 것이 중요하다.

이 검사를 해보면서 느꼈겠지만 근본적인 문제는 여러분 스스로가 무엇을 잘하고 무엇을 못하는지 모른다는 것이다. 그래서 검사 시에 본인이 어떤 역량을 가졌는지, 어떤 장점이 있는 사람인지를 선택하기가 어려웠을 것이다. 그렇기 때문에 또 한편으로는 보유 역량을 선택하는 과정 속에서 자신에 대해 보다 진지하게 생각해볼 수 있는 좋은 계기가 마련되었을 것이다.

두 번째로 〈워크넷〉을 활용하여 적합한 직업 또는 직무를 확인하는 방법이 있다. 〈워크넷〉은 우리나라 고용노동부가 직접 운영하는 사이트로 취업·진로에 관한 방대한 정보가 총망라되어 있다. www.work.go.kr로 들어가면 다음과 같은

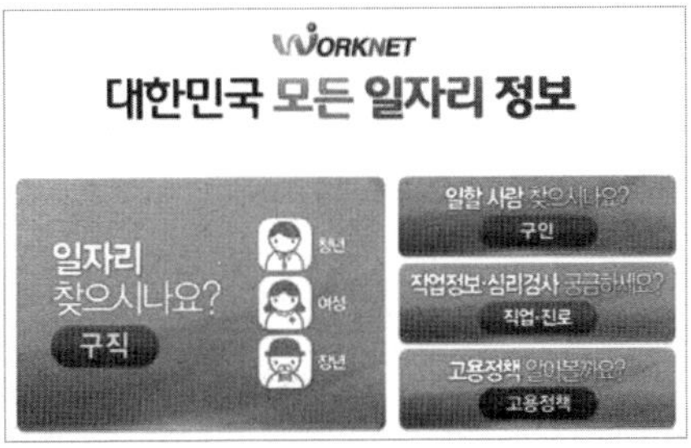

화면이 나타나는데, 우측 하단에 있는 파란색 아이콘인 직업·진로 메뉴를 클릭해보자.

직업·진로 섹션으로 들어가서 상단 메뉴 중에 '직업정보검색' 섹션

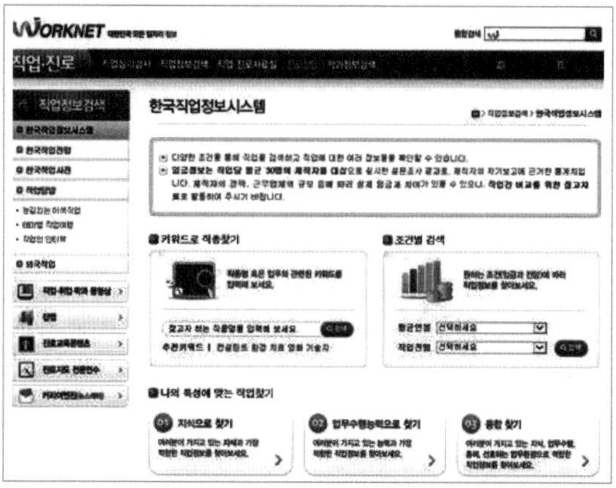

으로 들어가면 위와 같은 화면이 나타난다. 제일 아랫부분에 보면 '나의 특성에 맞는 직업 찾기'가 있는데 여기서 각각 지식, 업무수행능력, 통합적으로 찾는 방법을 선택할 수 있다. 우리는 여기서 통합적으로 직업을 찾는 방법을 클릭해보자.

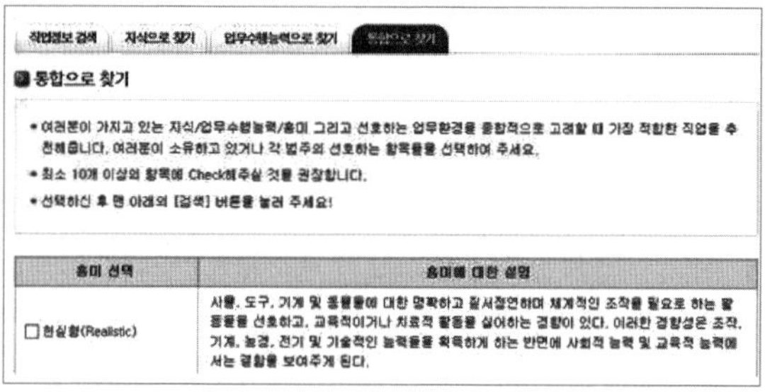

맨 처음에는 직업 흥미를 선택하는 부분이 나온다. 총 여섯 가지의 직업 흥미 유형 중 여러분이 어디에 해당하는지를 미리 알면 좋은데, 〈워크넷〉의 성인용 직업심리검사 중 직업선호도 검사를 실시하면 그 결과로 쉽게 알 수 있다. 직업선호도 검사를 실시하는 방법에 대해서는 다음 파트에서 자세히 안내하겠다.

추천 직업 리스트–필자의 예

일치되는 항목	대분류	중분류	직업명
12(ALL)	교육·연구·법률·보건	교육 및 자연과학·사회과학 연구 관련직	교육 계열 교수
12(ALL)	교육·연구·법률·보건	교육 및 자연과학·사회과학 연구 관련직	예체능 계열 교수
12(ALL)	교육·연구·법률·보건	교육 및 자연과학·사회과학 연구 관련직	철학연구원
12(ALL)	교육·연구·법률·보건	보건·의료 관련직	음악치료사
12(ALL)	사회복지·문화·예술·방송	문화·예술·디자인·방송 관련직	지휘자
12(ALL)	사회복지·문화·예술·방송	문화·예술·디자인·방송 관련직	영화감독
12(ALL)	사회복지·문화·예술·방송	문화·예술·디자인·방송 관련직	연극연출가

*출처: 〈워크넷〉 홈페이지

그다음 여러분의 지식과 업무수행능력, 즉 여러분이 갖고 있는 역량에 대해 선택하는 단계이다. 앞서 〈잡이룸〉 검사에서도 언급했지만 사전에 본인이 잘하는 것이 무엇인지 알고 있어야 쉽게 선택할 수 있다. 마지막으로 선호하는 근무환경을 선택할 수 있다. 본인이 일할 때 어떤 환경을 좋아하고 싫어하는지 생각해보는 계기가 될 것이다.

순서대로 직업 흥미, 지식, 업무수행능력, 근무환경의 네 가지 요소를 선택한 후 결과 출력을 누르면 모든 요소가 통합적으로 고려된 추천 직업 리스트가 나타난다. 결과는 검사를 수행한 사람의 특성과 매칭 정도가 높은 직업일수록 상단에 제시된다. 실제로 이 검사를 수행해서 얻은 결과 예시는 위의 표와 같다.

앞서 필자의 〈잡이룸〉 검사 결과에서도 나타났었지만 워크넷에서도 교육과 관련된 직업과 직무 쪽으로 추천이 많이 되고 있는 것이 확인된다. 창의적인 아이디어나 콘텐츠를 다루는 예술 쪽 관련 직업들도 많이 보인다. 앞서도 말했듯이 검사 결과는 반드시 그 직업만을 가져야 된다고 의미하는 것이 아니다. 여러분이 직업과 관련하여 어떤 경향성을 갖고 있는지를 파악할 수 있게 해주고, 추천된 직업들에 대해 깊게 고려해볼 수 있는 계기를 마련해주는 것이다. 해석이 어려우면 각 대학의 경력개발센터나 취업지원센터 등을 방문해 전문가에게 해석을 부탁하는 것도 좋은 방법이다.

POINT 2

내 인생의 에피소드 분석을 통한 나의 역량 찾기

많은 취업준비생들을 상담하면서 항상 느끼는 점은 본인의 역량과 장점에 대해 너무도 모른다는 것이다. 우리 모두는 적어도 한 가지 이상 잘하는 것을 갖고 있으며, 20년 이상 살아오면서 그 역량과 장점을 활용해 많은 일들을 해왔다. 그런데 너무나 쉽게 그 경험을 하찮고 별일 아닌 것으로 치부해버리는 것 같다. 이제부터 여러분이 하찮게 생각했던 경험을 통해 주옥같은 역량을 밝혀내는 작업을 해볼 것이다. 일단 아래의 예시를 한번 읽어보자.

저는 최근 사회적으로 이슈가 되고 있는 강연콘서트에 대해 관심을 갖게 되었습니다. 그렇지만 유명인사의 강연콘서트 표를 구하는 일은 정말 쉽지 않았습니다. 금방 매진이 되어버렸기 때문입니다. 그래서 저는 방법을 조금 달리하여 강연콘서트를 직접 기획해보고 싶었습니다.

마침 마음이 잘 맞는 동아리 친구의 진로방향이 행사를 기획하는 부분이어서 저희는 곧 한 팀이 되어 페스티벌 기획에 도전하게 되었습니다. 일단 페스티벌을 열기 위해서는 사람이 필요하다고 판단해 전단지를 만들어 공강 시간마다 이 활동에 대해 홍보하였습니다. 그 결과 이 페스티벌 기획에 10명의 팀원을 모을 수 있었습니다.

그다음 저희에게 필요한 것은 기획서 작성과 자금 마련이었습니다. 먼저 한 번도 만들어보지 못했던, 그것도 남을 설득시키는 기획서를 만들기는 생각보다 쉽지 않았습니다. 저희는 어렵게 중고서점에서 《이벤트 기획론》을 구입하여 일일이 공부해가며 만들어나갔습니다. 또한 자금 마련의 경우 학생들이 만든 단체이다 보니 학교에서 돈을 쉽게 마련해주지 않았습니다. 저희는 이를 극복하고자 각자가 아르바이트를 하고, SNS를 통해 모금활동을 진행하였습니다. 그 결과 30만 원이라는 돈을 얻을 수 있었습니다. 또한 중소기업에 후원을 의뢰하여 총 자금 100만 원을 얻을 수 있었습니다. 이 돈을 이용하여 강연자 세 명(ㅇㅇㅇ 광고기획전문가, ㅇㅇㅇ 시인, ㅇㅇㅇ 벤처기업 CEO), 인디밴드 1팀과 세 개의 간이 행사부스를 마련할 수 있었습니다. 이를 통해 규모가 큰 페스티벌은 아니었지만 제법 강연 페스티벌다운 면모를 갖출 수 있게 되었습니다.

이는 그동안 강연콘서트에 가보지 못했던 학생들에게 강연을 들을 수 있는 좋은 기회를 만들어준 저만의 소중한 경험이었습니다. 이 강연 페스티벌은 무에서 유를 창조했던 것입니다. 저는 이러한 경험을 바탕으로 Virtual Good 발굴에 앞장서도록 하겠습니다.

이 예시의 내용은 아주 훌륭한 경험담이다. 단지 내용이 다소 길게 늘어져서 주제 역량이 잘 드러나지 않는다는 점만 다듬으면 훌륭한 자기소개서가 될 수 있다.

그럼 이 에피소드를 가지고 지원자의 역량을 한번 분석해보자. 역량을 분석할 때 가장 중요한 것은 지원자의 생각이나 의견이 아닌 실제 지원자가 행한 행동을 바탕으로 해야 한다는 점이다. 따라서 제일 먼저 행동을 기준으로 문단을 문장 단위로 잘게 쪼개보자. 그런 다음 쪼개진 문장 단위들을 아래와 같이 별도로 적어놓고, 그 문장들을 보면서 해당하는 역량을 살펴보자.

1. 저는 방법을 조금 달리하여 강연콘서트를 직접 기획해보고 싶었습니다. 마침 마음이 잘 맞는 동아리 친구의 진로방향이 행사를 기획하는 부분이어서 저희는 곧 한 팀이 되어 페스티벌 기획에 도전하게 되었습니다.

COMMENT 이 글을 통해 지원자의 도전정신과 적극성이 입증된다. 즉, 다른 기관에서 개최되는 명사의 강연을 듣기에는 너무 힘들었기 때문에 자신이 직접 기획하기로 하고 도전한 부분이 도전정신과 적극성을 입증해준다. 이러한 역량은 국내외 영업직무나 신규 사업 진출을 앞둔 부서 등에 크게 어필될 수 있다.

2. 일단 페스티벌을 열기 위해서는 사람이 필요하다고 판단해 전단지를 만들어 공강 시간마다 이 활동에 대해 홍보하였습니다. 그 결과 이 페스티벌 기획에 10명의 팀원을 모을 수 있었습니다.

COMMENT 이 부분을 통해 엿보이는 역량은 홍보능력, 전략적 사고력이다. 하지만 구체적으로 홍보전략을 어떻게 짰는지 그 과정 및 그 전략을 선택하게 된 논리적 사고과정이 나와 있지 않아서 홍보능력 및 전략적 사고력의 역량을 어필하려면 보충이 필요하다.

3. 먼저 한 번도 만들어보지 못했던, 그것도 남을 설득시키는 기획서를 만들기는 생각보다 쉽지 않았습니다. 저희는 어렵게 중고서점에서 《이벤트 기획론》을 구입하여 일일이 공부해가며 만들어나갔습니다.

COMMENT 이 활동을 통해 가장 효과적으로 어필할 수 있는 역량은 기획력이다. 그런데 실제로 기획과정 및 구체적 내용, 또한 기획과정을 통해 얻은 깨달음 등이 빠져 있어서 이 지원자가 어느 수준의 기획력을 가지고 있는지 명확하게 드러나 있지 않다. 오히려 현재 작성된 글로만 보면 한 번도 해보지 않았던 기획에 도전했다는 점에서 적극성, 도전정신 등만이 부각되고 있고 이는 1번 항목과 중복되므로 수정 및 보충이 필요하다.

4. 자금 마련의 경우 학생들이 만든 단체이다 보니 학교에서 돈을 쉽게 마련해주지 않았습니다. 저희는 이를 극복하고자 각자가 아르바이트를 하고, SNS를 통해 모금활동을 진행하였습니다. 그 결과 30만 원이라는 돈을 얻을 수 있었습니다. 또한 중소기업에 후원을 의뢰하여 총 자금 100만 원을 얻을 수 있었습니다.

COMMENT 이 부분을 통해 지원자가 효과적으로 밝혀야만 하는 역량은 바로 전략적 문제해결력, 목표에 대한 열정이다. 목표에 대한 열정은 별도의 아르바이트를 했다는 부분에서 대략 느낄 수가 있지만, 전략적 문제해결력에 대한 부분은 보충을 해야만 한다. 특히 SNS를 대상으로 어떻게, 주요 타깃 대상층을 누구로 설정하고 모금 활동을 진행했는지 그 과정에 대해 보충할 필요가 있다. 이러한 펀딩능력은 기업의 재무부서, CSR부서 등 여러 직무를 수행할 때 꼭 필요한 능력이므로 충분한 설명을 곁들여서 설득할 필요가 있다.

5. 이 돈을 이용하여 강연자 세 명(ㅇㅇㅇ 광고기획전문가, ㅇㅇㅇ 시인, ㅇㅇㅇ 벤처기업 CEO), 인디밴드 1팀과 세 개의 간이 행사 부스를 마련할 수 있었습니다.

COMMENT 이 부분을 통해서는 시장분석력, 고객의 니즈파악능력, 논리적 의사결정 능력을 어필할 수 있다. 그러나 왜 상기 강연자를 초청하기로 판단했는지 그 근거에 대한 설명이 전혀 없어서 부각시켜야 할 역량이 살아나지 못하고 있다. 강연을 들을 대상층을 누구로 왜 선정했는지, 그들의 특성 및 니즈는 파악되었는지, 조사된 자료에 근거해 논리적이고 합리적으로 초빙 강사를 선정했는지 등이 인사담당자가 궁금해하는 부분이므로 이를 보충해야 한다.

현재까지의 경험담을 통해 지원자가 보유한 것으로 분석되는 역량은 도전정신과 적극성, 홍보능력과 전략적 사고력, 기획력, 전략적 문제해결력, 목표에 대한 열정, 시장분석력, 고객의 니즈파악력, 논리적 의사결정능력 등이다. 자신이 보유한 역량을 분석했다면 이제 지원 직무와 회사에서 신입사원에게 요구하는 역량과 여러분이 가진 역량과의 공통분모를 찾아라. 바로 그 공통분모를 핵심 주제어로 선정해서 자기소개서를 작성하면 된다. 이렇게 지원자는 자신의 경험을 먼저 글로 써놓은 후 각각의 행동 단위로 조각을 내어 그 행동에서 사용된 역량을 도출해내는 방식으로 스스로의 역량을 파악해야 한다. 이 과정을 거치면 제시할 역량에 따른 증거를 별도로 찾지 않아도 되므로 매우 효율적으로 자기소개서를 작성할 수 있다. 이 작업을 위한 표는 207페이지 워크시트 5에 제시하였다.

POINT 3

각종 심리검사를 통한 나의 역량 찾기

삶을 살아가는 데 있어서 자신의 본모습을 아는 것은 매우 중요하다. 아무리 다른 사람처럼 되고 싶어도 자기 본연의 모습을 마음대로 바꾸는 것은 거의 불가능에 가깝다. 그리고 굳이 다른 사람처럼 될 필요도 없다. 사람들은 저마다 각기 고유한 장점을 가지고 있기 때문이다.

취업 시에도 자신에 대한 이해가 중요하다는 것을 이미 여러 차례 언급한 바 있다. 자신의 장점과 단점에 대해 제대로 파악하고, 자신의 강점 역량에 대해 잘 알고 있어야 그 강점이 빛을 발하는 직무와 기업을 선택할 수 있다. 또한 자신의 단점을 효과적으로 커버하는 전략도 구사할 수 있다.

그러나 아무런 외부 자극 없이 가만히 앉아서 생각만 한다고 해서 자신의 본모습과 마음을 파악할 수 있는 것은 아니다. 실제로 다양한 사건·사고를 경험해 보면서 그때그때 무의식적으로 나타나는 나의 모습, 일어나는 마음, 행동들이 많이 축적되어야 자신을 조금씩 이해하게 된다. 그러나 여러분은 지금까지 공부만 주로 해왔기 때문에 다양한 경험을 해볼 시간이 없었고, 자신의 본모습을 느끼게 해줄 외부 자극도 충분히 만나지 못했을 것이다. 이러한 부족한 경험을 보완하기 위해 활용할 수 있는 것이 바로 여러 직업심리검사들이다. 주로 많이 사용되는 검사로는 가치관, 성격, 흥미, 적성을 측정하는 것들이 있다.

이런 검사를 받아보기 전에 먼저 주의해야 할 점이 있다. 대부분의 취업준비생들이 검사 결과 자신의 능력과 소질을 완벽하게 파악해서 100% 믿고 따를 수 있는 직업이나 진로가 정해지기를 기대하는데 검사 결과를 절대적인 예언처럼 받아들여서는 안 된다. 이 책에서 추천하는 검사들은 널리 사용되고 있고 타당도와 신뢰도가 어느 정도 보장된 것들이기는 하지만 아무리 좋은 검사라 해도 여러분의 삶 전체를 판단해서 객관적인 해답을 내놓을 수는 없다. 그럴 수밖에 없는 가장 큰 이유는 대부분의 검사가 여러분 스스로가 느끼는 자신의 모습을 체크하도록 되어 있기 때문이다. 여러분은 스스로의 모습을 객관적으로 잘 파악하고 있는가? 아마 정도의 차이는 있지만 대부분 자신의 실제 모습과 생각하는 모습, 그리고 되고 싶은 모습 사이에 차이가 존재할 것이다. 이 차이가 클수록 검사 결과는 현실과 동떨어질 확률이 높다. 따라서 이 검사는 실제 내 모습이 어떤지 스스로에게 질문해볼 수 있는 도구일 뿐 내 진로를 완벽하게 알려주는 네비게이터는 아니라는 사실을 반드시 기억하자. 어떻게 하나의 검사가 여러분의 삶을 결정할 수 있겠는가? 그렇다고 국내외 최고 전문가들의 지성이 집대성된 검사 결과를 아주 무시해서도 안 된다. 다만 검사 결과는 존중하되 맹신하지는 않는 자세가 필요한 것이다.

이제 본론으로 넘어가 취업준비생들의 자기 이해에 도움이 되는 검사들에 대해 알아보자. 먼저 가장 광범위하게 사용되는 것으로는 성격 검사인 MBTI가 있다. 이 검사는 사람의 성격을 내향형(I)-외향형(E), 직관형(N)-감각형(S), 사고형(T)-관계형(F), 판단형(J)-인식형(P)의 네 개 성격 조합으로 구성하고, 두 개의 짝 중 한 가지씩을 고르도록 되어 있다. 결과적으로 한 사람은 총 16가지 중 하나의 성격 유형을 갖게 되며, 네 개의 알파벳이 조합된 형태로 표시된다.

MBTI 검사의 장점은 개발된 지가 오래되어 축적된 데이터가 많다는 것이다. 그래서 각 성격 유형별로 실제 종사하고 있는 직업의 통계 수치 등이 특히 미국을 중심으로 많이 나와 있다. 또한 각 성격 유형별로 매칭도가 높은 직업을 100개 내외로 추천해주는 책도 있으니 참고하기 바란다(《나에게 꼭 맞는 직업을 찾는 책》, 민음인).

MBTI 검사는 대학교 내 경력개발센터(취업지원부서)나 학생생활상담연구소, 집 근처의 고용센터, 여성인력개발센터에 문의하면 무료로 실시가 가능하며, 자치구나 정부 차원의 취업박람회 행사에서도 단발적으로 실시되는 경우가 있으므로 문의해서 활용하기 바란다.

그다음으로 무료로 실시가 가능하면서 대중적으로 많이 사용되는 검사들을 〈워크넷〉 홈페이지에서 만날 수 있다. 〈워크넷〉의 직업심리검사 섹션으로 들어가면 온라인 상에서 무료로 받을 수 검사들의 리스트가 쭉 나와 있는데 검사 목적에 따라 받고 싶은 검사를 선택할 수 있다. 이 중에서 직업선호도 검사 L형, 직업가치관 검사, 직업적성검사의 세 가지가 가장 많이 활용되는 검사들이다.

직업선호도 검사는 직업흥미유형을 알아볼 수 있는 검사다. 즉, 홀랜드의 여섯 가지 직업 흥미 유형인 현실형(R), 탐구형(I), 예술형(A), 사회형(S), 진취형(E), 관습형(C) 중에서 두 개의 코드가 결합된 본인의 코드를 제시해준다. 우선 각 유형의 사람이 갖는 고유한 특성이 있으므로 자신의 코드를 통해 스스로의 특성을 파악해보자. 또한 어떤 직업 분야에 더 흥미가 많은지도 확인할 수 있다. 이 검사에서는 20~30개 정도의 직업을 추천해주는데, 추천된 직업들의 직무 특성과 성격들을 잘 살펴보면 자신에 대한 통찰의 수준을 한 단계 높일 수 있다.

직업가치관 검사는 총 13가지 직업 가치 중 여러분이 어떤 것을 중요하게 생각하는지 알아볼 수 있는 좋은 검사다. 최근 들어 가치관의 중요성이 더욱 강조되고 있는데, 아무리 좋은 직업이라도 개인의 가치관과 맞지 않을 경우 행복을 느끼기 어렵고 오래 종사하기가 어렵기 때문이다. 이 가치의 차이로 인해 절대적으로 좋은 직업, 절대적으로 나쁜 직업도 없게 된다.

그런데 우리 사회 저변에 깔려 있는 '한 사람이 모든 것을 잘해야 한다는 인식' 때문인지 취업준비생들은 직업을 선택할 때에도 모든 가치를 다 만족시켜줄 수 있는 직업만을 선호하는 경향이 있다. 예를 들어 수년간 현장에서 취업준비생들을 대상으로 실시한 검사 결과를 보면 '몸과 마음의 여유', '직업 안정', '금전적 보상'의 세 가지 가치가 상위 3순위에 함께 나타나는 비율이 매우 높았다. 하지만 위의 세 가치가 동시에 만족되기 위해서는 일이 별로 많지 않으면서 연봉은 높고 정년이 보장되는 직장에 취업이 되어야 하는데 이런 직장은 현실적으로 존재할 수가 없다. 이렇게 공존할 수 없는 가치를 동시에 원하고 있으면 의사결정이 어렵고 내적 갈등을 겪게 된다. 이럴 때에는 가치들의 우선순위를 정해 타협하는 과정이 필요하다. 이러한 타협이 이루어지지 못하면 진로의사결정뿐 아니라 취업 후에도 만족하기가 어렵다. 이 검사에서도 10~30개 내외의 추천 직업을 제시하고 있으므로 주의 깊게 살펴볼 필요가 있다.

적성 또한 〈워크넷〉의 직업 적성 검사를 통해 확인해볼 수 있다. 이 검사를 통해 11가지 적성 요인에 대한 개인의 수준을 파악할 수 있으며, 가장 높은 수준을 보이는 적성은 무엇이고 상대적으로 낮은 능력을 보이는 적성 요인은 무엇인지 확인해볼 수 있다. 또한 적성 점수에 따른 최적합 직업군과 적합 직업군을 추천해주고, 검사자의 희망직업에 관한 정보를 제시하고 있으므로 직업 선택 시 도움을 받을 수 있다.

지금까지 언급한 〈워크넷〉의 세 가지 검사는 모두 대학의 경력개발센터(취업지원센터) 또는 〈워크넷〉 온라인을 통해 무료로 상담받을 수 있다. 단, 같은 검사라 하더라도 해석하는 전문가의 역량에 따라 정보의 질이나 양에 차이가 크므로 가급적 검사 경험이 많은, 준비된 전문가를 만나 해석을 받도록 해야 한다.

마지막으로, 실시한 각 검사의 결과는 별도로 해석하기보다는 통합적으로 해석할 필요가 있다. 오른쪽 페이지의 워크시트 4를 보면 각 검사 결과에 나온 추천 직업들을 모두 표에 작성한 다음 검사자 자신에게 맞는 직업을 선택할 수 있는 방법이 잘 나와 있다.

워크시트 4 Yang's 매칭 직무(직업) 도출표

1 각 검사에서 추천된 직무(직업)를 기입한다.

〈잡이름〉	〈워크넷(통합)〉	MBTI(성격)	직업 흥미	직업 가치관	직업 적성

2 추천된 직무(직업) 중 가장 관심 있는 다섯 가지를 선정한다.

3 각 직무(직업) 수행 시 필요한 역량에 대해 작성한다.(〈워크넷〉에서 직업 검색을 하면 각 직업별로 필요한 역량을 확인할 수 있다. 필요할 경우 NCS 홈페이지도 함께 참고하면 좋다.)

관심 직무(직업)	필요 역량

4 직무(직업)에서 요구되는 역량에 자신의 보유 여부를 체크한다. 실제로 자신이 보유하고 있는 역량이 많은 직무(직업)를 우선 선정 직업 리스트에 넣는다.

관심 직무	필요 역량	필요 역량 보유 여부
		YES/NO
		YES/NO
		YES/NO
		YES/NO
		YES/NO
		YES/NO
		YES/NO
		YES/NO
		YES/NO
		YES/NO
		YES/NO
		YES/NO
		YES/NO
		YES/NO
		YES/NO

워크시트 5 Yang's 지원자 역량 도출표 by 에피소드 분석

1 자신이 무언가를 이루어냈거나 인생에서 크게 성장하는 데 도움이 된 경험을 떠올려본다. 그다음 우뇌를 이용해 그냥 마음 가는 대로 써본다. 작성된 글을 약간 다듬어서 이 글이 무엇을 말하려고 하는지 메시지가 잘 전달되도록 정리한다.

2 위에 작성된 글을 세부 행동 단위 문장으로 잘게 쪼갠다. 그다음 각 행동 단위 문장별로 발휘된 역량을 도출해본다.

구체적 행동	행동에서 사용된 역량
행동 1	역량 A, B
행동 2	

PART 7

상대를 정확히 파악하라 _기업분석

- DART(Data Analysis, Retrieval and Transfer System)를 통한 기업분석의 실례 ☑
- 〈잡코리아〉를 통한 기업분석의 실례 ☑
- 〈사람인〉을 통한 기업분석의 실례 ☑
- 기업 사이트를 통한 기업분석의 실례 ☐
- 언론을 통한 기업분석의 실례 ☐

낯선 해외로 여행을 가기 전에 우리는 미리 여행지에 대해 꼼꼼히 조사를 한다. 그 여행지에서 꼭 해야 할 좋은 경험은 무엇인지 알아두고, 겪을 수 있는 어려움에도 대비한다. 기업분석은 해외여행을 떠나기 전 준비과정과 크게 다르지 않다. 우리가 앞으로 삶의 대부분을 함께할 기업에 대해 자세히 알아봄으로써 그 기업에서 일하며 얻을 수 있는 것들, 예상되는 어려움들을 조사하여 대비하는 과정이기 때문이다.

기업분석은 우선 우리가 입사를 앞두고 어떤 역량과 어떤 마음가짐을 갖춰야 하는지 깨닫게 해주는 역할을 한다. 그리고 궁극적으로 이 회사가 나와 잘 맞는 곳인지, 입사 후 내가 행복하게 적응할 수 있는지 결정하도록 도와준다.

어떤 일이든지 시작이 가장 중요하듯이 기업분석에서도 가장 중요한 것은 분석할 기업을 선정하는 것이다. 취업준비생들은 대부분 취업 시즌에 임박해서야 지원할 기업을 정하고 분석을 시작하는데 그러면 너무 늦을뿐더러 공채 시즌에 채용 준비에 집중하기는 쉽지 않기 때문에 바람직하지 않다. 그리고 마음이 급하면 심도 있는 분석을 하기 어렵고 잘 외워지지도 않는다.

기업분석을 제대로 하기 위해서는 대학교 1, 2학년 때부터 100개 이상의 타깃 기업을 선정해서 몇 년에 걸쳐 꼼꼼하고 광범위하게 분석해야 한다. 이것이 힘들다면 적어도 본격적인 취업 시즌 전에 지원 의사가 있는 50개 정도의 기업을 선정한 후 미리 분석을 끝내놔야 한다.

여러분이 지원할 기업을 선정하는 데 어려움을 겪는 이유는 아마 처음부터 완벽하게 지원할 회사를 확정 지은 다음 분석하겠다는 완벽주의가 깔려 있기 때문인 것 같다. 그런데 사실 기업분석을 통해 지원할 회사에 대해 알아가는 것도 중요하지만 지원하지 말아야 할 회사를 확인하는 것도 매우 중요하다. 그리고 분석한 기업에 반드시 지원하지 않더라도 분석내용을 다른 기업(예. 경쟁사)의 분석 시 효과적으로 활용할 수도 있다. 기업들은 서로 유기적으로 연결되어 있기 때문이다. 따라서 기업분석을 하는 데 부담감을 갖지 말고 이 책에서 알려주는 방법을 따라 수시로 심심할 때마다 재미 삼아 해보자.

여러분이 기업 선정에 어려움을 겪는 또 다른 이유는 기업들을 많이 모르기 때문이다. 지금 당장 여러분이 알고 있는 기업의 이름을 써보라. 몇 개 정도 쓸 수 있는가? 요새 추세상 최소 100군데 정도의 기업에 지원하는 것이 기본인데 과연 100개 이상의 기업을 알고 있는지 궁금하다.

결과적으로 여러분은 채용공고가 뜨는 회사들을 위주로 지원하게 된다. 그러나 이 방법으로는 취업의 주도권을 가질 수 없다. 즉, 본인이 가고 싶은 회사를 직접 선정해서 지원을 해야 하는데, 채용 중인 회사 가운데 적당한 곳에 취업을 부탁하게 되는 형태로 취업의 주도권을 넘겨주게 되는 것이다.

채용의 주도권을 쥐고 유리한 입장에 서기 위해서는 기업분석을 통해 잘 알려지지 않은 곳 중에서 내실이 튼튼한 회사들을 미리 알아놓아야 한다. 사실상 이런 알짜배기 기업의 경우 기존 직원들의 이직률이 낮아서 채용공고가 자주 안 나거나 인원 충원도 인적 네트워킹을 통해 비공개적으로 진행되는 경우가 많다. 따라서 미리미리 관심 가는 기업의 인사담당자나 현직자와 네트워크를 구축해놓는 것이 좋은 기회를 잡을 수 있는 방법이다.

여러분이 기업들을 잘 모르기 때문에 생기는 부작용이 또 하나 있다. 잘 알려진 기업들의 경우 주로 일반 소비자들을 대상으로 제품을 판매하는 B to C 기업이 많다. B to C 기업의 경우 소비의 결정권이 일반 소비자에게 있기 때문에 광고를 많이 하고 기업 이미지에 신경을 많이 쓴다. 문제는 채용 때 이미지 좋은 B

취업 목표 설정을 위한 단계

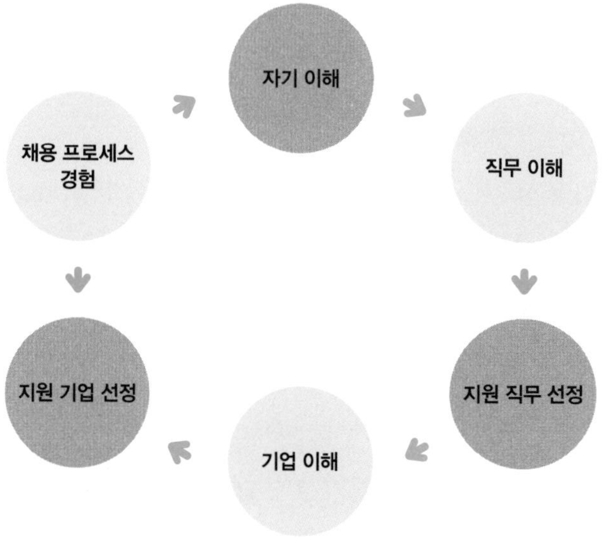

to C 기업에 너무나 많은 지원자가 몰린다는 것이다. 그래서 이런 기업들의 입사 경쟁률은 상상을 초월하며, 입사하기 위해서는 레드 오션 중에서도 아주 핫한 레드 오션에서 살아남아야 한다.

세상에는 여러분이 모르는 좋은 기업들도 너무나 많다. 특히 주로 기업 간에 거래를 하는 B2B 기업들 중에는 직접 광고를 하지 않아 알려져 있지 않을 뿐 탄탄한 재무구조와 뛰어난 복지 혜택을 제공하는 기업들이 많다. 따라서 이제부터라도 이 책에서 안내하는 여러 사이트들을 잘 활용해 가급적 많은 기업들을 알아가고 조사하기 바란다.

여러분을 위해 분석 대상이 될 기업을 선정하는 단계를 위에 제시했다. 너무 많이 들어서 식상할 수도 있겠지만 분석할 기업을 선정하기 위해서도 자기 이해가 선행되어야 한다. 예를 들어 체력이 약해 야근이 어려운데 밤샘 촬영과 야근이 반복되는 영화나 드라마 감독으로 외주 제작업체에 지원하게 되면 이 친구는 채용과정뿐 아니라 입사 이후에도 핸디캡을 안고 직장생활을 해야 한다. 자신이 잘하는 것, 못하는 것, 좋아하는 것, 싫어하는 것, 하고 싶은 것, 갖고 있는 지식, 기술 및 태도 등을 많이 알고 있어야 자신과 잘 맞는 직무와 기업을 결정할 수 있다.

이제 기업분석의 실례를 보면서 구체적인 방법에 대해 살펴보자. 분석 대상에 통일성을 주기 위해 대한항공과 LG상사를 선정하여 기업분석을 실시해보았다. 이 책의 내용을 숙지한 후 여러분이 지원할 회사를 목표로 하여 동일한 분석 절차를 밟아야 한다.

POINT 1

DART Data Analysis, Retrieval and Transfer System를 통한 기업분석의 실례

2007년 금융감독원이 우리나라 기업 공시의 신속성과 기업 경영의 투명성을 제고하기 위해 종합적인 인터넷 전자공시시스템, 즉 'DART Data Analysis, Retrieval and Transfer System'을 만들었다. DART에는 우리나라 기업이 금융감독위원회 등의 관계 기관에 제출한 보고서들이 전자문서 형태로 업로드되어 있고, 일반인에게 실시간으로 공시되기 때문에 누구나 열람이 가능하다. 따라서 주주 및 투자자 입장에서는 금융감독원의 공시실을 방문할 필요 없이 인터넷을 통해 상장기업들에 대한 정보를 얻을 수 있다. 단, 모든 기업에 대한 정보가 있는 것이 아니라 상장사나 코스닥 기업들에 대한 정보만 있다는 단점도 있다. DART는 회사의 내부 사정을 모르는 취업준비생에게도 매우 좋은 정보 소스다. 인터넷상에서 http://dart.fss.or.kr 주소로 들어가거나 모바일 어플리케이션 'mDART'를 다운받으면 스마트폰으로도 접속할 수 있다.

전문가 입장에서 볼 때 DART는 지원 기업의 내부 사정을 알 수 있는 가장 믿을 만한 도구다. 따라서 취업준비생들은 시간이 날 때마다 DART에 접속하여 관심 기업에 대한 보고서를 읽는 습관을 들이면 좋겠다. 보통 기업명으로 검색했을 때 나오는 반기보고서, 분기보고서를 중점적으로 읽어보는데 지원연도 기준으로 최근 2~3년간의 보고서는 다 확인해야 한다. 보고서 중에서도 취업준비생에게 가장 중요한 부분은 '사업의 내용'이므로 이 부분을 우선적으로 살펴보는 것이 좋다.

이제 DART를 활용하여 실제로 기업분석을 해보자. DART 사이트에 접속한 후 검색창에 회사명을 입력하여 검색해보면 그 기업과 관련된 보고서 리스트가 뜰 것이다. 이 중에서 정기공시보고서에 해당하는 사업보고서, 분기보고서, 반기보고서 가운데 가장 최근 것을 먼저 클릭해서 연다.

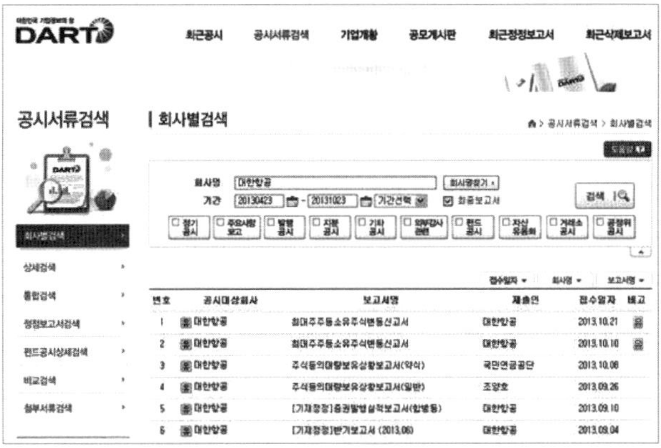

화면에 보이는 대한항공 반기보고서(2013. 6.)를 클릭해보자. 보고서 팝업창이 뜨고 좌측 메뉴가 보이면 'Ⅱ. 사업의 내용' 부분으로 들어가자. 그러면 다음과 같은 내용을 볼 수 있을 것이다.

Ⅱ. 사업의 내용

1. 사업의 개요

가. 업계의 현황

최근 아시아·태평양 항공사협회는 언론 보도를 통해 2013년 6월 누계 수송 증가율을 발표했습니다. 보도에 따르면 아태지역 국제여객 수송은 전년 대비 4.5% 증가한 반면, 국제화물 수송은 2.4% 감소하였습니다. 여객 수요는 지속적인 증가를 보이고 있으나, 화물 수요는 유럽의 경제 위기 등 선진국의 더딘 경기 회복으로 인해 부진한 실적을 기록하였습니다.

먼저 업계의 현황을 들여다보자. 모든 내용을 다 외울 필요는 없다. 단지 중요한 정보만 골라서 기록해두면 된다. 보고서의 내용 중 입사지원자에게 의미가 있는 정보는 '아태 여객 수송 2012 대비 약간 증가(4.5%)', '국제화물 수송 약간 감소(-2.4%)', 두 가지다. 모든 것을 다 기억하긴 힘드니 이를 별도의 문서에 기록해두자. 이 내용을 통해 항공사의 수익구조는 크게 여객 수송과 화물 수송으로 이루어져 있다는 사실도 파악할 수 있을 것이다.

나. 회사의 현황(주식회사 대한항공)

(1) 영업 개황

대한항공의 2013년 상반기 영업 수익은 전년 동기 대비 5.7% 감소하였으며, 영업 이익은 1,850억 원 적자를 기록했습니다. 여객 노선 수익은 전년 대비 6.0% 감소하였으나, 세계 경기 침체 지속에 따른 화물 수요 감소에 따라 화물 노선 수익은 13.6% 감소하였습니다. 당사는 화물 공급을 탄력적으로 조정하는 등 전 부문의 비용 절감을 위해 노력을 기울이고 있습니다. 또한 B777-300ER, B747-8F, B777F 신기재를 도입하는 등 기단 현대화를 통해 운송서비스 품질을 향상시키는 데에도 주력하고 있습니다.

다음으로 회사의 내부 현황을 보자. 전년 대비 2013년 수익 -5.7% 감소, 1,850억 원 적자, 여객 수송 -6.0%, 화물 수송 -13.6%가 현재 상황이다. 이에 대한 대응책으로 대한항공은 ① 비용 절감(탄력적 공급 조정), ② 서비스 질 향상(기내 업그레이드) 등의 두 가지 액션을 취하고 있다고 나와 있다.

그다음 세부적으로 어떤 정보에 주목해야 할지는 직무에 따라 달라진다. 지원 직무를 정해야 내가 집중해서 주목해야 할 정보 범위가 축소되어서 훨씬 효율적으로 정보분석을 할 수 있다. 그렇기 때문에 지원 직무를 미리 결정해놓는 것이 중요한 것이다. 우선 지원 직무가 여객 부문 공항 서비스직이라고 가정한 후 다음 단계를 진행해보자. 보고서를 쭉 읽다 보면 다음과 같은 내용이 나온다.

(가) 항공운송사업

1) 여객사업

2013년 상반기는 엔화 약세와 일본발 수요 침체, 항공사 간 경쟁 심화로 국제선 노선 수익이 전년 대비 6.0% 감소했습니다. 노선별로는, 환승 수요 증가에 힘입어 동남아 노선이 전년 대비 10% 증가했으며, 중동/아프리카, CIS 노선이 각각 32%, 28% 증가한 반면, 일본 노선을 포함한 기타 노선은 전년 대비 감소하여 국제선 전체 수송량이 전년 수준을 유지했습니다.

지역별 수익의 경우, 한국지역은 3수송 수익이 전년 대비 1% 감소함에 따라 전체 수익이 1% 감소했습니다. 해외지역은 중국 및 동남아지역 수익이 전년 대비 각각 7%, 6% 증가했음에도 불구하고, 일본지역 수익이 전년 대비 27% 감소하여 해외지역 전체 수익이 10% 감소했습니다. 사업 운영에 있어서는 수요 동향에 따른 공급 조정을 실시했으며, Offline 지역시장 개발 및 증수를 위한 부정기 운항 확대, High Class 및 상용 수요 유치와 판매 증대에 주력했습니다. 아울러 3월에는 인천-콜롬보/몰디브 노선에 신규 취항하여 글로벌 노선망을 확충했습니다.

위의 내용은 다음과 같이 요약할 수 있다.

• 국제여객 수익 -6%: 원인

① 증가 노선: 동남아 10%, 중동/아프리카 32%, CIS 28%

② 일본노선 −27% 감소

첫 번째 수익 감소의 원인은 '일본 노선의 승객 감소' 때문이다. 이에 대해 대한항공은 ① 수요에 따른 공급 조정, ② 지역시장 개발(콜롬보/몰디브 노선 신규 취항), ③ VIP 고객 확대, ④ 고객 충성도 확보의 네 가지 방안으로 대응했음을 알 수 있다. 또한 언급되지 않았지만 일본노선은 아마 다소 축소되었을 것으로 유추된다. 실제로 일본노선 취항 편수를 확인해보면 알 수 있을 것이다.

보고서에는 CIS라는 지역명이 나온다. 이 지역이 어디를 의미하는지 아는가? CIS는 Common wealth of Independent State의 약자로 중앙아시아의 독립국가연합을 지칭한다. 이때 그냥 '수익이 늘었구나'라고 지나칠 것이 아니라 그 이유에 대해 생각해봐야 한다. 유추해보면 2014년 소치올림픽을 앞두고 소치

근처 노선의 승객이 늘었을 것을 짐작할 수 있다. 그렇다면 대한항공은 당연히 소치올림픽 개최 전에 CIS 노선을 증편했을 것이다. 이러한 증편이 채용시장에는 어떤 영향을 줄까? 아마도 2013년 하반기 공채에는 러시아어(중앙아시아어) 가능자나 러시아(중앙아시아) 사람과 교류 경험이 있는 지원자를 대폭 채용했을 것을 짐작할 수 있다. 이처럼 채용 시에는 현재의 국제 정세, 우리나라의 상황뿐 아니라 해당 업계, 회사, 지원자의 상황을 모두 고려해야 한다. 기업 자체가 이러한 복합적인 상황들이 맞물려 돌아가는 맥락 속에 있기 때문이다. 그래서 도서관에서 토익 책만 파고든다고 취업이 되는 것이 아니다.

다음으로 보고서 내용 중에 항공사 간의 경쟁 심화로 대한항공의 수익이 줄었다는 문장에 대해 분석해보자. 그전에 먼저 현재 대한한공이 업계에서 어떤 위치를 차지하고 있는지 확인해보아야 한다. 그리고 어떤 항공사가 대한항공의

항공사별 한국시장 점유율(2013년 반기)

구분		국제여객 수송 점유율	국제화물 수송 점유율
대한항공	2011년	31.9%	34.9%
	2012년	30.3%	32.8%
	2013년 반기	27.2%	31.7%
아시아나	2011년	25.0%	18.5%
	2012년	23.8%	17.3%
	2013년 반기	23.0%	18.6%
외국 항공	2011년	43.2%	46.6%
	2012년	45.9%	49.9%
	2013년 반기	49.7%	49.8%

출처: 공항공사(국내 출/도착 기준, 환승 제외)

시장점유율을 가져갔는지, 즉 대한항공이 경계해야 할 회사는 어디인지를 알아야 한다. 앞 페이지에 제시된 시장점유율Market Share; MS을 살펴보자.

MS를 보면 약 2년 반 동안 대한항공의 시장점유율은 약 4.7% 감소했다. 이런 감소분이 경쟁사인 아시아나로 이동했는지 확인해보니 같은 기간 동안에 아시아나도 2% 감소했다. 여기서 두 가지 결론이 나온다. 첫째, 대한항공의 MS 감소는 외국 항공사의 약진으로 인한 것이다. 둘째, 외국 항공사의 약진에도 아시아나는 대한항공에 비해 방어를 잘했다. 이런 결론을 얻었으면 외국 항공사 중에서 어떤 회사의 성장이 두드러지는지, 또 아시아나의 성공적인 디펜스 전략은 무엇이었는지에 대해 구체적으로 분석할 필요가 있다.

네이버에서 쉽게 찾을 수 있는 국토교통부 보도자료(2013. 10. 24.)를 한번 살펴보자. 이 보고서에는 우리나라 항공업계의 전반적인 현황과 저비용 항공사Low Cost Carrier; LCC에 대한 상세한 설명들이 나온다. 이러한 상세 데이터를 바탕으로 추가적인 분석에 쓰일 수치들을 계산해둘 필요가 있다.

2013년 3분기까지의 전체 국제선 이용 승객은 3,843만 명, 전체 국제선 LCC 이용 승객은 418.2만 명, 한국 국적 국제선 LCC 이용 승객은 366만 명, 외국 국

3분기까지 우리나라 저비용 항공사 이용 여객 실적

출처: 2013. 10. 24. 국토교통부 보도자료

적 국제선 LCC 이용 승객은 52.2만 명이다. 그러나 외국 국적 국제선 LCC 이용 승객 수와 국내외 항공사를 합한 전체 국제선 LCC 이용 승객 수는 명확하게 이 자료에 나와 있지 않은데 항공업계 전문가도 아닌 필자가 어떻게 알았을까? 동일한 보도자료를 보니 해외 LCC 회사별로 2012년 대비 2013년의 대략적인 국제선 승객 변동에 대한 수치를 찾아볼 수 있었다. 구체적으로 에어피치(인천-오사카 9.4 → 24.9만 명), 에어아시아재팬(인천-동경 8.3만 명), 세부퍼시픽(인천-칼리보 2.0 → 9.2만 명), 스타플라이어(부산-키타큐슈 2.6 → 9.8만 명) 등의 운항 실적

국제선 수송 실적

(단위: 명, 유임 여객, 도착+출발)

구분	2012년 3분기 누적	2013년 3분기 누적	전년 대비 증감률(%)
대한항공	12,889,268	12,581,651	-2.4
아시아나	8,425,789	8,824,522	4.7
에어부산	434,249	663,927	52.9
이스타항공	427,559	714,228	67.0
제주에어	844,886	1,275,380	51.0
진에어	622,381	678,447	9.0
티웨이항공	249,471	330,339	32.4
외항사	11,924,892	13,362,060	12.1
합계	35,818,495	38,430,554	7.3
국적 항공사계	23,893,603	25,068,494	4.9
국내 LCC계	2,578,546	3,662,321	42.0
국적사 분담률(%)	66.7	65.2	
저비용 분담률(%)	7.2	9.5	

출처: 2013. 10. 24. 국토교통부 보도자료

을 확인할 수 있었다. 이 수치들을 더해보면 2012년도 3분기에는 외국 LCC 이용 승객이 약 14만 명이었던 데 반하여, 2013년에는 52.2만 명으로 크게 증가했음을 확인할 수 있다. 이 수치에 기존에 알고 있던 한국 국적 국제선 LCC 이용 승객 366만 명을 더하면 총 418.2만 명이 해외로 나갈 때 LCC를 이용했다는 것을 알 수 있다.

종합하면 2013년 3분기까지 국제선의 MS는 대한항공 30.5%, 아시아나 22.9%, 한국 LCC 9.5%, 외국 LCC 1.4%, 나머지인 약 35.7% 정도가 LCC 이외의 외항사인 것으로 파악된다. 또한 국제선 LCC 중 외항사 LCC의 시장점유율은 대략 12.5%인 것으로 예측되고, 한국 LCC 중에서는 제주에어가 전체 국제선 LCC 중 34.7%를 차지하여 한국 국적 LCC계의 최강자임을 입증했다.

지금까지의 분석 결과를 통해 대한항공 국제선의 MS 감소는 외항사 LCC의 약진, 그중에서도 일본계 LCC 항공사의 대거 진출로 인한 일본노선 수익률 감소가 원인임을 확인할 수 있다. 이에 대해서 대한항공은 어떤 대처방안을 강구했을까? 물론 대한항공도 자회사인 진에어를 통한 LCC 진출로 자구책을 마련

대한항공의 매출 현황

(단위: 억 원)

구분			주요 사업내용	2013년 반기		2012년 반기	
				매출액	비율(%)	매출액	비율(%)
대한항공	항공운송	노선사업	국내선 여객	2,535	4.5	2,758	4.6
			국제선 여객	32,346	57.2	34,347	57.3
			화물	13,537	23.9	15,659	26.1
			기타	4,513	8.0	4,014	6.7

출처: 2013. 10. 24. 국토교통부 보도자료

하고 있다. 진에어를 통한 일본노선의 확장이 전체 그룹사의 입장에서는 좋은 솔루션이 될 수 있다. 그러나 대한항공은 분명 진에어와는 구분되는 회사다. 그렇다면 대한항공의 입장에서는 추가로 어떤 전략을 펼쳐야 할까?

위의 자료를 통해 대한항공의 수익구조를 볼 때 국제선에 대한 의존도가 매우 높다는 것을 알 수 있다. 따라서 국제선 매출액이 높게 나와야만 한다. 여기서 승객의 입장이 되어 한번 생각해보자. 보통 승객들이 단거리 노선에서는 안전성이 좀 떨어져도 가격이 싼 항공편을 선택하는 반면, 장거리 노선은 비싸더라도 안전한 비행편을 택한다는 것을 유추할 필요가 있다. 사실 이 내용은 매우 상식적이지 않은가? 그래서 대한한공은 장거리 노선에 주력하는 경영전략으로 대응할 수밖에 없는 것이다. 결국 대한항공과 아시아나의 MS 싸움은 장거리 노선에서 결정이 날 것이다.

우리의 예측이 맞는지 다음의 실제 사업보고서를 통해 확인해보자.

2012. 05. 30. 사업보고서

사업 운영에 있어서는 고유가 상황 속 노선별 Seasonality 특성에 따른 공급 조정, High Class 판매 증대, 호찌민 및 호놀룰루와 같은 타 항공사와의 경쟁으로 수요가 유실된 노선에 대한 판매 강화 등 수익성 중심의 영업활동을 통해 안정적인 성장을 지속적으로 이어갔습니다.

항공기 운영에 있어서는 기재 고급화 및 녹색경영전략에 따라 연료 효율이 높은 A380 등 신형 항공기를 프랑크푸르트, 뉴욕, 로스앤젤레스 등 장거리 노선에 전략적으로 투입하여 고객에게 고품격 서비스를 제공함은 물론 노선 경쟁력을 제고했습니다.

대한항공은 예상대로 경영전략의 대부분을 장거리 고수익 노선에 집중시키고 있는 것을 확인할 수 있다. 이렇듯 기업분석을 통해 여러분이 예측한 대로 기업이 움직이고 있음을 알게 되는 순간 얻는 자신감은 그 무엇과도 바꿀 수 없을 것이다. 자, 그럼 장거리 노선의 싸움에서 MS를 높이기 위해 대한항공이 어떤 대응전략을 가져가고 있는지 구체적으로 분석해보자.

첫째, VVIP 마케팅을 하고 있다. 항공기가 한 번 운항될 때 이코노미 클래스의 좌석이 차는 것도 중요하지만, 좌석당 단가가 높은 1등석 좌석이 차는 것이야말로 수익성 측면에서는 훨씬 더 효과가 클 것이다. 그렇다면 VVIP 고객의 마음을 잡기 위해 어떤 전략을 써야 할까? 부유층의 경우 운임보다도 안전성, 기내 환경의 쾌적함과 차별화된 경험을 중요시하기 때문에 기내의 고급화에 신경을 더 쓰는 방법이 있을 것이다.

둘째, 유류비로 인한 손실을 최소화한다. 대한항공의 몇 년간 사업보고서를 보면 유류비의 증가로 수익이 감소했다고 언급하는 부분이 많이 나온다. 그렇다면 기름값을 어떻게 줄일 것인가에 대한 고민을 해야 한다.

앞서 대한항공의 장거리 노선에서 사용할 수 있는 전략으로 기내의 고급화와 유류비 감소를 언급했다. 그렇다면 이 두 가지 전략을 동시에 실행할 수 있는 방법은 없을까? 오른쪽 페이지의 사업보고서를 보면 이에 대한 해답으로 대한항공은 기내가 고급스럽고 연비 효율이 높은 여객기를 새로 구입하는 방법을 택했다. 그래서 선택된 모델이 '하늘을 나는 호텔'이라는 별칭을 가지고 있는 에어버스의 A380이다.

2011. 03. 31. 사업보고서

1) 항공 운송사업

(여객사업)

당사는 기재 고급화를 통한 보다 편리한 여행 서비스를 제공하기 위하여 최첨단 기내 편의시설 및 높은 연료 효율성을 갖춘 B777-300ER, A330-200 성능 강화형 항공기 등 신규 항공기를 지속 도입하였으며, 기존 보유기 또한 전면적인 시설 업그레이드 작업을 진행하였습니다. 이러한 항공기는 뉴욕, LA, 워싱턴, 호찌민, 자카르타, 뭄바이, 텔아비브, 멜버른 등 다양한 노선에 투입하여 이용객의 편의를 크게 향상시켰습니다.

2011. 03. 31. 사업보고서

(1) 영업 개황

우리 회사는 2010년에 친환경, 고효율 기종인 B777-300ER을 3대 및 성능 강화형 A330-200 2대를 신규 도입하여 기재 경쟁력을 강화하는 한편, 장기 성장 기반 확보를 위한 투자를 확대하였습니다. 2011년에도 A380 5대를 포함한 신기재 도입 및 이에 어울리는 IN-FLIGHT 서비스를 지속 개발하고, 세계 항공사 간 협력을 더욱 공고히 하여 글로벌 네트워크를 확장함으로써 고객 만족에 주력할 계획입니다.

여러분이 회사에 입사하게 되면 이런 식의 문제 파악과 대응방안 수립을 일상적으로 해야 한다. 따라서 여러분은 자기소개서를 작성할 때부터 기업 내 문제점을 데이터에 기반해 파악하고 그 문제점을 수치적, 논리적으로 제시하여 다른 직원들을 설득해야 하며, 해결방안을 제시할 수 있는 능력이 있음을 증명해 보여야 한다.

기업의 입장에서 똑똑한 지원자는 차고 넘친다. 그러나 현장의 문제를 해결할 수 있는 문제해결능력을 가진 지원자는 그리 많지 않다. 따라서 여러분은 실제 직무를 수행하는 현장에서 문제를 해결할 수 있는 역량을 갖추고 있다는 것을 보여줌으로써 인사담당자를 설득해야 한다.

그럼 대한항공의 가장 최근 실적을 확인해보자.

한국시장 점유율(2016년 1분기)

구분			국제여객 수송 점유율(%)	국제화물 수송 점유율(%)
대한항공		2014년	24.4	33.2
		2015년	24.3	34.1
		2016년 1분기	24.0	35.1
아시아나		2014년	21.3	19.7
		2015년	20.0	17.5
		2016년 1분기	18.4	17.0
기타	국내 항공	2014년	12.9	0.8
		2015년	16.3	1.3
		2016년 1분기	20.1	2.0
	외국 항공	2014년	41.4	46.2
		2015년	39.3	47.2
		2016년 1분기	37.5	45.9

출처: 공항공사(국내 출/도착 기준, 환승 제외), 국제여객 2016년 1~2월 기준

2016. 05. 16. 분기보고서

(1) 영업 개황

대한항공은 2016년에도 인도와 이란 신규 노선 개설을 통해 글로벌 Network를 지속 확장할 계획이며……. (생략)

1) 여객사업

2016년 1분기는 유류 할증료 면제에 따른 한국발 여행 수요 강세 및 해외지역 수요 회복 영향으로 판매 호조세를 보였습니다. 이에 따라 당사는 수요 강세 노선에 대한 공급을 확대하고 판매 채널별 다각적인 판촉활동을 전개하여 국제선 여객 수송량이 전년 대비 8% 증가했으며 전체 노선 수익은 7.1% 증가했습니다. 1분기 노선별 수송 실적을 보면 일본 노선은 오사카, 삿포로, 후쿠오카 등 수요 호조 노선에 대한 공급 증대 및 한국발 수요 강세로 2015년 대비 수송이 15% 증가했으며, 중국 노선은 우한, 광저우, 청도, 타이베이 노선의 수요 증가로 수송이 10% 증가했습니다. 동남아 노선은 동계 시즌 나트랑, 방콕, 하노이, 푸켓 등 휴양지행 수요 증가와 부정기편 운항으로 수송이 8% 증가했으며, 대양주 노선은 시드니 노선의 A380 신규 투입으로 수송이 10% 증가했습니다.

2016년도에는 대한항공의 실적이 좋다. 요약해보면 '국제선 여객 이용자수 전년 대비 +8%, 전체 노선 수익 전년 대비 +7.1%'를 기록한 점이 핵심일 것이다. MS의 경우에도 2013년 반기에는 아시아나와의 격차가 4.2%였는데, 2016년 1분기에는 5.6%로 격차가 커졌다. 이 데이터를 채용과 연결시켜보면 실적이 좋은 대한항공은 신입사원의 채용을 늘릴 가능성이 높다(물론 변수는 항상 존재한다). 따라서 항공사 취업을 계획하고 있는 지원자라면 대한항공의 채용 소식에 더욱 관심을 기울일 필요가 있다. 특히 '수요 강세 노선에 대한 공급 확대로 인한 일본, 중국, 대양주, 동남아 노선의 인력 추가 채용 예상, 인도와 이란 노선의 인력 추가 채용' 관련 내용도 중요하다. 종합적으로 봤을 때 다음 공채 시즌에 대한항공은 이란어, 인도어, 일본어, 중국어, 영어, 동남아시아어 구사능력이 있는 신입사원을 다수 채용할 것이 분명하다. 따라서 해당 언어 역량을 갖고 있는 지원자는 자기소개서를 쓸 때 관련 내용을 앞부분에 배치하여 작성해야 한다. 다시 한 번 말하지만 기업이 실제로 지원자들에게 원하는 역량은 이처럼 기업분석을 해보면 확실하게 예측할 수 있다. 그러나 여러분이 진정으로 대한항공에서 일하고 싶은 마음이 있다면 분석을 여기에서 중단하면 안 된다. 필자 같으면 추가적으로 대한항공의 총 여객기 보유 대수, 이들의 평균 운항기간, 여객기의 평균 수명, 여객기 한 대의 가격, 각 기종별 사고 횟수 현황, 대한항공 보유 여객기 중 제조 회사별 비율, 또 각 제조회사의 특징, 제조 회사별 여객기의 특징, 가장 최근 여객기 기종 등에 대해 알아볼 것이다. 또한 대한항공이 새로 구입한 A380의 제조사인 에어버스 외에도 어떤 회사들이 여객기를 제조하고 있는지, 이들의 시장점유율은 어떻게 되는지, 각 여객기의 장단점은 무엇인지, 속도는 어떻게 되는지, 역대 가장 빨랐던 콩코드 여객기의 최대 운행 속도는 어느 정도였는지, 2013년 미국 샌프란시스코 공항에서 사고가 났던 아시아나 여객기의 기종과 제조사는 어디인지(보잉 777-28E/ER), 해당 기종의 우리나라 항공사 보급률은 어떻게 되는지 등에 대해 추가적으로 조사해볼 것이다. 항공사에 진정으로 관심이 있다면 이렇게 궁금하고 조사하고 싶은 것들이 많아져야 한다.

이 정도의 관심도 없이 우리나라 항공을 책임지는 역군으로 일하기를 원한다는 것은 어불성설이다. 이 정도의 열정도 없는 사람이 내가 타고 있는 항공기를 운항하고 기내 서비스를 하며 공항 서비스를 한다면 승객으로서 정말 불안할 것 같지 않은가? 그렇기 때문에 회사들은 단지 월급날만 손꼽아 기다리는 직원이 아니라 진정으로 회사와 해당 업계에 열정이 있는 인재를 뽑기 위해 고군분투하는 것이다. 대한항공에 지원하더라도 경쟁사인 아시아나에 대해서도 같은 과정의 분석을 해야 한다. 다시 한 번 말하지만 지원 회사에 대해 이 정도로 궁금한 마음이 일어나지 않는다면 지원자는 그 회사에 관심이 없는 것이다.

몇몇 지원자는 이 글을 읽으면서 "이렇게까지 해야 하나요?"라고 반문할 수도 있다. 그렇다. 이 정도까지 하는 게 기본이다. 물론 이렇게 조사한 내용 전체를 자기소개서에 다 쓸 수는 없다. 또한 면접 때 질문으로 나오지 않을 수도 있다. 그러나 이렇게 최선을 다하고 난 다음에 생기는 당당한 자신감은 주변 사람들에게도 쉽게 전해진다. 그래서 인사담당자가 내가 미처 생각하지 못한 부분을 물어본다 해도 차분하게 대답할 수 있다. 이러한 돌발상황 대처능력에 필요한 자신감은 그동안 자신이 해온 노력이 뒷받침되어야 한다는 것을 여러분도 경험상 알고 있을 것이다. 면접관과 당당하게 맞설 수 있는 배짱은 바로 이 기업분석 단계에서 결정된다는 사실을 꼭 기억하기 바란다.

이렇듯 기업에 대한 분석을 하다 보면 그 기업이 어떤 고민을 하고 있으며, 그 고민에 대한 해결책으로 왜 그러한 사업 운영을 할 수밖에 없었는지가 한눈에 그려진다. 또한 경쟁사의 상황과 업계의 동향에 대해서도 저절로 파악하게 된다. 지원 기업에 대해 미시적 관점 및 거시적 관점에서 다각도로 분석할 때 진정으로 그 회사가 어떤 역량을 가진 인재를 필요로 하는지 파악할 수 있고, 이를 기반으로 해서 효과적으로 자기소개서를 작성할 수 있다.

추가적으로 대한항공의 2009년도 사업보고서를 살펴보면 당시에는 'Flying

Art Ambassador'가 화두였다. 즉, 문화마케팅의 일환으로 승무원들에게 문화대사의 역할을 하도록 방침을 정했던 것이다. 따라서 2009년도에 대한항공 승무원으로 지원했다면 무엇보다 문화적 소양이 뛰어나다는 점을 부각시켜 썼어야 한다. 예를 들어 유럽여행 시 루브르박물관을 관람하면서 감명 깊었던 점, 다른 외국관람객에게 박물관 안내를 해주었던 에피소드를 스토리텔링으로 첨가했다면 좋은 주제가 되었을 것이다. 이처럼 같은 회사라 하더라도 지원 시기에 따라 자기소개서에 제시하는 지원자의 역량은 달라져야 한다. 기업은 처한 상황에 따라 다른 인재를 선호하기 때문이다. 더구나 항공업계는 사회경제적 변화에 매우 민감하게 반응하는 곳이다. 이를 간과하고 같은 회사라고 해서 상·하반기에 같은 자기소개서를 제출하거나 심지어 모든 지원 회사에 똑같은 내용의 자기소개서를 제출한다면 취업될 확률은 떨어질 수밖에 없다. 물론 채용 시 기업이 성실과 겸손한 자세 등의 기본을 갖춘 인재를 원한다는 점은 바뀌지 않는다. 하지만 지원자가 중요한 핵심을 중심에 두고 변화에 융통성 있게 대처할 줄 아는 인재라는 것은 이미 자기소개서의 주제 선정에서 드러날 수 있다.

DART를 통해 기업분석을 하는 방법

1. 먼저 DART 사이트에 접속한 후 본인이 지원하고자 하는 회사 이름을 검색한다.
2. 지원 회사와 관련된 정기보고서 중 가장 최근 보고서를 클릭한다(반기보고서, 사업보고서, 분기보고서 중 가장 최근 것 하나 선택).
3. 보고서의 목차 중 사업의 내용 부분을 클릭한다.
4. 가장 먼저 업계의 현황에 대해 파악한다. 즉, 업계의 시장규모가 어느 정도인지 알아본다.
5. 지원 회사의 현황을 파악한다. 즉, 매출액, 매출액 변동 추이, 주요 수익사업 및 수익아이템, 마케팅 및 사업전략, 매출액 변동의 주원인, 파악된 원인에 대한 해결방안을 알아본다.
6. 지원 회사의 시장점유율(현재 기준 및 전년도 시장점유율)을 알아본다.
7. 경쟁사를 파악해 경쟁사의 시장점유율, 주요 수익사업 및 수익아이템, 마케팅 전략 등을 알아본다.

※ 보다 구체적인 조사내용 리스트는 253페이지 워크시트 6 참조

POINT 2

<잡코리아>를 통한 기업분석의 실례

〈잡코리아〉는 국내 최대의 취업포털기업으로 많은 기업과 계약을 맺고 채용 공고를 게시하고 있다. 또한 직접 입사지원을 할 수 있도록 시스템을 운영하며, 여러 정보 제공 및 여론조사 등 취업과 관련된 많은 일들을 하고 있다. 대졸 입사지원자들을 위한 여러 유용한 정보들도 많은데, 홈페이지 상단 메뉴 '신입공채'로 들어가서 '공채핵심자료'를 클릭해보자. 상단 좌측에 보면 기업명으로 검색할 수 있는 창이 있다. 일관성을 주기 위해 앞서 계속 분석해왔던 대한항공을 검색해보자. 기업명을 치면 다음 페이지 그림과 같이 대한항공과 관련된 방대한 정보들을 얻을 수 있다. 그럼 세부적인 자료를 확인하기 위해 대한항공 회사명을 클릭하여 들어가 보자.

제일 앞부분에는 기업의 기본정보가 간략하게 기술되어 있는데 전년도 매출액, 설립연도, 사원수, 기업형태 관련 정보가 공개되어 있다. 추가적으로 재무현

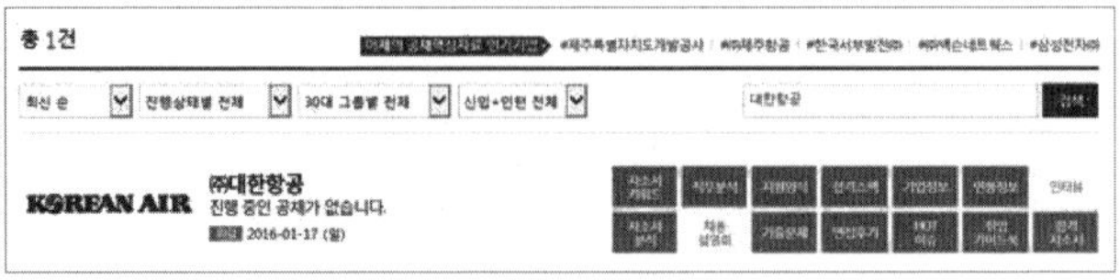

대한항공의 기업정보

(주)대한항공은 1969년에 설립된 회사로 자본금 2,989억 3,116만 원, 매출액 11조 7,123억 5,406만 원, 사원수 18,481명 규모의 대기업입니다. 서울 강서구 공항동에 위치하고 있으며, 정기항공 운송업사업을 하고 있습니다.

동종업계
1위

최근 업데이트: 2016.05.13.

KOREAN AIR	**11조 7,123억 5,406만원** 매출액 AAA+	**설립 48년차** 1969년 9월 19일 AAA	**18,481명** 사원 수 AAA+	**대기업** 기업형태

출처: 〈잡코리아〉 홈페이지

황, 고용현황, 근무환경, 기업 History, 회사 위치 등에 관련된 정보들도 얻을 수 있다. 또한 취업준비생들이 너무나 궁금해하는 연봉에 관한 정보도 확인할 수 있으므로 참고하기 바란다.

〈잡코리아〉는 직무에 대한 이해를 돕기 위해 회사의 각 부서에서 하는 일에 대해서도 기재해놓고 있다. 어떤 회사의 경우에는 대략적으로만 기술하고 있으나, 매우 상세하고 세부적으로 기재해놓은 현대자동차 같은 회사도 있으므로 반드시 다양한 회사의 조직도 및 직무에 대해 살펴보기 바란다. 여러 회사의 정보에 대해 살피다 보면 같은 부서라도 회사별로 하는 일에 조금씩 차이가 있음을 확인할 수 있다. 따라서 내가 입사한 뒤에 구체적으로 어떤 일을 하게 될지 확인하는 차원에서 반드시 지원 회사별로 직무내용을 알아둘 필요가 있다.

그다음으로 지원자들이 궁금해하는 정보는 아마 합격자의 스펙일 것이다. 〈잡코리아〉도 취업전문포털답게 합격자들의 평균 스펙을 공개하고 있다. 하지만 여러 직무의 스펙이 혼합되어 있어서 모든 직무에 일괄적으로 적용하기는 어렵다. 예를 들어 항공사의 경우 승무원 합격자의 영어 실력과 비행기 정비 합격자의 영어 실력은 다른데 이 모든 합격자들의 스펙이 희석되어 평균으로 제시되어 있다. 그렇다고는 해도 이렇게 그래프화되어 스펙정보를 제공해주는 사이트는 매우 드물고, 스펙의 방향성과 큰 그림을 파악하는 데에는 분명 큰 도움이 될 것이므로 참고하기 바란다.

대한항공의 평균 합격 스펙

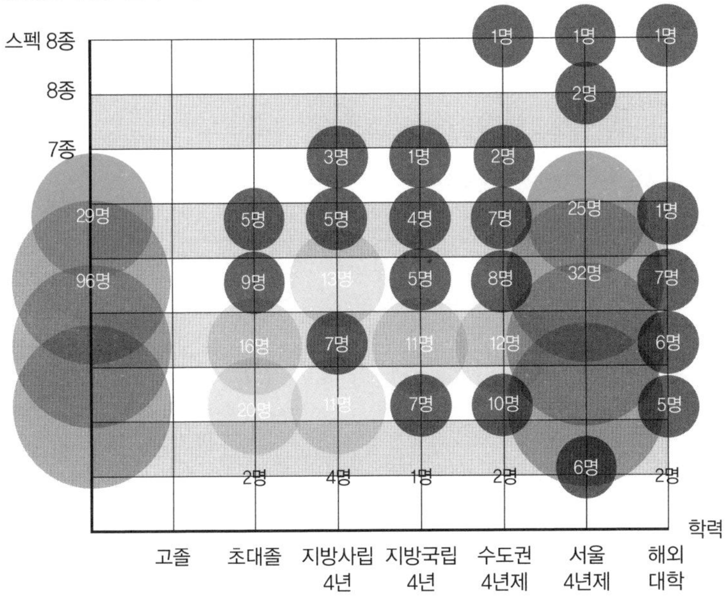

출처: 〈잡코리아〉 홈페이지

· **서류전형 준비**

[서류전형]
대한항공 채용홈페이지를 통한 인터넷 접수를 합니다.

[자기소개서 항목]
① 많은 직장 중에서 항공사를 선택하게 된 이유와 특히 대한항공에 지원하게 된 동기 및 입사 후 포부에 대해 구체적으로 기술하시오.(600자 이내)
② 자신에게 주어진 일이나 과제를 수행하는 데 있어 고정관념을 깨고 창의적으로 문제를 해결했던 사례에 대해 구체적으로 기술하시오.(600자 이내)
③ 본인이 경험한 최고의 서비스, 최악의 서비스에 대해 기술하고 그렇게 판단한 근거 및 사유에 대해 설명하시오.(600자 이내)
④ 항공사 직원이 함양해야 할 국제적 감각이란 무엇이며, 이 역량을 배양하기 위해 본인은 어떠한 노력을 기울였는지 기술하시오.(600자 이내)
⑤ 과거 타인과의 인간관계에서 가장 힘들었던 갈등 상황과 이를 슬기롭게 극복할 수 있었던 본인의 전략 및 노하우에 대해 기술하시오.(600자 이내)

입사지원에 필요한 구체적인 안내사항들도 나와 있다. 특히 바로 직전 공채 당시 요구했던 자기소개서 항목들이 기재되어 있어서 각 회사별로 채용 시 어떤 점을 중점적으로 보는지 미리 파악할 수 있다. 〈잡코리아〉에 공개된 이 정보를 바탕으로 지원 예정인 기업의 입사지원서를 미리 써두는 것도 좋다.

대한항공의 조직도 및 직무사전

팀	직무 소개(무슨 일을 할까요?)
객실 승무	운항 전 필요한 사항 확인, 운항 전후 안전 및 보안점검 실시, 기내 수하물 탑재상황 파악, 객실 내 승객에게 편안한 서비스 제공
운항 승무	비행 업무, 교육훈련, 안전 및 보안, 건강 관리
여객 부문	여객 영업·마케팅, 여객 예약·발권·판매, 여객 운송
화물 부문	화물 영업·마케팅, 화물 예약·판매, 화물 운송
전력/지원	기획, 인사, 국제 업무, 법무, 노무, 회계, 스카이팀, 국제 금융 등 전사적인 차원에서의 정책을 수립하고 각 본부(여객사업, 화물사업, 항공우주사업, 기내식사업, 호텔기판사업, 객실 승무, 운항 승무, 정비)를 지원하는 업무를 수행함
운항 관리	종합통제센터와 국내외 공항에서 운항 정보(취항 공항 현황, 기상자료 등)를 수집 · 분석하여 항공기 운항 여부를 결정하고, 비행 계획(운항 항로, 고도, 비행 시간, 탑재 연료 등)을 수립하여 조종사에게 제공하고 있음. 또한 안전 운항을 위해 비행 중인 항공기를 모니터링하면서 실시간으로 정보를 제공하는 역할을 함
항공 기술	기획, 기술, 품질 보증, 훈련
항공 우주	관리, 기술, 품질
시설	시설 계획, 시설 관리, 환경 관리

출처: 〈잡코리아〉 홈페이지

다시 한 번 강조하자면 자기소개서는 자기분석, 기업분석, 직무분석이 완결되어야 하므로 작성하는 데 생각보다 오랜 시간이 걸린다. 따라서 입사지원 시즌 직전의 방학이 끝나기 전까지 지원 예정 기업의 자기소개서 초안은 모두 작성해놓아야 하며, 초안 작성 시 이렇게 미리 공개된 자기소개서 항목을 잘 활용해야 한다. 기존의 면접 방법 및 면접 기출문제들도 제시되어 있어 이 또한 여러분의 취업 준비에 많은 도움이 될 것이다.

종합하면 여러 사이트에 나누어져 산발적으로 제시되고 있는 정보들이 〈잡코리아〉에서는 한눈에 볼 수 있도록 통합적으로 제시되어 있으므로 손쉽게 많은 정보를 접할 수 있다. 〈잡코리아〉를 통해 알게 된 정보도 253페이지 워크시트 6을 통해 잘 정리해두자.

POINT 3

<사람인>을 통한 기업분석의 실례

〈사람인〉은 대학생들이 가장 많이 활용하는 취업포털사이트로 알려져 있다. 〈잡코리아〉와 유사하게 공채 일정, 자기소개서 및 면접 등에 관한 정보들이 많으며 공채 달력이라든지 여러 가지 자료들이 잘 정리되어 제시되고 있으므로

대졸 취업준비생들에게 매우 유용하다. 특히 '공채의 명가'라는 메뉴에는 신입 사원 공채에 도움이 되는 많은 정보들이 있다.

〈사람인〉만의 독특한 자료로 먼저 'fun(재미있는)한 취업 동영상'이 있다. 기존의 자료들은 모두 텍스트로 이루어져 있어 다소 지루한 감이 있는 반면, 이 자료는 유용한 정보들이 영상으로 제작되어 재미있게 볼 수 있도록 구성되어 있다.

또한 〈사람인〉만의 유용한 정보로 '취업전략 리포트'가 있는데, 이는 기존의 기업에 대한 광범위한 정보들 중에서 핵심 사항만을 잘 추려 매우 상세하게 작성된 자료다. 뿐만 아니라 SWOT 분석 및 3C 분석 등 기업에 대한 심층적인 정보들이 많아서 매우 유용하다. 아쉽게도 2013년도 하반기 공채 시즌 이후에 이 보고서의 섹션이 없어졌지만 취업준비생들이 지속적으로 요청하면 다시 공개될 수도 있을 것 같다(238페이지 취업 전략 리포트 내용 참조).

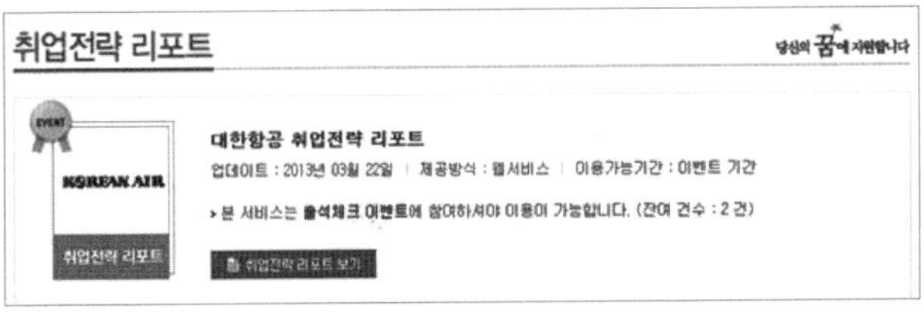

〈사람인〉에서도 개별 기업의 기본적인 정보를 보는 것이 가능하다. 그리고 로그인을 하면 해당 기업의 연봉정보를 무료로 볼 수 있다. 대졸 초봉뿐 아니라 각 직급별로 어느 정도의 월급을 받고 있는지 확인할 수 있다.

〈사람인〉에서는 기업의 최신 채용에 관한 정보들 또한 얻을 수 있는데, 이 중에서 '족보통'이라는 〈사람인〉만의 특화된 섹션을 눈여겨볼 필요가 있다. 특히 족보통의 '마감 채용 History' 부분에서는 이미 마감된 해당 기업의 채용정보들을

대한항공 SWOT 분석

S(Strengths) 강점

세계 최고로 인정받는 글로벌 명품서비스

– 여행업계의 오스카상으로 불리는 '월드 트레블 어워즈 2012(World Traver Awards 2012)'에서 전 세계 항공사 최초로 '최고의 서비스' 상 수상, 2년 연속 '세계 최고의 혁신 항공사' 부문 수상

– 2012년 여행전문지 트레블&레저(Travel&Leisure) 선정 '세계 최고의 항공사 4위'

1위	싱가포르항공	2위	에어뉴질랜드
3위	에미레이트항공	4위	대한항공
5위	캐세이퍼시픽항공	6위	아시아나항공
7위	버진아메리카	8위	카타르항공
9위	버진 아틀란틱에어웨이	10위	타이국제항공

– 500대 기업 CEO 선정 '2013 올해의 CEO 명품' 항공사 브랜드 선정(2003년 이후 11년 연속)

B-787기 안전문제

'꿈의 여객기'로 불리는 보잉 787 항공기가 전 세계에서 잇따라 사고를 일으키면서 국내 도입을 계획하고 있던 대한항공에 도입 시기를 늦춰야 한다는 의견이 제기되고 있다. 미국 보잉사의 차세대 주력기인 보잉 787은 보잉사가 2003년부터 야심 차게 배갈하기 시작한 기종으로 기체의 절반가량을 기존 알루미늄 대신 탄소섬유 복합재를 사용해 만들어 연료 효율을 크게 높인 것이 특징이다. 하지만 지난 2012년 12월에는 유나이티드항공사 소속의 보잉 787기가 전기 계통 고장으로 긴급 착륙한 데 이어, 2013년 1월에는 일본항공의 보잉 787기가 보스턴공항에 착륙한 뒤 불이 나는 사고가 일어났다. 그리고 하루 뒤인 1월 8일에는 여객기가 이륙을 위해 유도로를 따라 활주로로 이동하던 중 연료가 누출되는 사고가 일어났다. 이에 대해 대한항공은 사고가 난 기종은 B787-8기이지만, 대한항공이 국내에 도입할 기종은 B787-9로 잇따라 사고를 내고 있는 기종과 다르다는 걸 강조했다.

해외 저비용 항공사의 국내시장 진입

미국 보잉사의 자료에 따르면 아시아 지역의 저가항공시장이 매년 13%씩 성장, 현재 19%에서 2020년에는 31%까지 확대될 것으로 보고 있다. 이처럼 저가항공사들의 비중이 점차 확대되면서 대한항공과 같은 기존 프리미엄 항공사들에게 위협이 될 수 있다. 또한 해외 저가항공사들이 국내시장에 진입하면서 벌이게 될 가격전쟁이 항공사의 경영 악화로 이어질 수 있다. 현재 국내 저비용항공사 다섯 곳 모두 손익분기점을 넘기지 못하고, 특히 이스타항공과 티웨이항공은 자본잠식 상태로 재무구조 개선에 어려움을 겪고 있는 상황이다.

출처: 〈사람인〉 홈페이지

경쟁사(Competitor)

경쟁사의 특징은 무엇인가?

- 아시아나항공은 대한항공과 함께 양대 국적항공사로 손꼽히고 있다. 여기에 금연 그룹, 1994년부터 이어온 기내 동전 모으기 운동, 해외 사회공헌활동, 소외층을 위한 기내 서비스 등으로 고객 만족도 1위, 항공업계 착한 기업 1위 등으로 선정되고 있다. 여기에 2등 업체에 대한 고객들의 호의적인 평가까지 더해져, 사회공헌기업으로서의 이미지가 강화되고 있다.
- 제주항공이나 에어부산 등 저비용 항공사들은 저렴한 운임비를 가장 큰 강점으로 보유하고 있다. 여기에 최근에는 노선을 확장하고 일본과 홍콩 등 국제선도 늘려 항공운송산업을 개편하고 있다.

경쟁사의 전략은 무엇인가?

- 아시아나항공은 사회공헌활동을 더욱 확대해가며, 소외계층을 위한 서비스도 강화해나갈 전망이다. 현재 아시아나항공은 TV광고 등을 통해 중국 내 '아름다운 교실' 프로젝트를 홍보하고 있으며, 지난 1월에는 중국의 소외계층 학생들을 본사로 초청한 바 있다. 또한 항공화물시장의 불황으로 대한항공이 화물 부문의 노선을 줄이고 사업을 축소하는 것에 반해, 아시아나항공은 신 화물기 도입, 신규 노선 취항 등 항공화물시장의 불황을 시장 확대의 기회로 활용하기 위한 노력에 집중할 것으로 보인다.
- 2013년 저비용 항공사들은 노선 확대와 마케팅 강화를 통해 실적 개선과 점유율 확대에 박차를 가할 것으로 예상된다. 지난 2012년 저비용 항공사들의 국내선 시장점유율은 43.8%로, 국내 노선이 안정기에 접어들면서 2013년부터는 국제선을 중심으로 규모를 확대해나갈 것으로 전망된다.

출처: 〈사람인〉 홈페이지

공개하고 있어 과거의 채용 패턴을 한눈에 알아볼 수 있다. 대졸 취업준비생의 경우 과거의 채용정보를 통해 기업에서 채용하는 직무 분야와 채용 시 자격 조건 및 우대 조건을 파악해 미리 준비할 수 있다. 또한 채용정보를 통해 경력직으로는 어떠한 역량을 갖춘 사람을 뽑는지 미리 파악할 수 있기 때문에 입사 후 경력 개발과 관련해서도 방향성을 잡을 수 있다. 채용공고는 이렇듯 현장감 있는 경력 개발 관련 정보를 전해주므로 대학교 1학년 때부터 관심 있는 기업들의 채용공고를 많이 봐두는 것이 좋다.

기업명 그룹명	제목 지역/경력/학력 | 근무형태/연봉/지원자수	마감일	조회수
(주)LG상사 LG그룹	2013년 하반기 대졸신입사원 모집 [15] [영등포구][신입][대졸↑] [정규]	09/11(수) -	30,373
(주)LG상사 LG그룹	해외발전(IPP)사업 경력사원 모집 [영등포구][5~10년][대졸↑] [정규]	08/16(금) -	642

(주)LG상사 LG그룹	'13년 하계 인턴사원 모집 (외국인유학생) [영등포구][신입][대졸↑] [인턴]	06/21(금) -	557
(주)LG상사 LG그룹	'13년 하계인턴 사원 모집 (한국인) [13] [영등포구][신입][대졸↑] [인턴]	06/21(금) -	11,472

LG상사의 마감된 채용정보 중 2013년 공채공고를 클릭해 들어가 보면, 상사는 주로 상경 계열이나 어문 계열만 뽑을 거라는 여러분의 예상과는 달리 오히려 이공계 출신도 선호하는 것을 확인할 수 있다(오른쪽 페이지 표 참조). 물론 이공계 출신이라 하더라도 영어는 기본으로 해야 하며, 제2외국어도 추가적으로 할 줄 아는 인재를 선호한다. 따라서 상사에 취업을 희망하는 학생들은 1학년 때부터 전공 지식, 영어 및 제2외국어 준비를 해야 한다. 취업 준비는 단기간에 할 수 있는 것이 아니기 때문에 미리미리 관심 기업을 선정하여 조사하고 분석해서 기업과 직무에서 요구하는 능력을 갖추기 위해 힘써야 한다.

그렇다면 이제 LG상사의 2016년 채용공고를 확인해보자(242페이지 표 참조). 2013년 공고와 비교해보면 사업 부문 위주로 구성되어 있던 회사 내 조직이 직무 위주로 재편되었음을 확인할 수 있다. 이럴 경우 기업 홈페이지를 통해 회사의 조직도를 반드시 확인해봐야 한다. 그런데 취업준비생에게 어떤 역량이 필요한지는 2013년 채용정보에 보다 명료하게 드러나 있다. 따라서 취업을 목표로 한 기업의 과거와 현재의 채용정보를 모두 확인함으로써 조직 내 변화의 역사와 다양한 정보를 알아둘 필요가 있다.

LG상사

2013년 하반기 대졸 신입사원 모집 분야

1. 채용 인원
 – 00명
2. 모집 분야

부문	사업/직무	선호 전공	관련 제2외국어	근무지
사업 부문	석탄사업	자원·토목공학, 지질학, 상경	러시아어, 인도네시아어, 일본어	– 전 직무 Bix영어 회화 우수자 선호 – 근무지: 여의도 LG트윈타워
	석유사업	자원공학, 지질학, 상경	러시아어, 스페인어	
	프로젝트사업	화학공학, 상경	–	
	그린산업 (팜·조림)	산림학, 상경	인도네시아어	
	IT·기계산업	전기·전자·소재·기계공학, 상경	중국어, 러시아어	
	석유화학산업	화학공학, 상경	중국어	
	철강산업	금속·재료공학, 상경	중국어	
지원 부문	재경 (회계·기획·진단)	상경 계열 위주	인도네시아어, 중국어, 스페인어	
	홍보	언론·커뮤니케이션학, 상경	–	
	정보기술	산업공학·정보과학, 상경	–	

* 국가보훈 대상자, 국가등록 장애인은 관련법에 의거하여 우대
* 기초수급 대상자 및 차상위 계층은 저소득층 취업지원정책에 따라 우대

출처: 〈사람인〉 홈페이지

LG상사의 2016년 대졸 신입사원 모집 분야(2차)

조직	모집 분야	상세 내용	전공	근무지	인원
사업 부문	자원개발	자원·원자재 개발 및 투자 – 광구·광산 개발 및 생산 – 석탄·석유·비철·팜 투자사업 관리	자원개발·상경 계열 전공	서울특별시 여의도 LG트윈타워	0명
	Trading	해외 수출입, 삼국 간 영업 – 자원·원자재·산업재 Trading – 석탄, 비철, IT부품, 기계, 석유화학, 철강 등	상경, 인문·이공 계열 전공(화공, 전자, 기계, 소재, 산공 등)	서울특별시 여의도 LG트윈타워	0명
	Project	Plant/Infra 사업 투자, 관리 – 화공, 발전 Plant, 항만, 도로 등	상경·이공 계열(화공, 전기, 기계, 토목 등)	서울특별시 여의도 LG트윈타워	0명
지원 부문	경영지원	금융, 회계, 기획, 홍보, HR 등 – 재경직권(금융, 회계, 기획)의 경우 회계 전문지식 보유(KICPA)/중국어, 인도네시아어 등 제2외국어 회화 실력 보유자 우선 채용	상경·인문·이공 계열 전공	서울특별시 여의도 LG트윈타워	0명

출처: 〈사람인〉 홈페이지

POINT 4

기업 사이트를 통한 기업분석의 실례

호랑이를 잡으려면 호랑이 굴에 들어가야 하듯이, 취업을 하려면 그 기업에서 실제로 생활해보는 것이 가장 좋다. 그러나 이 방법은 불가능하므로 차선책으로 해당 회사의 웹사이트는 꼭 확인해야 한다.

먼저 CJ의 채용사이트에 대해 살펴보자. CJ는 B to C기업의 대명사로 많은 청년들이 취업을 원하는 기업이다. 주로 식품 쪽으로만 잘 알려져 있는 것과는 달리 CJ는 백신 등의 생명공학사업도 운영하고 있다. 이렇게 잘 알려져 있지 않은 계열사와 사업 영역 및 규모에 관한 정보는 [CJ 채용홈페이지-ABOUT CJ]-[계열사 소개]에 들어가 보면 이해하기 쉽게 그래프로 제시되어 있다.

지원 사업 영역이 전체 그룹에서 어느 정도의 규모를 차지하는지, 향후 그룹사가 지원 사업 영역에 대해 계속 투자할 의지를 가지고 있는지 판별하는 것은 채용 준비뿐 아니라 입사 후 경력 개발에 있어서도 매우 중요하다. 이외에도

CJ 계열사의 사업 영역 및 규모

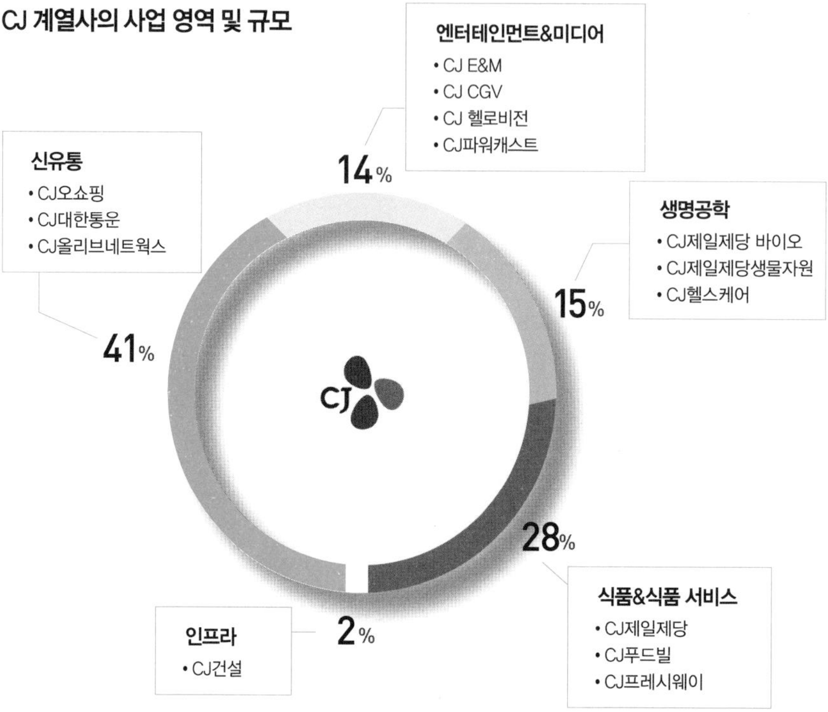

출처: CJ 홈페이지(2016년 6월 기준)

[Overview]와 [Global Business] 섹션을 통해서 해당 계열사에 대한 상세한 정보를 얻을 수 있다. 이를 통해 똑같은 사업부라 하더라도 어떤 국가에 진출했느냐에 따라 신입사원에게 요구되는 역량에는 조금씩 차이가 있음을 확인할 수 있다.

계열사의 종류에 대해 알았다면 다음으로는 각 계열사별로 운영하는 사업과 브랜드의 명칭을 찾아봐야 한다. 이것도 역시 CJ 홈페이지에서 확인 가능하다. 가령 CJ푸드빌의 경우 VIPS, 뚜레쥬르, 투썸플레이스 등의 브랜드를 가지고 있음을 알아야 한다.

그런데 CJ E&M 지원자도 CJ푸드빌이 운영하는 브랜드에 대해 알아야 할까? 정답은 "그렇다"이다. CJ E&M에 입사하게 되면 다른 CJ 계열사의 매장이나 서비스를 이용할 때 사내 복지의 일환으로 할인 등의 혜택을 준다. 예를 들어 대한통운 직원이 CGV에서 영화를 보거나 올리브영에서 물건을 사거나 투썸플레이스에서 커피를 마실 때에도 할인을 해준다. 혜택은 다 받으면서 입사 전이나 후에 다른 계열사의 소식을 왜 알아야 하느냐고 반문하는 것은 도리에 맞지 않는다. 따라서 지원 계열사가 아니더라도 거시적인 관점에서 모기업의 중요한 사항은 파악하고 있어야 하는 것이다.

다음으로 두산에 대해 알아보자. 두산 채용사이트(career.doosan.com)에 들어가면 다음의 화면을 볼 수 있다.

홈페이지 상단의 메뉴 중에서 '자회사/직무 소개'의 '자회사 소개'로 들어가보자. 그러면 좌측으로 길게 두산의 모든 계열사 리스트가 뜬 화면이 보인다. 이 중에서 여러분이 관심을 갖고 있는 계열사를 클릭해보자. 그러면 다음과 같은 '기업정보'를 제공하는 섹션이 보일 것이다.

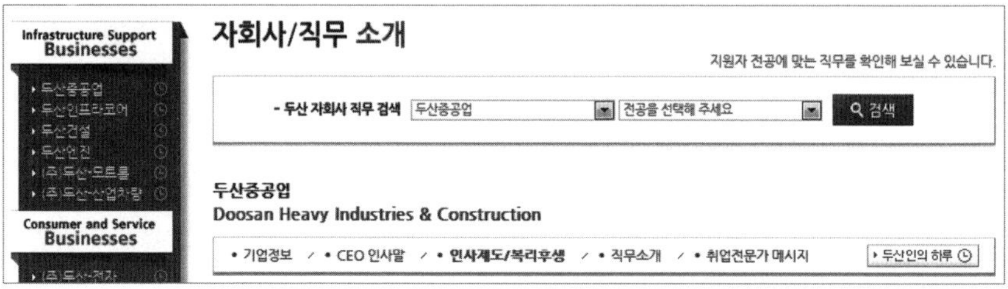

두산의 자회사에 대한 개략적인 소개를 확인해봤으면 그다음으로 '인사제도/복리후생'을 클릭해보자. 그러면 교육훈련, 복리후생, 조직문화에 대해서 매우 상세하게 확인할 수 있다.

또한 '인사제도'의 '인재상' 부분으로 들어가 보면 인재상에 대해서도 상세하게 나와 있으므로 참고하기 바란다.

두산의 인재

두산의 인재, 즉 '두산인'은 능력이 많거나 적거나 혹은 탁월하거나 그렇지 않거나 조직에 공헌할 능력과 의사를 가지고 이를 실천하며 자신의 능력을 끊임없이 향상시키고자 노력하는 모든 구성원을 의미합니다. 또한 두산인은 우리의 근본적인 가치와 인재상을 중요시하고 행동 속에 담고 있는 사람입니다.

진정한 관심과 육성 (CULTIVATING PEOPLE)	〉〉〉	두산인은 사람을 성과의 도구로 생각하지 않으며, 하나의 인격체로 존중합니다. 두산인은 먼저 개개인에 대한 진정한 관심을 가지고 그들을 배려합니다. 성과를 만들어내는 주체는 사람이라는 믿음으로, 때로는 단기 성과를 희생할지라도 중장기적 관점에서 인재 양성을 최우선시하며 한 사람, 한 사람을 두산인으로 양성하기 위해 노력합니다.
인화 (INHWA)	〉〉〉	두산인은 자신의 성과와 팀의 성과를 분리하여 생각하지 않으며, 조직 공동의 하나 된 목표 달성을 위해 자발적으로 합심하는 팀워크를 실천합니다. 보다 강력한, 진정한 의미의 팀워크를 실천하기 위해서는 당당함과 따뜻함이 그 기반이 되어야 합니다. 이러한 따뜻함을 기반으로 하는 진정한 의미의 팀워크, 이것이 두산이 추구하는 '인화'입니다.
끊임없이 올라가는 눈높이 (LIMITLESS ASPIRATION)	〉〉〉	두산인은 끊임없이 올라가는 눈높이를 가지고 있습니다. 무조건 1등만을 목표로 삼기보다 성취하였을 때 스스로 큰 자부심을 가질 만한 목표를 세웁니다. 그리고 자신의 수준을 높이고 개선을 이루기 위해 끊임없이 노력합니다. 이를 통해 얻는 성취감은 개인의 호기심, 열정 등과 함께 눈높이를 다시 올리고자 하는 자발적 욕구로 이어집니다. 두산인은 이러한 선순환을 통해 개인의 삶의 의미를 찾고 자발적으로 끊임없이 눈높이를 올리는 사람입니다.

출처: 두산 홈페이지

POINT 5

언론을 통한 기업분석의 실례

현재까지 기업분석에 사용된 사이트들은 여러 검증을 거쳐 정제된 정보를 제시하고 있다. 또한 이는 기업이 자체적으로 생산한 정보라서 아무래도 주관적 견해가 많이 녹아 있을 수밖에 없다. 그에 비해 미디어를 활용하면 해당 기업에 대한 비교적 객관적이고, 보다 최신의 정보를 얻을 수 있다. 언론 기사에는 그 회사의 현재 이슈와 진행 상황, 경영전략, 이에 따른 주가 변동 등이 실시간으로 드러나 있기 때문이다. 따라서 기업이 처해 있는 상황에 맞춰 어떤 인재를 신입사원으로 원하는지 파악할 수 있는 단서들이 많다.

만약 여러분 집안의 경제 상황이 갑자기 어려워졌다고 가정해보자. 나는 침울해하고 있는데 이성 친구는 자꾸 여행을 가자고 하고, 뭔가 사달라고만 한다면 여러분은 어떤 기분이 들겠는가? '이 애는 나한테 관심이 없구나'라는 생각이 들면서 서운한 마음에 사이가 멀어질 수 있을 것이다. 기업도 마찬가지다. 회사는 재정상황이 어렵고 주가가 계속 떨어지고 있는데 이런 상황에는 관심도 없고 회사에서 얻을 수 있는 것과 연봉, 휴가 및 복지 등에만 관심을 보이는 지원자가 좋게 보일 리 없다. 아무리 뛰어난 능력을 가진 지원자라고 하더라도 말이다.

어떤 회사에서 진정 일을 하고 싶다면 자연스럽게 해당 회사의 동향에 대한 기사를 자주 찾아보게 될 것이다. 이때 해당 기업에 대한 기사를 단편적으로만 읽을 것이 아니라 그 이면에 숨겨진 원인과 이로 인해 어떠한 결과가 나타날지 미리 예측해보는 훈련을 해야 한다. 현 상황에서 여러분이 CEO라면 어떠한 의사 결정을 할 것인지 미리 판단해보는 것도 예비 직장인으로서 좋은 연습이 될 것이다.

해당 기업에 대한 기사를 조사할 때에는 일단 주가부터 찾아보는 것이 좋다. 주가는 해당 기업의 최근 동향을 가장 빠르게 반영하는 수치이기 때문이다. 따라서 자기소개서 작성일 및 면접 전형 당일에 해당 회사의 주가를 확인하는 것은 필수다. 또한 최근 1개월간, 6개월간, 1년간 및 3년간 주가의 동향이 어떻게 변화했는지, 급격하게 떨어지거나 올라간 시점이 있었는지, 그 시점에서 회사에 영향을 준 중대한 이유가 무엇이었는지 확인할 필요가 있다.

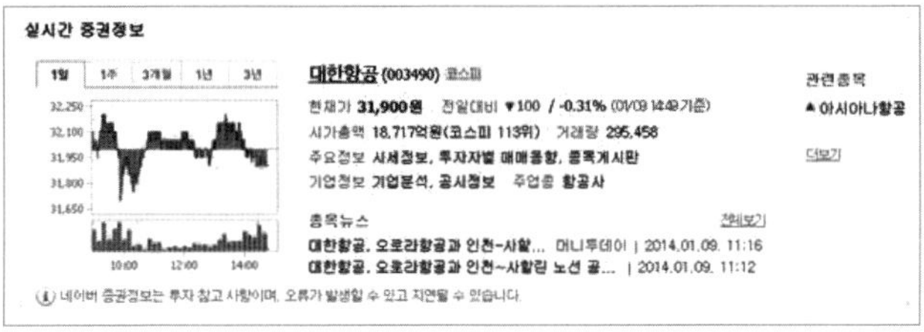

실시간 증권정보에서 주가를 검색한 후에는 종목 뉴스를 통해 회사와 관련된 기사를 확인해볼 수 있다.

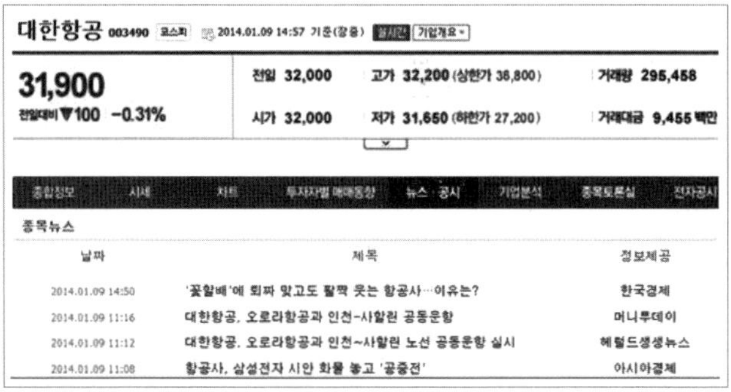

대한항공의 종목 뉴스로 들어가서 우선 가장 최근에 있는 기사 '꽃할배에 퇴자 맞고도 활짝 웃는 항공사… 이유는?'의 내용을 검색해보자. 해당 기사의 일부분을 발췌해서 소개하면 다음과 같다.

> 방송 효과를 본 것은 대형 항공사도 마찬가지다. 같은 기간 아시아나의 대만 노선 탑승률은 81%에서 88%로 늘었고, 대한항공 역시 70%대에서 80% 수준으로 올라섰다.
> 여행업계 관계자는 "다른 여행지보다 거리가 가깝고 경비도 저렴해 방송을 본 중년층의 방문이 급증했다"며 "지난 11월부터 이미 올 2월 비행기 표를 구할 수 없을 정도로 예약이 찼다"고 말했다. 이 같은 '깜짝 효과'에 놀란 항공사들은 여행을 콘셉트로 한 방송 출연에 군침을 흘리고 있다. 꽃할배 협찬이 무산된 티웨이항공은 주말 예능프로 〈아빠 어디가〉 제주편을 통해 홍보에 나설 계획이다. 방송에 기내를 노출시켜 항공사와 승무원 특화서비스에 대한 인지도를 높인다는 설명이다.

이 기사를 통해 항공사들이 해외여행 방송 프로그램의 덕을 톡톡히 봤음을 알 수 있다. 방송 후 해당 노선의 매출액이 크게 상승한 것을 확인한 항공사의 입장에서는 향후 방송 협찬에 주력하는 마케팅 전략을 펼칠 가능성이 높다. 특히 연예인들의 해외 배낭여행 프로젝트인 꽃보다 시리즈에 항공사들의 협찬 경쟁이 치열해질 것을 예상할 수 있다. 이렇듯 해당 기업에 대한 기사를 검색하다 보면 그 기업이 처한 상황, 그리고 그에 따른 회사의 추후 대응전략을 예측할 수 있다. 특히 신입사원들은 앞으로 진행될 프로젝트에 투입될 것이기 때문에 회사 업무의 진행 방향을 아는 것은 예비 신입사원으로서 역량을 드러내는 데 매우 중요한 증거가 된다.

여기까지 기업분석을 함께 해봤는데 여러분의 소감이 궁금하다. 결론적으로 취업을 위한 기업분석에서 가장 중요한 것은 수집된 정보를 바탕으로 현재 회사가 고민하고 있는 부분이 무엇이며, 그 부분을 해결하기 위해 회사는 어떤 액션을 취해야 하는지, 또 이를 위해 어떤 역량을 갖춘 직원을 채용해야 하는지를 찾는 과정에 있다. 즉, 회사가 앞으로 진행할 일들에 자신의 역량이 얼마나 효과적으로 쓰일지 설득할 포인트를 찾는 과정이라고 말할 수 있다.

이러한 분석과정은 하루 이틀 한다고 쉽게 수행되는 것이 아니라 평소 관심 있는 회사와 업계에 대해 오랫동안 깊이 있게 고민해야만 자연스럽게 행해질 수 있다.

여러분이 어떤 회사에서 어떤 직무를 맡게 될지는 모르지만, 지금까지 기업분석을 하는 데 활용된 정보분석능력은 어디서 어떤 일을 하든 꼭 필요한 능력이다. 특히 시장조사 정보를 바탕으로 전략을 짜거나 기획을 하는 마케팅, 영업전략, 영업관리, 영업, 사업기획 등의 부서에서는 하루 일과의 대부분이 이러한 정보를 분석하는 것이다. 그래서 특히 이런 부서에서는 정보분석능력이 두드러지지 않는 지원자를 뽑을 수가 없다. 따라서 정보분석능력을 요구하는 직무에 지원할 생각이라면 반드시 자기소개서에 자신의 해당 능력을 적극적으로 보여주고 드러내야 한다. 기억하자. 사회에서는 드러나지 않은 능력은 없는 것과 마찬가지다.

아울러 현재까지 소개한 기업분석의 방법들로는 기업의 내부에서 논의되고 있는 적나라하고 실제적인 이슈들까지 아는 것에는 한계가 있다. 또한 채용과 관련된 회사의 최근 방침들을 아는 데에도 한계가 있다. 이러한 고급 내부정보를 얻기 위해서는 반드시 해당 기업에 근무하는 직원을 만나봐야 한다. 그래야만 생생한 정보를 얻을 수 있다.

마지막으로 힘들겠지만 여기서 멈추지 말고 현재까지 얻은 정보를 일단 모두 기록으로 남겨야 한다. 이때 오른쪽 페이지 워크시트 6의 질문리스트를 활용해 해당 기업에 대한 보고서를 만들어두면 효율적이다. 그리고 이렇게 정리된 기업분석 정보를 통해 기업의 실제적 인재상을 도출하는 것을 잊어서는 안 된다. 우리의 최종 목표는 기업분석이 아니라 취업이다.

워크시트 6 Yang's 업계 및 기업분석표

업계분석	1 해당 기업이 속한 업계의 시장규모(ex. 패션업계 연간 14조 규모) 2 해당 기업이 속한 업계의 최신 매출 동향 3 해당 기업이 속한 업계의 최강 회사들 및 회사별 시장점유율 4 업계의 특징(경기를 많이 탄다든지 등) 5 업계 관련 최근 이슈 6 최근 시장환경(악재 vs 호재)
회사분석	1 총 매출액 2 수익구조 3 중점 사업 및 중점 국가(Leading Industry and country) 4 대표 상품 또는 서비스 5 대표 상품 또는 서비스별 경쟁사 6 신상품, 신 개발품에 대한 기획 및 현황 7 재정적, 인적 구성 변동[재무제표 변동(부채 비율), 임직원수 변동, 전년도 신입 채용 인원수] 8 조직의 이슈 및 현재 기업이 가장 고민하고 있는 것 9 지원 기업이 전년도에 잘한 것 vs 못한 것 10 최근 회사에 도움이 되는 사회적 사건 vs 어려움을 준 사회적 사건 11 회사의 연혁, 사훈, 경영이념, 캠페인, 홍보전략 12 창업주 및 현재 대표의 특성 (사진, 경력, 주요 업적, 출신 학교, 전공, 취미, 인생 모토, 원하는 인재상 등) 13 주식 관련 정보(회사의 주가 및 주가 변동 내역, 주식 보유 주주 현황) 14 기업의 인재상(홈페이지 및 대표의 인터뷰 기사, 현재까지의 정보를 바탕으로) 15 기업의 장단점 및 발전을 위해 제안하고 싶은 내용 16 기업의 부서 및 직무 구성 확인(조직도 참조) 17 업종별 계열 회사, 계열 회사의 수 및 해외 지사의 수와 위치 18 최근 자기소개서 항목 19 최근 면접 유형 및 기출문제

PART 8

내가 할 일을 제대로 알아라 _직무분석

〈잡이룸〉을 통한 직무분석 ☑
기업 사이트를 통한 직무분석 ☑
온라인 직무 동영상을 통한 직무분석 ☑
〈잡코리아〉를 통한 직무분석 ☐

POINT 1

<잡이룸>을 통한 직무분석

입사지원보다 선행되어야 할 것은 지원할 직무를 정하는 일이다. 이는 마치 대학에 지원하기 전에 과를 먼저 정하는 것과 같다. 자신에게 잘 맞는 전공으로 중심을 잡고 대학을 지원하면 어떤 대학을 가도 크게 동요하지 않지만, 전공을 제대로 정하지 못하면 갈팡질팡하게 된다. 입사지원도 마찬가지다. 자신에게 잘 맞는 직무를 먼저 선정하고 그에 맞춰 회사를 여러 군데 지원하면 몸은 힘들어도 마음은 중심이 잡혀 있기 때문에 추진력 있게 취업 준비를 할 수 있다. 그러나 지원 직무를 정하지 못한 채 이 직무, 저 직무 사이를 방황하면서 입사지원을 하면 마음이 항상 갈등상태에 놓여 있기 때문에 에너지가 한곳에 모이지 못한다. 그러면 결국 실제 활동량보다 더 피곤함을 느끼게 되어 취업 준비가 진척을 보이지 않게 된다. 따라서 지원 직무는 반드시 미리 결정해놓아야 하고 빨리 결정할수록 좋다.

직무(job)란 쉽게 말해 '맡은 일'이다. 가령 회계, 영업 등의 지원 단위를 말한다. 이들 직무는 분명히 구분되는 특징을 갖고 있다. 영업의 경우 주로 사람을 상대하는 일이고, 회계는 주로 데이터를 다루는 일이다. 또한 각 직무마다 궁합이 맞는 직원의 유형이 있다. 영업직원은 사람 만나는 것을 좋아해야 한다든지, 회계직원은 혼자 차분히 일하는 것을 좋아해야 한다든지 말이다. 만약 사람 만나는 것을 좋아하는 사람이 회계 일을 맡게 되면 직무상 다소 외로움을 느낄 확률이 커서 퇴근 후 친구를 만나는 횟수가 늘어날 것이다. 이렇듯 직무는 지원자 개인의 특성과 궁합이 잘 맞아야만 오래 함께 갈 수 있다. 그래서 사전에 직무분석을 하는 것이 중요하다. 내가 지원하는 직무가 세부적으로 어떤 일을 많이 하고 그 과정에서 어떤 역량을 요구하는지, 직무에서 요구되는 역량을 내가 가지고 있는지 철저히 사전분석을 마쳐야 나에게 맞는 직무를 찾을 수 있다. 누구도 잘하지 못하는 일을 오랫동안 하기는 어렵기 때문이다. 따라서 직무분석을 해야 하는 본질적인 이유는 자기소개서를 잘 쓰기 위해서도 아니고, 취업하기 위해서도 아니다. 바로 나에게 잘 맞는 직무를 선택하기 위함이다. 나의 행복한 삶을 위한 과정인 것이다.

그럼 지금부터 직무분석을 할 수 있는 구체적인 방법에 대해 살펴보자. 직무분석을 위해 가장 많이 사용되는 사이트는 〈잡이룸〉이다. 잡이룸 www.joberum.com 홈 화면의 오른쪽 하단에 있는 '직무사전' 섹션으로 들어가 보자. 클릭을 하면 모든 직무를 한눈에 볼 수 있는 화면이 보일 것이다. 이 화면에 보이는 직무의 종류가 모든 회사의 직무명과 정확하게 일치하는 것은 아니다. 그러나 전반적으로 모든 기업들에 두루두루 적용될 수 있는 공통의 기준을 바탕으로 선정되었기 때문에 여러분의 지원 회사에도 적용이 가능할 것이다.

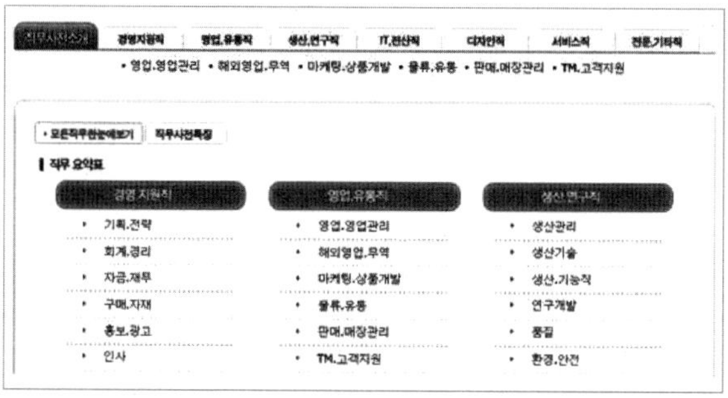

〈잡이룸〉 홈페이지에 나와 있는 직무 중에서 여러분이 희망하는 직무를 클릭해서 살펴보자. 가령 많은 지원자들이 희망하는 마케팅·상품개발 직무로 들어가 보면 주로 시장조사 분석, 마케팅 전략 수립, 마케팅 활동 및 성과 관리 등의 업무를 수행하는 것을 확인해볼 수 있다. 실제로 마케팅 부서 지원자들 중에 마케팅의 기본인 4P도 모르는 경우가 생각보다 많다. 이렇게 지원 직무의 기본 용어도 모르면 채용될 확률이 매우 낮아진다. 따라서 마케팅 부서에 지원하고자 한다면 〈잡이룸〉 등을 통해 기본적인 마케팅 직무 상식 정도는 숙지하기 바란다. 단, 직무별 세부 업무내용은 회사별, 업종별로 다소 차이가 날 수도 있으므

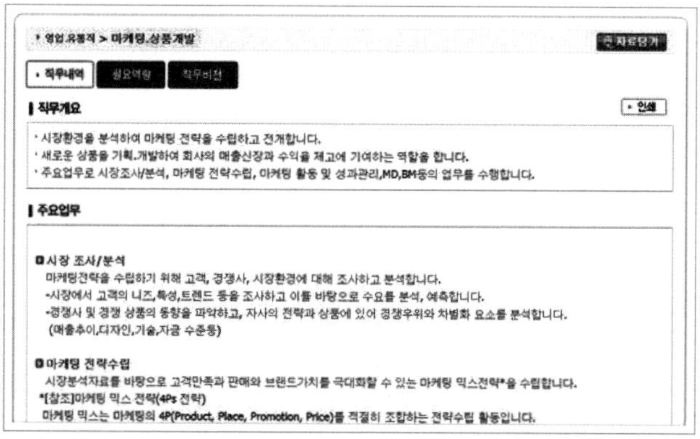

로 먼저 〈잡이룸〉의 정보를 숙지한 후 지원 회사의 조직도, 직무분석 내용 등을 확인해서 지원 회사에 해당하는 정확한 내용을 알아둘 필요가 있다.

다음으로 직무별 필요 역량을 확인해보자. 마케팅·상품개발 부서에서 일을 하기 위해서는 중요도 순서대로 분석력, 유연·창의력, 전략적 사고, 대인관계력, 정보수집·활용력, 의사소통력 및 IT 활용능력이 요구된다(아래 도표 참조). 따라서 입사지원자는 자신이 원하는 직무에서 요구하는 역량을 확인하고, 바로 그 역량을 갖추고 있음을 자기소개서를 통해 주장함으로써 인사담당자를 설득하면 된다. 이처럼 지원하는 직무는 채용 전 과정의 프레임워크를 결정할 만큼 중요하기 때문에 반드시 철저하게 파악해야 한다.

마케팅·상품개발 직무에서 요구되는 역량을 파악했으면 이제 자기소개서를 작성하는 일만 남았다. 먼저 위의 일곱 가지 역량 중에서 본인이 자신 있게 내

마케팅·상품개발 직무를 수행하기 위해 필요한 주요 역량

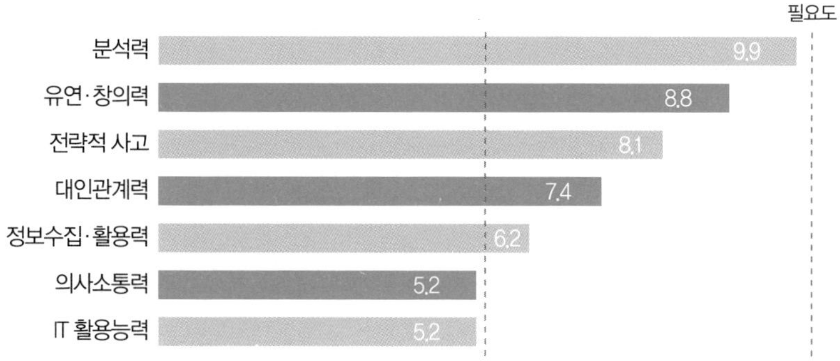

• **필요도**: 해당 직무의 필요 역량들을 10점 척도로 상대 비교한 것(10점: 매우 필요, 5점: 필요)
• **'직무 지식, 수용능력'** 등 공통의 기본 역량은 모든 직무에서 공통으로 요구되므로 표시하지 않았음

출처: 〈잡이룸〉 홈페이지

세울 만한 역량 3~4가지를 선택한다. 선택된 역량은 본인의 경험담이나 자격증 등으로 반드시 증명할 수 있어야 한다. 아무리 뛰어난 역량을 가졌다고 주장해도 증거가 없으면 공허한 메아리가 될 뿐이다. 다음으로 각 역량 주제어에 살을 붙여나가면 된다. 자기소개서에 본인의 역량을 어필하는 방법은 Part 2의 SEB 규칙 부분에서 상세히 설명하였으니 참고하기 바란다.

POINT 2

기업 사이트를 통한 직무분석

지원하는 회사의 웹사이트를 방문하는 것이 예의라면, 여기서는 지원하지 않더라도 반드시 추가적으로 방문해야 하는 기업의 사이트를 안내하고자 한다. 취업 컨설턴트들에게 가장 잘 구성된 회사의 웹사이트를 꼽으라고 한다면 'CJ'와 '두산'의 채용사이트를 선택할 것이다. 이 두 회사의 사이트는 해당 회사뿐 아니라 기업에서 전반적으로 통용되는 직무에 대한 분석을 매우 잘해놓았기 때문에 다른 기업의 지원자들에게도 큰 도움이 된다.

먼저 두산의 채용사이트를 보자. '두산 커리어스' 사이트에 들어가서 상단의 '자회사/직무 소개' 섹션으로 들어가 보자. 그러면 좌측으로 길게 두산의 모든 계열사 리스트가 뜨는데, 이 중에서 여러분이 관심을 갖고 있는 계열사를 클릭해보자. 하나의 예로 두산 인프라코어를 클릭하면 다음 페이지의 이미지와 같은 화면이 뜬다. 이 중에서 '직무소개 메뉴'를 클릭해보자.

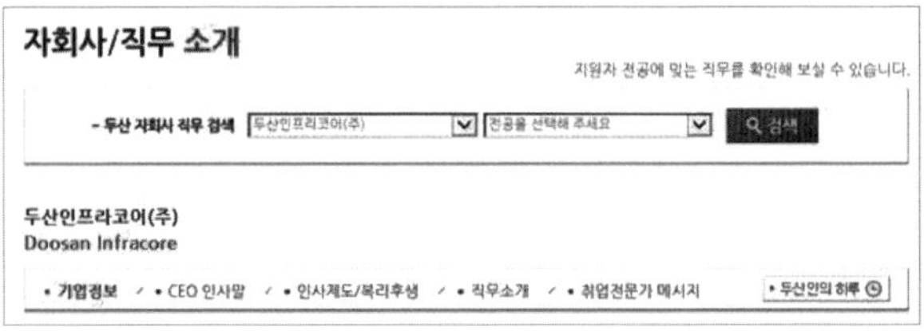

그러면 해당 계열사의 여러 직무들이 뜨는데 이 중에서 '관리지원' 직무를 클릭해보았다. 다음의 화면을 보면 하나의 직무에 대해서 About This Job, Qualification, career@DOOSAN의 세 파트로 나뉘어서 매우 구체적으로 설명되어 있는 것을 확인할 수 있다.

두산 인프라코어의 관리지원 직무에 필요한 역량

About This Job 〉〉〉 관리지원업무는 총무/시설업무 등으로 구성되어 있습니다. 총무업무는 직원들에 대한 복리후생업무 지원, 사내 고객 지원업무를 수행하고 있으며, 외부적으로는 언론, 의전 등 기업이미지를 알리는 업무입니다. 시설업무는 해외생산거점 건설에 대한 검토 및 지원과 국내 사업장 내 시설공사 및 유틸리티 설비를 최적의 상태로 유지하는 업무입니다.

Qualification 〉〉〉 4년제 대학 학사 이상의 학위가 요구되며, 법정 및 상경 계열(총무), 기계, 건축 및 전기공학 계열(시설)이 적합하나 업무에 따라 해당 전공으로 제한받지는 않으며, 본인의 의지와 능력에 따라 타 전공자들도 근무할 수 있습니다. 시설 분야의 전기 전공자의 경우에는 법적 자격증을 소지하고 있으면 좋습니다. 총무업무는 경영/재무 지식 및 기획력, 분석력, 원만한 대인관계와 의사소통 기술 및 설득력, 추진력 등의 자질이 필요합니다. 시설업무는 기획력과 분석력 및 추진팀과의 팀워크를 바탕으로 시설공사 추진 시 공사 품질관리능력과 안전관리능력, 유지관리 시 정확한 플래닝과 집요한 실행력 등이 요구됩니다

Career@ DOOSAN 〉〉〉 총무업무를 통해 회사 내의 전반적 상황에 대해 폭넓게 이해할 수 있고, 특히 외부 환경에 대해서도 기획 및 관리업무 또는 관계사의 노무업무 등의 부문으로 진출하는 등 다양한 경로로 나아갈 수 있어 향후 경영자의 필수적인 역량을 갖출 수 있는 훌륭한 경력이 될 것입니다. 또한 시설업무 경험을 통해 최적의 시설관리 노하우를 습득할 수 있으며, 특히 대두되는 환경규제강화협약, 에너지 위기 등에 대처하기 위한 사업장의 지속적인 관리를 통해 시설관리 전문가 집단으로서 확고하게 자리매김할 수 있습니다.

출처: 커리어두산 홈페이지

이 중에서 취업준비생들이 가장 주의 깊게 봐야 할 부분은 Qualification이다. 이 부분을 통해 관리지원직무를 수행하는 데 요구되는 역량을 분석해보자. 일단 4년제 학사 이상, 총무는 법정 및 상경 계열, 시설 담당은 기계, 건축, 전기공학 계열이 유리, 그 외에도 각 직무를 수행하는 데 필요한 기획력, 분석력 및 의사소통기술 등이 필요하다고 매우 구체적으로 설명되어 있다. 따라서 관리지원직무 지원자들은 여기에 언급된 역량을 가지고 있음을 자기소개서에 주장하고 설득하면 된다. 목적지로 가는 지도를 찾은 이상 굳이 여기저기 방황할 필요가 없는 것처럼 회사가 지원자에게 필요한 역량을 홈페이지에 공개해놓았으므로 지원자는 그 능력이 있다는 것을 밝히기만 하면 되는 것이다. 또 다른 계열사의 해외영업 직무 섹션을 클릭해보면 어떤 역량을 가진 신입사원을 원하는지 상세하게 기재되어 있다.

사실 모든 기업들이 각 직무별로 필요한 역량을 이렇게 친절하게 설명해주고 있지는 않다. 그래서 필자는 두산 채용사이트를 적극 추천한다. 물론 다른 회사의 경우 신입사원에게 필요한 역량이 조금 달라질 수는 있겠지만 모든 기업들에 공통적으로 적용되는 내용도 많기 때문에 두산의 사이트는 꼭 한번 살펴보기 바란다.

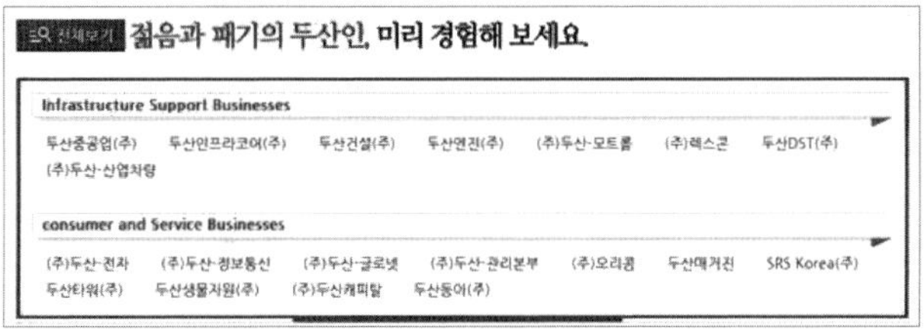

두산 인프라코어의 해외영업직무에 필요한 역량

About This Job	〉〉〉	두산 인프라코어 건설기계 해외영업조직(영업본부) 소속으로 서울에서 근무합니다. 세계 각지의 Sales Network(지사, 현지 딜러)를 통해 고객에게 제품을 판매, 수출하는 업무로 구성되어 있습니다. 영업전략을 기반으로 마케팅 전략, 상품기획, 시장조사를 통하여 영업의 방향성을 결정하고, 이를 토대로 세부 지역별 마케팅 방안과 판매 계획을 수립함과 동시에, 이를 달성하기 위하여 Sales Network 및 신규 고객을 개발하고 관리하며 영업관리지원 업무를 수행합니다. 판매망 또는 고객으로부터 제품을 수주하여 공장에 발주하고 신용장 접수 및 선적 요청 등의 업무 전방을 수행하고, 또한 판매망 또는 고객으로부터 클레임 해결 등의 After Sales SVC 업무도 수행하게 됩니다.
Qualification	〉〉〉	본 직무를 수행하기 위해서는 외국어로 소통할 수 있는 역량이 우수해야 합니다. 특히 중국어, 러시아어, 아랍어, 인도네시아어, 포르투갈어, 스페인어, 불어 중 한 개의 외국어 전공자로서 해당 언어를 유창하게 사용할 수 있어야 하며, 기본적으로 영어 또한 능숙하게 사용할 수 있어야 합니다. 또한 상대방과 소통하여 서로에게 최상의 결론을 낼 수 있도록 하는 커뮤니케이션 기술 및 우수한 협상 역량이 필요합니다. 해외시장에 대한 감각과 함께 무엇보다도 적극적이고 긍정적인 대고객 마인드 및 도전정신이 강해야 하며, 해외 문화에 대한 흡수력과 이해 수준이 높아야 합니다. 물론 제품이 기계/중장비인 만큼 기계 관련 전공이 부전공이라면 단기간에 제품에 대해 이해하는 데 도움이 됩니다.
Career@ DOOSAN	〉〉〉	기계, 중장비 관련 해외 영업업무에 대해 이해하고 역량을 높여나갈 수 있습니다. 우수한 동료들로부터 많은 노하우를 전수받고, 국내 및 해외 각지에 네트워크를 구축함으로써 기계, 중장비 제품의 영업전문가로 성장할 수 있습니다. 무엇보다도 고객 마인드를 키워나가고, 시장에 대한 이해도를 높일 수 있는 관계로 CEO의 기본자질을 가질 수 있으며, 회사의 성장과 실질적이고 실용적인 사고를 하는 데 도움이 됩니다. 고객을 중시하고 고객이 만족하는 최상의 제품을 만드는 회사만이 경쟁에서 이길 수 있다는 명백한 진리를 경험하고, 해외시장에서의 다양한 문화 및 인간관계 경험도 최고경영자로 성장하는 데 반드시 거쳐야 할 업무입니다.

출처: 커리어두산 홈페이지

또한 '취업전문가 메시지' 섹션에는 미리 입사한 선배들의 입사 경험담과 알아두면 좋을 조언들이 담겨 있다. 다음으로 '두산인의 하루'라는 섹션에서 원하는 계열사를 클릭해서 들어가면 직무에 대한 아주 현실적이고 구체적인 정보를

취업전문가 메시지 – 선배들의 입사 경험담

Q 인터뷰 시 또는 취업지망생들로부터 가장 많이 듣는 질문이 있다면 말씀해주세요.

A 대우종합기계에서 두산 인프라코어로 회사명이 변경되면서 생소한 이름 때문에 어떤 일을 하는 회사인지, 연봉과 복리후생, 근무환경에 대한 질문이 많습니다.

Q 취업에 대비하여 우선적으로 준비해야 할 사항들을 3가지만 말씀해주세요.

A • 첫 번째, 나를 알기

그동안 내가 배웠던 전공과 대외활동들을 정리해보세요. 나의 장단점이 무엇인지, 그것이 어떻게 학업과 대외활동에 적용되었는지, 앞으로 회사에서 어떻게 적용시켜나갈 것인지 한번 생각해보세요.

• 두 번째, 직무 선택하기

나의 역량을 비춰봤을 때 어떤 일을 재미있게 잘할 수 있을지 생각해보고 직무를 선택해보세요. 직무와 자신의 성향이 잘 맞는지 생각해보셔야 합니다. 가령 영업과 재무, 연구개발과 생산 중 어떤 것이 자신에게 더 잘 맞을까 생각해보세요.

• 세 번째, 회사에 대한 공부하기

모든 회사가 갖고 있는 특색은 각기 다릅니다. 그 회사가 갖고 있는 장단점을 분석하고 나와 맞는 회사를 선택하는 것이 중요합니다. 취업자들이 많이 고민하는 연봉이나 근무지뿐만 아니라 장기적인 관점에서 내가 어떻게 성장할 수 있는지에 대한 고민도 필요합니다. 눈에 보이지 않는 조직문화도 중요하겠죠.

Q 요즘 자기소개서의 비중이 커지고 있는데 자기소개서를 보실 때 무엇을 가장 중요하게 생각하시나요?

A 학창 시절의 Activity를 주로 봅니다. 단순한 동아리, 소모임 활동을 나열식으로 전개하기보다는 주요 활동 및 경험을 통해 어떤 점을 느꼈으며, 자신에게 어떤 임팩트를 주었는지 등의 내용을 주로 살펴봅니다.

출처: 커리어두산 홈페이지

얻을 수 있다. 실제 각 부서 현직자의 하루 일과를 시간대별로 제시해놓아서 취업 후의 일상이 어떻게 될지 충분히 예상할 수 있도록 해놓은 것이다. 이 정보를 기반해서도 기업이 원하는 역량과 인재상을 충분히 도출할 수 있다.

직무분석을 위해 꼭 찾아봐야 할 두 번째 사이트는 CJ 채용사이트다. CJ 채용사이트 홈 상단의 'CJ Recruit-CJ Job Inside-Job Preview'로 들어가면 각 사업부별 직무에 대한 상세한 정보를 얻을 수 있다. 여러 계열사 중에서 최근 가장 인기 있는 CJ E&M의 '방송콘텐츠' 부분을 클릭해보자.

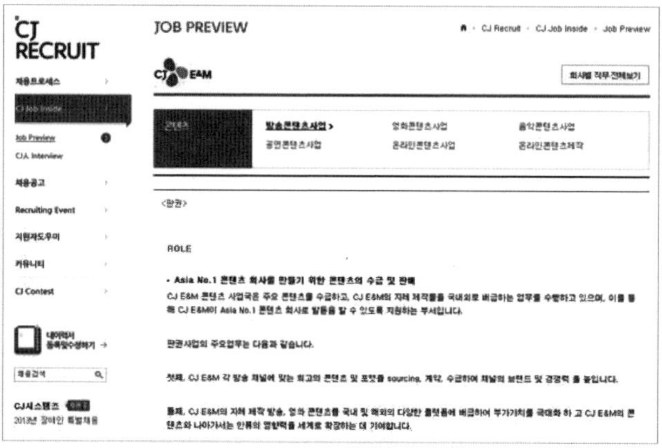

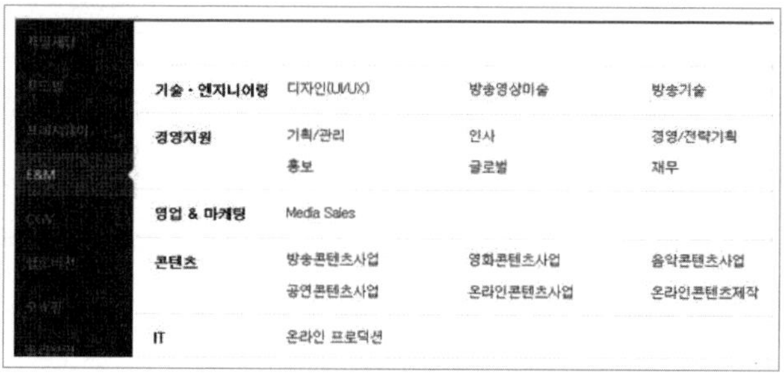

해당 부분으로 들어가면 판권, 편성 등 각 세부 직무별로 Role, Qualification, Career Path&Vision의 세 부분으로 잘 요약해놓은 것을 확인할 수 있다. 이 중에서 CJ E&M 판권 직무를 예시로 직무분석을 하는 방법을 살펴보자. 먼저 오른쪽 페이지에 기술된 판권 직무에 대한 설명을 자세히 읽어보자. 그런 다음 그 문장들을 세부적인 업무(Task)로 나눈 후 268페이지의 직무분석표처럼 표로 정리해보자. 이때 하나의 문장은 하나의 업무 내용만을 담고 있어야 한다.

CJ 판권직무 요약

ROLE	〉〉〉	**Asia No.1 콘텐츠회사를 만들기 위한 콘텐츠의 수급 및 판매** CJ E&M 콘텐츠사업국은 주요 콘텐츠를 수급하고, CJ E&M의 자체 제작물을 국내외로 배급하는 업무를 수행하고 있으며, 이를 통해 CJ E&M이 Asia No.1 콘텐츠회사로 발돋움할 수 있도록 지원하는 부서입니다. 판권사업의 주요업무는 다음과 같습니다. 첫째, CJ E&M 각 방송 채널에 맞는 최고의 콘텐츠 및 포맷을 소싱(sourcing), 계약, 수급하여 채널의 브랜드 및 경쟁력을 높입니다. 둘째, CJ E&M의 자체 제작 방송, 영화 콘텐츠를 국내 및 해외의 다양한 플랫폼에 배급하여 부가가치를 극대화하고 CJ E&M의 콘텐츠와 나아가서는 한류의 영향력을 세계로 확장하는 데 기여합니다. 마지막으로 자체 제작 콘텐츠 외 기타 다양한 외부 콘텐츠를 수급하여 국내외 각 플랫폼에 배급하는 Contents Aggregation 사업을 통해 한국 콘텐츠사업의 전반적인 구조를 개선/발전시키는 업무를 하고 있습니다.
QUALIFICATION	〉〉〉	**콘텐츠의 가치를 인식하고, 다양한 방법으로 가치를 증폭시킬 수 있는 인재** CJ E&M의 콘텐츠사업국에서는 CJ E&M의 영화-방송 콘텐츠를 포함한 다양한 콘텐츠에 대한 깊은 관심과 이해를 가진 인재를 필요로 합니다. CJ E&M의 채널들에 적합한 콘텐츠를 수급하기 위한 콘텐츠를 보는 안목, 다양한 플랫폼에 콘텐츠를 판매할 수 있는 적극적인 자세와 자신감, 이와 더불어 해외를 대상으로 하는 구매/판매 역할을 위한 영어 구사력이 필수입니다. 또한 CJ E&M 내의 유관부서들과 조화롭게 협업할 수 있는 커뮤니케이션능력을 갖추어야 합니다.
CAREER PATH&VISION	〉〉〉	**콘텐츠를 이해하는 인재 육성** CJ E&M 영업조직은 업계에서 가장 우수한 영업력과 상품기획력을 보유하고 있습니다. 우수한 콘텐츠를 확보하여 재생산하고, 또 이를 다양한 매체에 배급, 최고의 매출을 달성시켜 다시 좋은 콘텐츠에 투자할 수 있도록 하는 것은 콘텐츠회사의 숙명이자 숙제입니다. 콘텐츠사업국에서는 영화/시리즈/포맷/스포츠 등의 다양한 콘텐츠를 피부로 접하고 각각의 콘텐츠가 최적으로 소비되는 것을 경험하게 됩니다. 이러한 경험들은 단순히 콘텐츠 구매/판매 전문가를 양성함에 그치지 않고 콘텐츠에 대해 누구보다 깊은 안목을 가진 콘텐츠 개발자, 광고 담당자, 경영자 등 다양한 인재를 양성하는 최적의 커리어 패스(Career Path)가 될 것입니다.

출처: CJ 홈페이지

마지막으로 세부적으로 쪼개진 각 직무를 읽고 이를 수행하기 위해 필요한 역량을 논리적으로 유추해서 기입해야 한다. 예를 들어 남미 해외영업을 해야 할

CJ E&M 판권팀의 직무분석 예시 – Yang's 직무분석표

Task	유추된 필요 역량
최고의 콘텐츠 및 포맷을 소싱, 계약, 수급	• 콘텐츠 선별을 위한 안목 • 해외 콘텐츠를 즐겨 볼 수 있는 어학 실력 및 타문화 이해력 • 목표한 콘텐츠를 반드시 계약하는 의지력 • 전 계약과정을 꼼꼼하게 진행할 수 있어야 함, 꼼꼼한 문서작성능력, 리갈 마인드 • 고객을 상대할 때의 커뮤니케이션능력, 비즈니스 매너
콘텐츠를 국내 및 해외의 다양한 플랫폼에 배급	– 영업력 • 반드시 판매하겠다는 의지력, 근성 • 어학 실력(영어 등) • 협상능력 • 고객의 니즈를 파악하는 정보분석력, 사전조사력 • 협상 시 커뮤니케이션 능력, 비즈니스 매너 • 전 계약과정을 꼼꼼하게 진행할 수 있어야 함, 꼼꼼한 문서작성능력, 리갈 마인드
Contents Aggregation 사업을 통해 한국 콘텐츠사업의 전반적인 구조를 개선/발전	• 국내 및 해외 콘텐츠 소비 루트에 대한 전반적인 이해 • 각 소비 루트별로 특성화된 최적 소비 전략 기획능력

경우 스페인어 구사 역량이 요구될 것을 추론해서 필요 역량을 작성하면 된다. 이처럼 입사지원을 하기 전에 지원 직무와 관련된 모든 정보를 위와 같이 표로 정리해보자. 그런 다음 각 업무(Task)의 수행을 위해 필요하다고 판단되는 역량들을 한곳에 다 종합하고 이 중에서 중복되는 것은 지운다. 이렇게 해서 최종적으로 남은 역량이 여러분의 지원 직무에서 신입사원에게 요구하는 역량이다. 끝으로 결정된 직무 역량을 오른쪽 페이지의 표와 같이 리스트로 정리해보자. 표

CJ E&M 판권팀의 직무분석을 통한 지원자의 역량 도출표 – Yang's 직무 역량 도출표

업무 수행 시 필요 역량	증거	지원자 보유 여부
콘텐츠 선별을 위한 안목		
어학 실력 및 타문화 이해력		
커뮤니케이션능력		
영업력 및 협상능력		
꼼꼼한 문서작성능력		
리갈마인드		
고객의 니즈를 파악하는 정보분석력, 사전조사력 및 이에 따른 전략수립능력		
국내외 콘텐츠 소비시장 이해력		

로 작성된 역량을 여러분이 모두 다 갖고 있지는 않을 것이므로 이제 여러분이 보유하고 있는 역량과 그렇지 않은 역량을 구분해서 표시한다. 이때 역량의 보유 여부는 여러분의 주관적인 판단이 아니라 그 역량을 활용했던 구체적인 경험이나 자격증 등이 있는지의 여부로 판단해야 한다. 취업준비생 여러분이 다른 기업을 대상으로도 직접 직무분석을 수행해볼 수 있도록 277~278페이지 워크시트 7과 8에 양식을 제시해놓았다.

지금까지 CJ 채용사이트를 이용해 직무분석을 하는 방법과 해당 직무 수행을 위해 필요한 역량을 도출하는 방법에 대해 구체적으로 살펴보았다. 그 결과물이 자기소개서 작성 시 얼마나 유용하게 쓰일지는 이 책에 여러 차례 언급되어 있어서 독자 여러분이 잘 알 것이라 생각된다.

CJ 채용사이트에서는 이렇듯 텍스트로 이루어진 정보뿐 아니라 현직자들을

인터뷰한 직무 관련 동영상도 제공하고 있다. 이는 'CJ人 인터뷰'라는 섹션을 통해 확인할 수 있으므로 꼭 지원 직무에 해당하는 동영상을 시청하기 바란다. 시청 후 얻은 직무정보를 위에 제시한 방법으로 분석하는 것도 반드시 잊어서는 안 된다.

지금까지 살펴본 바와 같이 대기업들은 대외 홍보 및 입사지원자들에게 도움을 주기 위해 홈페이지에 유용한 정보들을 많이 제공하고 있다. 그런데 입사지원자가 이미 기업 웹사이트에 공개된 정보도 숙지하지 못한 채 자기소개서를 작성하거나 면접에 임한다면 회사 입장에서는 준비되지 않은 지원자라고 판단할 것이다. 어떤 기업도 차려준 밥상도 못 챙겨먹는 센스 없는 사람하고는 함께 길을 가지 않을 것이다.

POINT 3

온라인 직무 동영상을 통한 직무분석

정부 차원에서도 청년들의 취업을 돕기 위해 직무분석 관련 자료를 많이 제공하고 있다. 특히 〈사이버 진로교육센터〉는 우리나라 고용노동부의 산하기관인 한국고용정보원이 운영하는 사이트로 진로 및 취업과 관련된 좋은 자료들을 많이 제공한다. 최근에는 〈워크넷〉과 통합되어 〈워크넷〉을 통해서도 접근이 가능하다. 먼저 홈페이지로 들어가서 우측의 '자료마당' 메뉴를 클릭해보자.

'자료마당' 우측 메뉴 중 '기업 관련 동영상'으로 들어가 보면 다음과 같은 화면이 나타나는데 이 중에서 '기업직무 소개'로 들어가 보자.

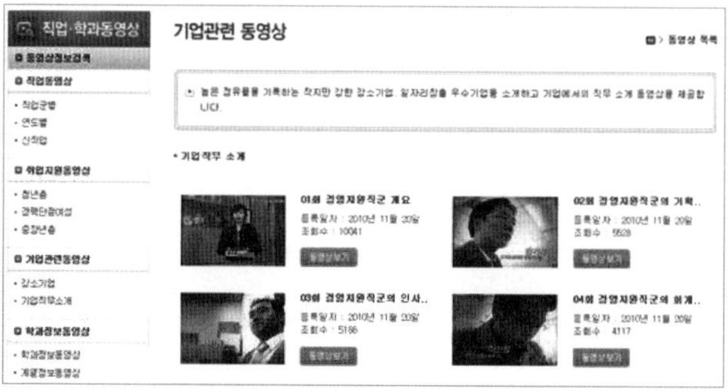

그러면 강수정 전 아나운서가 진행하는 직무분석 동영상을 시청할 수 있다. 직무분석 동영상의 리스트는 생각보다 많고 실제 해당 직무를 수행하는 종사자들의 심층 인터뷰 위주로 구성되어 있어 취업준비생에게 매우 유용한 도움을 줄 것이다.

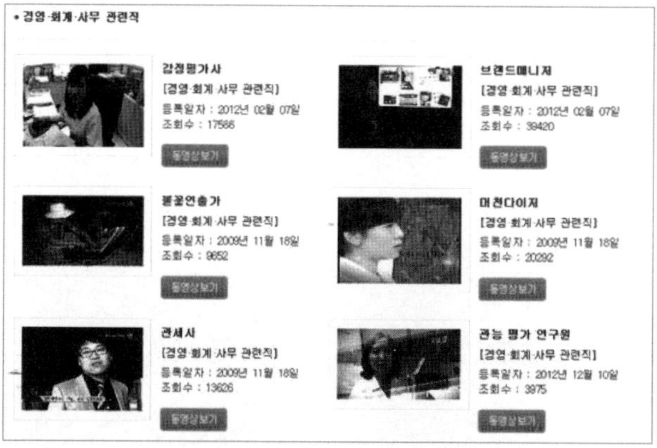

또한 '직업 동영상' 섹션으로 들어가면 다양한 직업에 대한 동영상들이 많이 제공되고 있어 유용한 정보를 얻을 수 있다. 이런 동영상들은 한 번 시청하고 말 것이 아니라 시청을 통해 얻은 정보를 표로 정리해두면 취업 지원과정에 훨씬 도움이 될 것이다.

POINT 4

<잡코리아>를 통한 직무분석

최근 〈잡코리아〉가 직무분석에 대한 전문적인 정보를 담은 〈Job Times〉라는 잡지를 제공하기 시작했다. 직무뿐 아니라 업종분석에 대해 다룬 호도 있는데, 한 권이 거의 100페이지에 달할 정도로 방대한 정보를 담고 있다. 무료로 다운로드가 가능하므로 꼭 참고하여 도움을 받기 바란다. 아직은 전체 직무와 업종에 대해 다루지 않고 주요 업종 몇 개에 대해서만 다루고 있어 그 점이 좀 아쉽다.

지금까지 여러 가지 방법을 이용하여 직무를 분석하는 방법에 대해 알아보았다. 직무분석 과정이 아마 그리 녹록하지만은 않았을 것이다. 그러나 직장인으로 일하면서 밥벌이를 한다는 것 자체가 그렇게 쉬운 과정은 아니다. 따라서 쉽지 않은 직장생활을 미리 경험한다는 차원에서는 미리 준비할 수 있는 좋은 기회가 되었을 것이다.

2012년 자료에 따르면 대졸 신입사원의 23.6%가 1년 이내에 퇴사하며, 7.6%는 합격 후 입사를 포기하고 있다(한국경영자 총협회 자료). 이직 사유 1순위로 꼽힌 것은 바로 '조직 및 직무 적응 실패(43.1%)'다. 즉, 신입사원의 상당수가 자신이 지원한 부서에서 무슨 일을 하는지, 그 일이 자기와 맞을지 확인해보지도 않고 지원했다는 의미다.

1년 이내에 회사를 퇴사한 경우 경력이 인정되지 않기 때문에 이들은 다시 신입으로 입사지원을 하여 그 힘든 취업과정을 처음부터 다시 치러내야 한다. 이 얼마나 시간 낭비인가? 기껏 뽑아서 교육시켜놓은 직원을 내보내야만 하는 회사의 손해도 막대하지만, 기껏 쌓은 약 1년의 경력을 그대로 버리고 다시 6개월에서 1년을 취업 준비로 허비해야 하는 이들의 정신적, 육체적, 시간적 손해 또한 막대할 것이다. 이런 시행착오를 줄이기 위해 가장 명심해야 할 것은 한 번 할 때 제대로 해야 한다는 것이다. 처음이라고 쉬운 길로만 찾아가고, 남들이 간다니까 생각 없이 좇아가고, 남들이 준비한 방법대로만 쉽게 입사지원을 하면 이렇게 겪지 않아도 되는 시행착오를 반복할 수밖에 없다.

따라서 이왕 할 거면 제대로 철저하게 회사에 대해 분석하고, 직무에 대해 분석하자. 취업을 목표로 하고 있다면 어차피 피할 수 없는 길이다. 그리고 이렇게 얻은 정보들을 잘 종합하여 해당 기업과 직무에 지원을 해도 될지 냉정하게 의사 결정을 하자. 아무리 좋은 기업, 아무리 좋은 직무라도 자신과 맞지 않으면 오랫동안 수행할 수 없기 때문이다. 따라서 필자는 개인적으로 자기분석을 가장 중요하게 생각한다. 충실하고 꼼꼼하게 Part 6 자기분석 파트의 내용을 반복해서 익히자.

워크시트 7 Yang's 직무분석표

과업	유추된 필요 역량
예시 : 콘텐츠를 국내 및 해외의 다양한 플랫폼에 배급	**– 영업력** • 반드시 판매하겠다는 의지와 근성 • 어학 실력 • 협상능력 • 고객의 니즈를 파악하는 정보분석력, 사전조사력 • 전 계약과정을 꼼꼼하게 진행할 수 있어야 함, 꼼꼼한 문서작성능력, 리갈 마인드

워크시트 8 **Yang's 직무 역량 도출표**

과업 수행 시 필요 역량	증거	지원자 보유 여부
콘텐츠 선별을 위한 안목		
어학 실력 및 타문화 이해력		
커뮤니케이션능력		

친절한 자기소개서 작성법

1판 1쇄 펴낸날 2016년 10월 2일

지은이 양명주
펴낸이 나성원
펴낸곳 나비의활주로

책임편집 권영선
디자인 All design group

주소 서울시 강북구 삼양로85길 36
전화 070-7643-7272
팩스 02-6499-0595
전자우편 butterflyrun@naver.com
출판등록 제2010-000138호

ISBN 978-89-97234-83-7 03320

※ 이 책은 저작권법에 따라 보호받는 저작물이므로 무단 전제와 무단 복제를 금지하며,
이 책의 내용을 전부 또는 일부를 이용하려면 반드시 저작권자와
도서출판 나비의활주로의 서면 동의를 받아야 합니다.

※ 잘못된 책은 바꿔 드립니다.
※ 책값은 뒤표지에 있습니다.